# 유아과학교육

김희정 강숙현 공저

# 머리말

과학의 발달 정도는 그 나라 발전의 척도가 된다. 나치의 암호를 풀기 위해 영국에서 컴퓨터를 개발한 이래 현대의 사람들은 손안에서 과학기술의 편리함을 누리는 동시에 보이스피싱, 해킹, 복제인간, 신체에 심는 전자칩 등 생존의 문제에 대한 두렴움도 안고 있다. 이처럼 우리는 속도감조차 느낄 수 없이 빠르게 변화하는 첨단과학의 세계에 살고 있다. 엄청난 양의 과학지식 축적, 과학기술의 발전은 변화하는 시대에 맞는 과학교육의 방향을 새롭게 모색해야 할 필요성을 제기해 주고 있다.

이 책의 목적은 그동안 결과 위주의 주입식 교육에 익숙해 과학을 어렵고, 재미없다고 여겨왔던 교사들에게, 유아들은 진정한 자유로운 놀이에서 과학적으로 생각하는 힘이 생기고 자란다는 믿음과 일상생활 속에서 적절한 안내와 개입으로 창의적으로 문제를 해결할 수 있다는 믿음을 확인시켜 주고자 함이다. 또한, 유아 스스로 발견하고 지식을 구성해 가도록 도와주는 것이 교사의 역할이라는 점에서 유아의 흥미와 발달 수준, 사회의 요구에 맞는 과학교육의 방법을 재정립해 보자는 생각에서 집필하였다. 유아가 탐색과 실험과정에 직접 참여함으로써 얻게 되는 즉각적인 반응을 통해 과학의 개념을 즐겁게 경험하고 과학적 탐구능력을 기르기 위한 제안들을 정리한 것이다.

뜻이 같고 힘을 모으니 하나의 결실을 대하는 기쁨은 두 배로 나누게 된다. 그동안 유아과학교육 수업을 하면서 함께 고민해 왔던 학생들과 대학원생, 유아교육현장에서 유아들과 직접 과학활동을 실행해 보고 사진을 제공해 주신 선생님과 원장님들께 감사드린다. 그리고, 신명나게 과학활동을 즐기던 광신대학교 부설어린이집 유아들의 빛나던 눈동자를 기억하며 과학활동자료가 현장에서 더 쉽고 유익하게 활용되기를 기대한다. 또한, 과학환경 사진자료의 사용을 허락해 주신 미국 브리검영 대학교(BYU) 크레이그 하트 교수님과 앤 유리 아동발달연구 원장님께 감사드린다. 이 책의 출판을 위해 애써 주신 정민사 박세원 대표님과 편집부에 감사드리고, 늘 큰 힘이 되어준 동료와 후학들 그리고 무엇보다 깊고 변함없는 애정으로 격려와 인내도 함께해 준 가족들에게 감사드린다.

2016년 2월

김희정, 강숙현

# 일러두기

이 책의 구성은 다음과 같다.

Ⅰ부 이론편의 제1장에서는 유아과학교육의 개념 및 중요성, 과학교육의 변화와 방향 등 유아과학교육의 기초에 관한 내용을 다루었다. 제2장에서는 영유아기 뇌 발달과 과학교육, 언어와 과학개념의 발달, 창의성 발달과 과학적 탐구능력, 유아의 사고발달 등 유아발달과 과학교육의 관련성에 대해 살펴보았다. 제3장에서는 Piaget와 Vygotsky 인식론에서 보는 유아기 사고의 특성과 과학개념의 발달, 현대 인지이론가인 Gardner와 Feldman의 인지발달에 관한 다차원적인 관점 등 유아기 인지발달에 관한 관점을 소개하였다. 제4장에서는 유아발달에 적합한 과학교육을 운영하기 위해 필요한 유아과학교육의 목표, 내용, 교수-학습방법, 평가, 유아교사의 자질과 역할, 환경 등에 대해 논의하였다. 제5장에서는 표준보육과정과 누리과정에서의 자연탐구영역을 내용범주별로 내용요소별 활동에 대한 아이디어를 제안하고 설명하였다. 제6장에서는 자연탐구영역 내에서 함께 다루어지는 통합의 방법으로 수·과학의 통합적 접근의 사례를 제시하였다.

Ⅱ부 활동편에서는 유아의 발달과 학습의 가능성을 열어 줄 수 있는 좀 더 효과적인 과학교육의 방향을 정립하고 자연스럽게, 좀 더 쉽고 재미있게 접근할 수 있도록 과학활동의 자료를 제작하고 구성하는 방법과 구체적인 활동과정을 소개하였다. 더불어 확장을 위한 연관활동들의 예도 제안하였다.

과학적 탐구능력을 기르기 위한 놀이활동을 개별 교과의 분리된 개념이 아니라 전체적인 교육과정 속에서 부합하는 목표를 구성하고 일상생활 속에서 쉽게 구할 수 있는 활동자료로 직접 제작하여 자연스러운 활동으로 진행할 수 있도록 하였다. 공기, 물, 빛과 그림자, 자석, (정)전기, 힘, 색, 나의 몸, 동식물, 요리 등을 주제로 각 활동을 소개하였으며, 각 활동에 생활주제를 제시하여 교사들이 유아교육현장에서 쉽게 활용할 수 있도록 하였다. 그러나 모든 활동을 통합적으로 제시하기 어려운 점을 고려하여 연관활동을 제시하였으므로 현장에서는 생활주제 속에서 각 활동이 분절되지 않고 연결되고 통합되어질 수 있도록 재구성하여 사용할 필요가 있다.

차례

# 제 1 부 이론편

## 제 2 부 활동편

# 제 1 부

# 이론편

# 제1장 유아과학교육의 기초

## 1. 유아과학교육의 개념 및 중요성

과학의 사전적 의미를 살펴보면 '과학적 연구와 연구하고 있는 원리의 본질을 결정하기 위해 실행된 실험으로 말미암아 나온 체계화된 지식', 즉 '관찰, 연구와 실험으로 유추된 지식'이다(Webster's New World College Dictionary, 2008). 과학은 이 세상의 동식물, 광물과 에너지에 대한 내용뿐 아니라 과정을 모두 포함하며 크게 생물학을 포함하는 자연과학, 화학과 물리를 포함하는 물리과학으로 구분된다. 특수한 현상에 대한 지식인 자연과학과 정보를 선택하고 유용하게 하는 일반적인 전략과 과정인 응용과학을 모두 포함한다. 따라서 과학은 '변화의 과정을 관찰하고 그 변화의 과정에 대해 탐구하고 그 결과 무엇을 발견해 가는 역동적인 과정'이다.

우리는 속도조차 느낄 수 없이 빠르게 변화하는 첨단과학의 세계에 살고 있다. 엄청난 양의 과학지식의 축적과 과학기술의 발전은 변화하는 시대에 맞는 과학교육의 방향을 새롭게 모색해야 할 필요성을 제기해 주고 있다. 세상의 변화는 우주 안의 사물과 사건에 대해 주의 깊고 체계적인 연구를 통해 이해될 수 있는 일관된 패턴으로 일어난다.

유아는 타고난 과학자로 선천적으로 호기심이 많고 끊임없이 주변 세상을 탐색하려고 한다. 유아는 관찰과 탐색, 발견의 능력을 선천적으로 가지고 태어나며 대부분의 유아들은 사람·동물·식물 등 주변 환경에서 직접 접할 수 있는 대상에 자발적으로 관심을 갖는다. 주변의 모든 것으로부터 단순한 수준의 인과관계를 발견하고 이러한 이해는 연령에 따라 발달해 가며 환경에 대한 적극적인 탐색의 결과로 나타난다. 유아는 사물을 관찰하고 조작해 봄으로써 상호작용과 행동에 있어 예측 가능한 패턴을 밝혀내기 시작하며 자기가 가진 지식을 바탕으로 정보를 찾고 여러 다른 방법을 시도하며 추론해 간다. 나이 어린 영아들도 동물과 식물을 추상적으로 구분할 수 있고 원인에 대한 개념을 바탕으로 지식체계를 구축해 간다. 자기가 찾는 정보를 찾을 때까지 질문을 하거나 계속 탐색하려는 내적 동기를 가진 영유아들은 일상적인 활동 가운데 자연스럽게 배우고, 시험해 보고, 탐구해 봄으로써 배움의 경계를 넓혀 가고 있는 것이다. 3~5세 경 과학학습 경험을 통해 호기심이 증진되고 탐색의 기쁨을 알게 되며 이후 학교 교육과정에서의 과학교육의 기초를 형성하게 해 준다(National Science Teachers Association, 2012).

선천적인 호기심을 갖는 유아기에 어떤 과학적 경험을 하느냐에 따라 과학적 자아의 발달, 과학적 태도와 소양이 길러진다. 물론 모든 사람이 과학자가 되어야 하는 것은 아니다. 유아기 과학교육은 실험실에서나 이루어질 법한 과학적 지식과 개념 습득이 아니라 실생활 곳곳에서 주변 세계를 좀 더 잘 이해하고 급속히 변화하는 과학세계에 적응하는 능력을 기르고 과학적 문제를 인식하고 해결하려는 태도와 능력을 갖춘 과학적 문해(scientific literacy)의 교양인으로서 기초를 다지는 것이다. 또한, 과학의 발달로 이루어진 현대 기술과 정보화 세계에서 과학적 도구와 기계들을 체계적으로 이해하고 활용하는 능력(스마트폰, 인공지능 등)뿐 아니라 여러 부작용(스마트폰이나 컴퓨터 중독 등)에 대처하는 능력도 길러야 한다. 자연현상의 다변화에 대한 이해로 자연보호와 재해로부터의 대피에 대한 이해도 매우 중요하다.

유아교육기관의 교실은 자연적인 호기심을 확장시켜 줄 수 있는 다양한 기회와 풍부한 환경을 마련해 주어야 한다. 교실에서의 경험은 자연을 이해하고 감사하는 마음을 발달시켜 주며, 여러 사물과 상황 가운데서 상호작용과 아이디어를 갖는 경험은 후일 학습을 위해 매우 중요하다. 유아들은 무엇인가를 알고 있을 때 더 잘 학습한다. 따라서 알고 있는 것과 관련이 있는 개념과 사물, 사건들을 서로 연관 지어 활용한다. 또한, 유아들은 주어진 과제를 반복하려는 성향을 가지고 있지만 이러한 성향들은 유아가 처한 환경에 영향을 많이 받는다. 연관성과 반복은 조직화된 학습을 이끌어 주게 되므로 유아교사는 반복적이고 학습과 관련된 환경을 만들어 영유아들이 과학적으로 탐구하고 개념을 이해할 수 있도록 안내자역할을 해 주어야 한다. 예를 들어, 과학의 여러 측면을 다룰 수 있는 유아교육기관의 환경은 적목놀이나 모래놀이, 요리하기와 목공놀이, 관찰영역 등으로 구성해 줄 수 있고, 활동실 안에 돋보기, 저울, 기록일지, 도장, 동물과 식물, 날짜 등 특정 개념의 단어들을 사용하고 탐색을 위한 다양한 도구를 비치하여 관찰과 기록, 비교, 실험 등의 활동을 하는 동안 통합적 과학교육을 실행해야 한다.

Worms, Shadows & Whirlpools 등은 유아기 과학교육의 필요와 중요성을 다음과 같이 제시하였다.

- 환경에 대한 자신감을 구축한다.
- 직접 체험해 본다.
- 기본 개념을 발달시킨다.
- 관찰기술을 증진시켜 준다.
- 물체와 설비, 도구의 사용을 익힌다.
- 탐색과 발견에 대한 호기심을 자극해 주고 기본적인 지식을 습득한다.
- 문제해결과정에 참여한다.
- 감각적·물리적·인지적·공간적·정서적·사회적 속성을 알게 된다.
- 어휘력, 질의응답 능력을 증진시킨다.

미국과학교사연합회(NSTA, 2012)는 유아는 개념적 수준에서 이해를 발달시키고 과학적 실제에 참여할 수 있는 능력이 있고, 부모와 교사는 과학적 탐색과 발견을 위한 형식적·비형식적 환경 안에서 다양한 참여 기회를 제공함으로써 과학적 지식과 기술을 발달키고, 유아기 과학학습을 위한 중요한 역할을 담당한다고 하였다.

과학이 질문과 답을 통해 사물이나 사건, 자연세계를 연구하는 지적인 과정이라고 이해하면 과학학습은 일 년 내내 다양한 활동을 통해 통합적으로 이루어질 수 있다. 과학은 딱딱한 규칙, 실험, 공식이 아니라 태도이다. 유아들에게는 스스로 생각하고 탐구하게 만들며 유아교사들에게는 조직화된 학습을, 개념에 기초한 협력적인 학습을 고민하고 실천하게 만들어 줄 것이다. 유아교사는 유아들이 과학적으로 사고하고 행동할 수 있는(Caery, 2009; Gopnik, 2007) 유아의 인지능력 발달을 위해 예를 들어 주고, 안내해 주고, 과학적 능력을 발달시키도록 도와주는 중심역할을 하게 된다. 유아들에게 답이 여러 개일 수 있는 질문을 하며 세부적인 것에 관심을 기울이게 하고 관찰한 것을 기록하고 예측하고 설명하며 새로운 용어를 배워 사용하게 하는 것이 '과학하는' 것이다. 함께 문제를 해결해 가는 과정에 참여해야 한다. 사물과 사건 관찰하기, 탐색하기, 의구심 갖기, 질문하기, 조사하기, 비교하기, 도구 사용하기, 자료 수집하기, 기록하기, 조사결과 나타내기, 예측하기, 논리적 사고하기, 대안적 설명 모색하기, 정보 나누기, 새로운 경험 구축하기, 보고하기 등의 과학적 사고기술과 태도는 전 생애를 통한 삶이 학습이라는 것을 생각하게 해 주는 중요한 수단이 되며 이것이 유아기 발달에 적합한 과학교육이다.

## 2. 유아과학교육의 변화와 방향

1970년대에는 Piaget의 이론을 기초로 하는 유아과학교육 프로그램이 널리 통용되었다. 1980년대에는 유아의 일상에 더 밀접하게 접근하는 유아과학교육 프로그램이 강조되었으며, 이를 위해 통합적 접근법이 주류를 이루었다. 1990년대 이후에는 과학교육을 재조명하여 유치원과 초등학교와의 연계가 강조되었으며 자연환경의 오염으로 인한 생명 존중과 자연환경보호 내용에 중점이 되는 자연친화탐구 프로그램이 강조되고 있다.

### 1) 20세기 과학교육의 변화

① 자연탐구의 시대

고대부터 수렵, 농경사회, 산업화, 정보화로 이어지는 사회변화의 패러다임은 과학 발전에 기인하였다. 과학에 대한 이해와 교육을 통해 수많은 성취와 성과가 인간사회의 변화와 발전을 이룬 것이다.

과학은 그 기원부터 생활 속의 문제를 해결하고 합리적으로 의사결정을 하며 일상의 문제를 해결하는 것으로 존재해 왔다. 1960년대 이전의 유아과학교육은 과학교육 프로그램이라는 명칭으로 실행되지는 않았고, 자연현상에 대한 관찰을 위주로 자연학습 형태인 동식물 기르기, 흥미로운 자연물의 전시나 관찰, 자연 이야기 들려주기 등과 같은 활동으로 이루어졌다.

② 새 과학교육과정

과학교육에 대한 집중적인 관심이나 이해가 부족하고 발전도 더디던 영역으로서 자연을 감상하는 수준의 포괄적인 접근의 현대 과학교육의 분위기는 선견적인 과학자들의 지식과 기술의 발견으로 우리를 빠르게 산업사회로 이끌었고 우주선을 달에 안착시키는 쾌거를 이루는 변혁도 가져왔다. 1957년 소련이 무인인공위성 Sputnik 1호를 발사함으로써 미국의 과학교육에 큰 충격을 주었다. Sputnik호 발사를 기점으로 과학교육의 내용과 방법이 전반적으로 재검토되었으며, 유아과학교육에 대한 관심이 증가되어 체계적인 프로그램들이 개발되었고 전 세계적으로 영향을 끼치게 되었다.

Bruner(1966)는 어떤 교과든지 올바른 형식으로 표현하면 어떤 발달단계에 있는 학습자에게도 효과적으로 가르칠 수 있다고 하였다. 이 주장은 기존의 유아가 할 수 있을 거라고 기대했던 수준보다 훨씬 높은 수준의 교과목을 유아가 학습할 수 있다는 사실을 깨닫게 하였다.

특히 초등교육, 중등교육으로 한정되는 것이 아니라 유아교육을 포함한 과학교육 전반이 재평가되면서 Piaget의 인지발달이론과 Bruner의 발견학습원리에 기초하여 개발된 프로그램은 500여 종이 넘는다. 이 가운데 가장 대표적이고 우리나라 유치원 및 초등학교 과학교육과정에 많은 영향을 준 것은 ESS, SCIS, SAPA, PKA, COPES, Early Experiences 등으로 대표적인 새 과학교육 프로그램이다.

**〈표 1-1〉** 새 과학교육과정 모델의 예

| 구분 | | ESS | SCIS | SAPA | PKA | COPES | Early Experience |
|---|---|---|---|---|---|---|---|
| 교육 목적 | | 주변 세계에 대한 지식과 통찰력의 확대 | 과학적 소양의 개발 | 과학적 기술 습득 | 물리적 세계에 관한 지식의 확장 및 논리-수학적 지식의 발달 | 과학적 개념 개발 | 과학적 개념 발달 |
| 교육 내용 | | 물리학<br>생물학<br>지구과학<br>수학 | 물리과학<br>생명과학 | 물리과학<br>생명과학 | 물체의 움직임과 변화 | 우주<br>보존원리 | 20개의 기본 단원과 6개 환경 관련 주제 |
| 교수학습과정 | 방법 | 놀이를 통한 활동, 창의적인 활동, 즐거운 활동 | 기본적인 원리 및 개념탐구, 발견학습 | 기본적인 원리 및 개념탐구, 발견학습 | 기본적인 원리 및 개념탐구 | 계통적 위계 학습 | 일상적 경험과 놀이를 통한 활동 전개 |
| | 단계 | 사전 실험 → 도입 → 진행 → 일반화 | 탐구 → 개념 → 적용 | 도입 → 학습활동 → 평가 | 활동계획 → 활동 시작 → 활동 진행 → 활동 후 토론 | 도입 → 전개 → 평가 | 활동 도입 → 개념 확장 및 전개 → 평가 |
| 교사 역할 | | 관찰 및 활동의 촉진과 지도 | 자료 제공 및 질문, 촉진, 평가 | 활동 안내와 질문 및 평가 | 기회 제공 및 관찰과 질문 | 환경 준비와 정보 제공 | 활동 지원 |
| 평가 | 시기 | 학기말 | 단원 마지막 | 매 활동마다 | 매 활동마다 | 매 활동마다 | 매 활동마다 |
| | 기법 | 수량화된 테스트 | 체크리스트 | 관찰 및 과정평가 | 관찰 및 과정평가 | 관찰 및 과정평가 | 관찰 |

'60~70년대 새 과학교육과정 모델
- ESS(Elementary Science Study): 유치원~초등학생을 대상으로 한 생물, 물리, 지구과학, 수학 및 컴퓨터를 내용으로 하는 56개 단원 학습활동자료로 구성
- SCIS(Science Curriculum Improvement Study): 유치원~초등학생을 대상으로 한 12개 주제의 과학활동 제안. 탐색-개념-적용의 학습주기 강조
- SAPA(Science-A Process Approach): 유치원~초등학교 3학년까지의 기본 과정으로 과학기술의 활용 강조
- PKA(Physical Knowledge Activity, 물리적 지식활동): Kamii & DeVries가 Piaget 인지발달이론에 기초하여 유아기에 적합한 과학활동을 직접 구안하여 실험유치원에서 적용한 구성주의적 접근의 과학교수방법
- COPES(Conceptually Oriented Program in Elementary Science, 개념중심 초등과학): 과학적 개념체계의 개발을 위해 계통적 위계학습을 강조한 프로그램
- Early Experiences: 영국 Nuffield재단에서 5~13세를 위해 개발한 과학 프로그램

새 과학교육과정에서는 Piaget, Bruner, Vygotsky, Gagné 등의 인지이론에 영향을 받아 풍부한 자료를 바탕으로 관찰과 실험을 통한 직접 조작중심의 과학활동을 강조한다. 그러나 새 과학교육과정의 개혁적인 노력은 기대에 부응하지 못하였다. 과학활동자료의 미비, 과학에 대한 교사의 능력과 태도 부족 등에 따라 급변하는 사회적 변화에 부응하는 유아과학교육의 필요성이 제기되었다. 대상 유아의 발달과 개인차, 사회문화적 맥락을 고려한 과학교육의 내용, 교수방법, 교육환경, 교사역할에 대한 논의가 시작되고 미국유아교육협회(NAEYC : National Association of Education for Young Children)는 Piaget의 인지발달이론, Vygotsky의 사회문화적 인식론, Gardner의 다중지능이론, Feldman의 비보편적 발달이론 등의 영향을 받아 발달에 적합한 유아교육 실제(developmentally appropriate practice)을 제안하였다(Bredeekamp & Copple, 1997; Bredekamp & Rosagrant, 1992).

③ 발달에 적합한 유아과학교육

1980년대까지 유아과학교육은 일반적으로 동식물을 가르치거나 날씨, 공기, 물, 색깔, 자석 및 기계 등의 물리적 지식을 습득하는 단순한 경험만 제공해 주었다. 이러한 개념중심의 과학교육은 과학적 지식을 형성하고 추론과 사고능력 형성에 도움을 주었으나 21세기를 준비하는 과학교육의 개념에 대한 반성과 함께 새로운 변화가 일어났다.

유아기에는 창조와 탐구, 탐색과 발견, 흥미를 위한 자극과 경험을 통해 보고 느끼며 구성해 보면서 자신이 속한 자연적이고 첨단과학적인 상황 모두를 사고하는 능력을 기르게 된다. 탐색은 보기, 만지기, 잡기, 몸으로 경험하기, 소리 내기 등 주관적인 불확실성을 줄이기 위해 물건이나 상황, 사건에 대해 비교적 전형적인 지각과 운동을 활용한 조사활동이다. 주변 환경에 대한 탐색은 놀이를 이끌고 놀이는 탐색을 유도한다. 이러한 유아의 발달특성과 학습양식 및 과정에 적합한 과학활동이 강조되고 '발달에 적합한' 유아과학교육(developmentally appropriate science education in early years)에 대한 합의가 이루어졌다(NAEYC, 1995).

'발달에 적합한 유아과학교육'의 함의는 새 과학교육과정 개혁운동의 실패 이후 새로운 과학교육으로의 전환을 위해 1985년에 시작되어 오늘날까지 이어져 오고 있으며 대표적인 유아과학교육의 모델은 Project 2061, STS, Health Science, HBJ Science 등이다(American Association for the Advancement of Science, 1993).

《표 1-2》 1980년대 이후 유아과학교육 프로그램

| 구분 | | Project 2061 | STS (Science Technology Society) | Health Science | HBJ Science |
|---|---|---|---|---|---|
| 교육 목적 | | 과학적 생활화 | 과학적 소양인 양성 | 유아의 전인발달 | 과학적 소양인 |
| 교육 내용 | | 과학적 지식의 학습 및 과학적 사고, 기술의 본질에 대한 이해 | 과학과 사회의 상호작용, 과학지식의 본성, 환경, 진화, 인구 및 건강 | 우리 자신, 우리 주변 세계, 물체와 물질들 | 나의 몸, 감각, 날씨, 물체, 하늘과 땅, 식물, 동물 |
| 교수학습과정 | 방법 | 통합적 접근 | 유아의 능동적인 참여 | 감각의 사용, 조사, 추론, 정보 교환 | 안내된 탐구학습 |
| | 활동 | 이야기 나누기를 통한 과학, 과학에 관한 읽고 쓰기 등의 교육과정 통합활동 속에서 유아의 질문에 기초한 탐구 및 문제해결 | 토론, 역할놀이, 문제해결법, 조사 활동, 현장실습, 연구 설계, 협동학습, 컴퓨터를 이용한 모의실험 | 본 활동과 연계된 추후활동 | 본 활동과 연계된 강화활동과 추후활동 |
| 교사 역할 | | 사고 촉진자, 질문 제공자 | 관찰자, 촉진자 | 자료 제시자, 주제 강화자 | 안내자, 질문 제공자, 평가자 |
| 평가 | 시기 | 주제별 활동 후 | 매 활동 후 | 단원의 마지막 시기 | 매 수업활동마다 |
| | 기법 | 수행평가 | 수행평가 | 수행평가 | 수행평가 |

1980년대 들어와 개발되고 소개된 발달에 적합한 유아과학교육 프로그램들은 1970년대 소개된 과학교육의 내용과 체계를 좀 더 심화·발전시켜 K－grade부터 6학년 과학교육 프로그램으로 발전되었다.

Health Science 프로그램에서는 교육내용을 나, 우리 주변 세계, 물체와 물질들로 확대하여 실행하였다. '나'에서는 유아 자신들에 관한 활동으로 구성되어 있으며 '우리 주변 세계'에서는 유아의 관심을 바깥으로 돌리게 하여 유아들이 주변 세계에 대해 질문하고 관찰하고 조작하며 귀 기울여 듣고 보는 활동으로 구성되어 있다. '물체와 물질들'에서는 모형블록과 입방체, 자석 등 일상생활에서 볼 수 있는 여러 가지 물체와 관련된 활동으로 구성되어 있다(전경원, 2004). 이는 과학적 소양능력을 기르기 위해 유아의 일상생활 경험에서부터 시작되어야 함을 강조한 결과이다.

HBJ Science는 Coopoer, Blackwood, Boeschen, Giddings, Carin 등이 개발한 과학교육 프로그램을 Harcourt Brace Jovanovich, Inc.에서 소개한 것이다. 이 프로그램은 유치원 시기부터 초등학교 6학년까지 아동을 대상으로 하며, 모든 교실환경에서 사용이 가능하다. 교사는 유아가 그들의 주변 세계를 탐구하는 데 필요한 지식과 기초적인 기술을 발달시키기 위해 유아에게 다양한 활동을 제공해 준다. 특히, 유아가 활동을 통해 얻은 지식과 기술을 가지고 다른 영역의 문제를 해결할 때 적용할 수 있도록 배려한다. 프로그램의 내용은 생명과학, 지구과학, 물리과학으로 균등하게 구성되어 있으며, 이 내용은 7가지의 기본 요소(식물과 동물, 환경, 인간의 몸, 지구, 물체, 에너지)를 통해 전개된다. 프로그램의 구성은 유아용 교재 시리즈와 그에 따른 교사용 지침으로 되어 있다. 주 교재는 단원으로 구성되어 있으며 각 단원의 내용은 7가지 기본 요소 중에서 하나 이상의 요소가 주개념이 된다. 또한, 각 교재의 단계는 전 단계에서 발전된 개념과 과정으로 되어 있다. 교사용 지침에는 각 단원의 내용에 대한 기초 정보와 목표가 제시되어 있으며, 유아를 가르치기 위한 방법, 강화활동 또는 추후활동도 제시되어 있다. 유치원 단계는 7단원으로 구성되어 나의 몸, 감각, 날씨, 물체, 하늘과 땅, 식물, 동물 등을 다룬다.

1980년대 개발된 프로그램들은 과학적 지식을 직접 전달하는 지시적 유형의 교수법에서 벗어나기 위해 유아의 생활 주변에 기저를 두고 여러 영역과 통합적인 활동으로 전개되어야 한다는 통합적 접근이 강조되었음을 알 수 있다(김경미, 김현주, 송연숙, 2007). Harlan(2005)은 과학적 사건만 다루는 과학교육은 의미가 없으며 여러 영역과 통합적으로 이루어져야 한다고 보았으며, 유아에게 의미 있는 상황 속에서 개념을 강조할 수 있도록 활동을 통합적으로 제시해야 한다고 하였다. 특히, STS에서는 테크놀로지를 강조하여 컴퓨터를 사용한 조사활동 및 토의활동이 실시되었으며 Health Science 프로그램에서는 언어, 사회, 읽기, 수학, 음악, 미술 등 여러 가지 영역을 상호복합적으로 포함시켰다.

이와 같이 통합적 접근의 중요성에 대한 인식이 새롭게 강조되면서 오늘날에는 유아과학교육과 타 영역과의 통합(신문을 활용한 과학교육, 읽기/쓰기와 같은 언어나 미술 등의 영역과 연계한 과학교육, 요리활동을 통한 과학교육, 스토리텔링을 통한 과학교육 등)이 시도되면서 다양한 유아과학교육 프로그램 개발이 이루어지고 있다. 또한, 표준화된 검사지에 의존하기보다 과학활동과정 동안 유아들의 수행 결과물과 교사의 관찰 및 일화기록, 사진, 개념도 작성 등을 통해 과정중심 수행평가가 강조되고 있다.

### 2) 오늘날 유아과학교육의 방향

현대사회는 첨단과학과 기술의 발전으로 인한 변화 그 자체라고 할 수 있을 만큼 급변하고 있다. 산업사회에서 요구되었던 지식은 더 이상 그 가치를 발휘할 수 없는 사회로 도래하였으며 더욱 가속화되고 있다. 오늘날 과학기술의 발달은 인간의 상상을 현실에서 가능하게 하고 있다. 유전자 변형 식품, 유전자 복제, 우주 탐사, 인터넷, 스마트폰, 인공지능 등 수많은 과학적 사건이 우리의 일상생활 속에서 활용되고 이것은 인간의 사고와 행동양식까지 새롭게 변화시키고 있다. 과학은 이제 더 이상 과학자들만 실험실에서 공유하는 것이 아니라 일상생활과 밀접한 관련을 갖게 되었으며 과학에 무관심하고 무지하면 생활이 불편해질 뿐 아니라 세상살이에서 뒤쳐지는 시대가 되었다.

이전까지는 볼 수 없었던 환경오염, 자원 부족과 제한, 지구 파괴, 인공지능의 오용 등이 진행되는 가운데 미래의 불확실성이 확산되므로 생태계와 환경, 물리과학과 관련된 과학교육이 절실히 요구된다. 유아의 타고난 호기심과 흥미를 격려하고 자연세계에 대한 재인식을 위해 자연에 대한 경이감과 존중하는 태도 증진을 강조한다.

오늘날의 과학교육은 산업사회의 분업체제가 아닌 과학・기술・사회가 밀접하게 연결된 세계로 더 이상 소수의 과학자와 수학자 또는 이와 관련된 종사자들만을 위한 교육이 아니라 모든 이가 현대사회를 살아가기 위해 요구되는 과학적 문해(scientific literacy)를 갖춘 인간상을 요구하고 있다. 유아기 과학교육의 방향이 과학적 지식을 기억하게 하는 것보다 과학적 문해능력, 즉 과학적 능력과 태도, 소양을 길러 주는 것이 과학의 시대에 요구되고 있다.

오늘날 과학교육의 목적은 21세기 생존을 위해 필요한 자연과학과 응용과학의 이해를 발달시키는 과학적 문해의 획득이다. 과학적 문해는 암기가 아니라 논리에 기초한 문제 확인 및 문제해결에 접근하는 방법, 즉 '과학하기(do science)'이다. 과학하기는 유아의 적극적인 참여와 직접 경험, 사고과정에 대한 강조를 뜻한다. 과학적 문해의 필요성과 유의점을 살펴보면 자연환경, 에너지의 원천, 응용과학의 사용 등 사회에 영향을 미치는 쟁점들에 대해 대중적 결정을 위해서는 과학에 대한 이해가 있어야 하며 개인에게는 경제적인 생산성과 이익을 위해 방안을 제공해준다는 점이다.

유아교육에서 과학적 문해의 강조는 모든 유아가 과학을 경험하고 활동과정 동안 적극적인 참여를 통해 응용과학에 대한 흥미와 이해력을 계속 발달시키는 기초를 형성해 준다는 것이다. 유아기부터 생활환경의 중요성을 인식하고 생활 속에서 과학교육이 이루어질 수 있어야 하고 유아의 자율성, 창의력, 문제해결력의 향상을 도모함으로써 미래세계에 대처할 수 있는 유능한 인간을 길러내야 한다(NRC, 2012).

과학에 대한 세계 여러 국가의 관심은 점차 높아져 한 나라의 발전을 그 나라의 과학기술 발전과 연관 지을 정도로 과학의 중요성이 날로 부각되어 앞으로 국력의 근원은 과학에서부터 출현한다고 할 수 있다. 따라서 이러한 세계에서 생존하기 위해서는 어린 시기부터 과학적 소양을 기를 수 있는 효율적인 과학교육을 국가 차원에서 다각적으로 모색해야 한다. 더욱이 과학과 기술 발전의 역기능 문제로 과학교육의 올바른 방향성 정립, 과학교육에서 가치의 문제, 자연과 인간의 조화 등이 중요하게 대두되는 현대사회에서는 새로운 지식과 정보의 변화에 대처할 뿐만 아니라 그 변화를 주도할 수 있는 능력과 태도를 길러 주는 과학교육이 요구되고 있다(조부경, 2004).

Worth & Grollman(2003) 등은 초·중등교육 수준에서 과학교과와의 차이를 지적하면서 유아과학교육의 방향을 다음과 같이 주장하였다.

첫째, 유아의 자발적인 탐색으로 이루어지는 탐구활동을 격려하고 점차 체계적인 관찰과 조사활동이 이어질 수 있도록 안내한다.

둘째, 일상적인 놀이 가운데 흥미롭고, 연관된 주제나 아이디어를 탐구할 수 있는 다양한 기회를 제공해 준다.

셋째, 유아가 직접 탐색할 수 있는 실험적인 직접 경험활동과 자료들이 제공되어야 하며 일상생활 가운데 노래 부르기, 이야기 나누기, 음률활동 등 다른 교과 내용영역과 통합되어야 한다.

미래사회에 필요한 과학적 능력과 소양을 갖추도록 도울 수 있는 과학교육의 방향을 제안하면 다음과 같다(Bredekemp & Copple, 1997; Bredekamp & Rosegrant, 1992; NAEYC, 2006; NSTA, 2009; NRC, 2012; NGSS Lead States, 2013; OECD, 2005).

첫째, 과학을 통해 지식의 확장뿐 아니라 세상에 대한 관심과 미래사회의 행복과 인간적 가치 지향 등 인간화 실현을 추구해야 한다.

둘째, 교과지식 위주의 과학이 아니라 관찰과 실험, 탐구뿐 아니라 창의적으로 사고하고 학문 간 영역을 통섭하는 인재를 육성하는 통합적인 접근이어야 한다.

셋째, 교실 밖 자연세계와 사회환경 및 시설 등을 적극 활용함으로써 과학과 기술, 과학적 사건과 자연, 사회와의 관계성을 인식하고 자연세계와 인간의 행동을 통해 만들어진 변화를 이해한다. 의사결정을 하기 위해 과학적 지식을 활용하며 과학적 질문을 변별하고 증거에 기초한 결론을 도출하는 역량인 과학적 소양을 길러 주어야 한다.

넷째, 질문하기, 조사와 실험, 자료 수집, 문제해결을 통한 탐구 등의 능동적인 참여, 직접적인 경험, 비형식적이며 구조화된 학습 경험, 학습자 중심의 과학하기[1)]가 핵심이 되어야 한다.

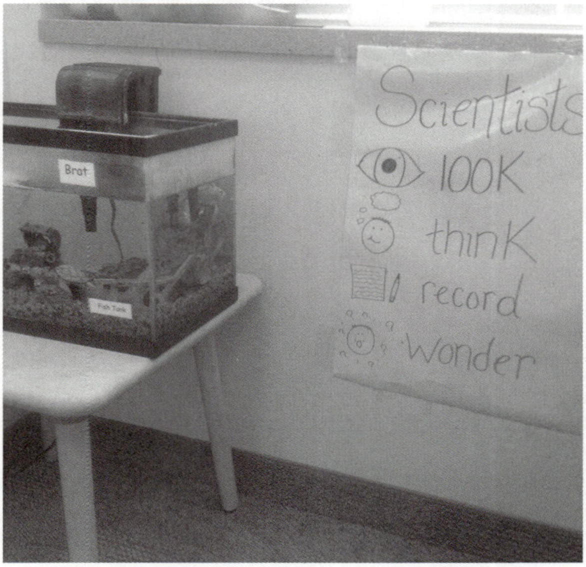


출처: 2014ⓐBYU LAB.

미국에서는 새로운 유아과학교육으로의 전환을 위해 만 5세 유치원부터 시작하여 12학년까지 연계적인 과학교육내용 기준인 과학적 소양을 위한 규범 Project 2061(American Association for the Advancement of Science, 1993)과 국가과학교육 기준(National

1) '과학하기(do science)'란 능동적인 참여(active), 직접적인 경험(hands-on), 비형식적이며 구조화된 학습 경험(informal & structured), 학습자중심(student-centered)의 과학교육을 뜻한다.

Research Council, 2000)을 제시한 바 있다(Charlesworth & Lind, 2007). 또한, 이스라엘도 탐구 관련 교육과정을 '인지, 지적 태도 및 기술'과 '과학과 공학'으로 구분하고 과학교육을 전문화하고 있다(최윤정, 2005). 이러한 추세는 많은 나라가 어린 시기부터 질 높은 과학교육이 필요하다는 점을 인식하고 체계적으로 조직된 국가 수준의 과학교육과정 개발을 다각적인 측면에서 부단히 노력하고 있음을 보여주는 것이다.

우리나라는 자연을 소중하게 여기며 창의적으로 탐구하고 논리적으로 문제를 해결하기 위한 기초 소양을 기르는 것에 유아과학교육의 중점을 두고(교육과학기술부, 2012), 이를 유아교육현장에 적용할 것을 정부 차원에서 권장하고 있다.

많은 학자(김미경, 1997; 신은수, 안경숙, 김은정, 안부금, 2006; 황의명, 조형숙, 2001; Althouse, 1998; Brisk, 1998; Harlan, 2005; Holt, 1990; Kepler, 1996; Martin, 2003)도 유아기 과학교육의 중요성을 지적하고 유아교육현장에서 과학교육을 실시할 것을 강조하고 있다. Lind(2005)는 현대사회에서 생활하기 위해서 필요한 과학적 능력의 기초는 유아기에 형성되므로 유아기부터 과학과 관련된 필수적인 경험을 시작하는 것이 효율적이라고 하였다. 최근에 이루어지는 유아능력과 관련된 연구에서도 유아는 이제까지 인식되어 왔던 것보다 훨씬 더 많은 과학능력을 일상생활이나 놀이에 참여하면서 획득하고 있으며, 과학과정에 관한 지식과 능력을 갖추고 있는 존재임을 밝히고 있다.

유아과학교육학자들은 유아가 가진 가능성을 최대한 발현시키기 위해서는 유아의 인지적인 면은 물론 느낌과 감정의 종합적인 면까지 과학교육과 연계를 해야 한다고 주장한다(이경민, 2003; 조형숙, 1999; Charlesworth & Lind, 2007; Harlan & Rivkin, 2003; Lind, 2005; Martin, 2003). 이러한 학자들의 견해는 유아기 동안 자신을 둘러싼 주변 사물과 자연현상에 대해 지속적으로 관심을 가지고 탐구하며 창의적으로 사고하고 문제를 해결할 수 있는 과학적 소양을 기를 수 있는 풍부한 기회와 도전할 수 있는 인적·물적 환경이 제공된다면 좀 더 효과적으로 과학적 소양을 발달시킬 수 있음을 암시하는 것이다. 유아의 과학적 소양을 기르는 데 원동력이 될 뿐 아니라 현대사회에서 국력을 증진시킬 수 있는 과학, 즉 인재를 양성하는 기초를 다지는 계기를 마련해야 할 것이다. 이는 유아기 때부터 주변 세계에서 발생하는 현상을 관찰하고 활동하는 경험이 통합된 유아과학교육을 통해 과학적 지식뿐 아니라 과학의 본질이나 가치의 문제를 다루는 경험을 제공해야 함을 의미하는 것이다.

이러한 관점이 부각되어 유아기부터 스스로 탐구하는 과정을 통해 과학적 지식과 개념을 형성하고 과학적 과정기술을 익히며 과학에 대한 흥미와 태도를 길러주는 것을 강조하는 탐구 교수-학습법이 발현되었다. 탐구 교수-학습법은 개념적 지식을 단편적으로 전달하는 것이 아니라 유아기부터 능동적으로 주변 세계를 탐색할 수 있는 풍부한 기회를 가지고 탐구과정을 즐기는 태도를 강조한다.

# 제2장 유아발달과 과학교육

## 1. 유아기 뇌 발달과 과학교육

1990년대는 '뇌의 10년'이라고 할 정도로 뇌의 구조와 기능에 관한 연구에 대한 관심이 높아 새롭고 놀라운 뇌 연구 분야를 개척하였다. 고도로 발달한 새로운 뇌 영상 촬영기술(brain-imaging technique)은 인간발달에 미치는 경험의 중요성에 대해 증명해 주었고 최근에는 뇌 연구에 기초한 다양한 유아교육 프로그램이 등장하고 있다. 급속하게 확장되고 있는 유아기 두뇌 발달에 관한 새로운 연구들은 종종 성인과 유아 간 상호작용의 중요성과 자극적인 환경의 중요성에 대한 우리의 시각을 넓혀 주고 있다.

인간의 뇌는 매우 복잡하고 정교한 조직으로 수십 억 개의 뇌세포와 신경연결망으로 구성되어 있고, 뇌세포들 간의 연결과 전기화학적 신호를 전달하는 수조 개의 시냅스(synapses) 활동으로 이루어져 있다. 잘 계획되고 연령에 적합한 자극은 뇌 신경세포(neurons)의 연결망 형성을 위한 전기적 활동을 자극해 준다. 전기화학적 전달을 위해서는 도파민, 세로토닌, 엔도르핀 등과 같은 신경전달물질이 필요하다.

뇌는 뉴런의 집합체이고 뇌 사용의 경험을 통해 신경회로의 체계를 갖추어 간다. 아기가 성장하면서 점차 복잡한 시냅스가 형성되고 신경회로의 체계가 형성되는데 반복적으로 활동하거나 사용하는 경우 성인기까지 남게 된다. 유아기에 제공된 다양한 경험은 시냅스의 연결을 촉진시켜 뇌의 배선을 결정하는 중요한 역할을 한다. 뇌 발달은 사용하지 않으면 소실되는 과정으로 시냅스는 매일 경험하는 과정에서 사용하는 것은 가지를 치며 뻗어 나가지만 그렇지 않은 경우에는 사라진다. 태어나면서 많은 뉴런과 시냅스가 발달되어 있지만 출생 후 여분의 시냅스는 소멸된다. 생후 3년 간 시냅스는 현저히 증가하여 성인 뇌의 2배에 이르지만 청년말기에 이르면 반 정도로 사라진다.

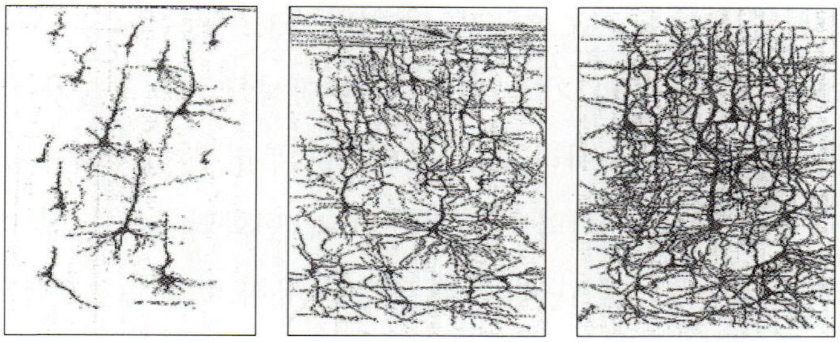


《그림 2-1》 뇌 발달과 학습

두뇌 발달에 관한 최근 연구에 따르면 특히, 3세 이전에 학습능력의 근간으로 뇌 발달이 이루어지며 스트레스를 조절하고 주변의 여러 도전에 적절히 반응하는 대처(coping)기술을 발달시키며, 후의 학습과 정서적 안녕, 건강, 잠재력 실현 등에 영향을 미친다고 한다.

인간의 사고와 감정, 행동은 경험을 통해서 형성된다. 두뇌를 구성하는 첫 번째 회로는 정서를 관장하는 회로로 긍정적인 정서 자극을 통해서 두뇌회로 형성이 자극을 받는다. 따라서 유아가 경험하게 되는 주변의 인적·물리적 환경은 유아의 두뇌 발달을 좌우한다.

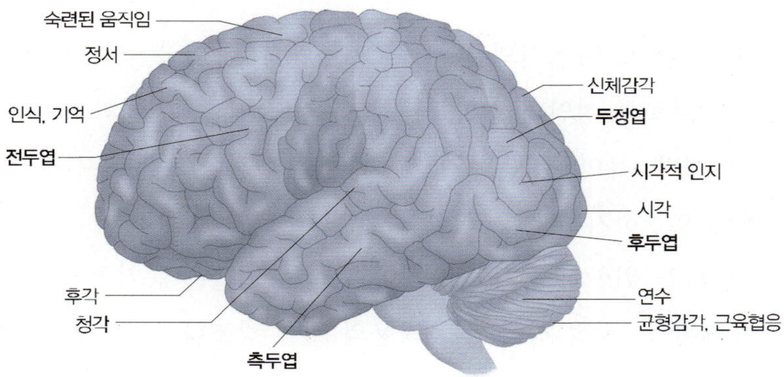


《그림 2-2》 뇌의 구조와 기능

수학과 과학에서 필요한 주요 추론과 인지적 사고 기능은 4~7세에 획득된다. 6세경에는 사고, 행동, 건강의 기반 위에 개념 형성이 가능하다가 10세 이후에는 폭발적인 학습능력의 성장은 사라진다. 출생 직후부터 정신적 회로를 두뇌에 새겨 넣는 전기적 과정에 의해 두뇌의 물리적 구조가 변화되어 가는데 이러한 전기적 과정에 의해 학습 폭발이 일어난다. 잘 고안된 유아교육 프로그램은 가정환경의 결함을 극복하도록 돕는다.

뇌는 변화하는 능력이 있으며, 특히 유아기는 가소성이 매우 크다. 적절한 자극과 지원적인 경험은 뇌의 발달과 학습을 강화하는 반면 부정적인 환경요인은 인지발달에 악영향을 미친다. 계속적인 도움과 문제를 극복하기 위해서는 조기 개입이 요구된다. Hunt는 지능은 고정된 것이 아니며 문제해결능력으로서의 지능은 과거 경험에 노출된 뇌의 상징적 표상과 정보처리단계의 위계에 기초한다고 강조하면서 환경적 자극 여하에 따라 20~40점 정도의 지능점수의 차이를 가져올 수 있다고 한다.

뇌 성장 발달의 급등기인 유아기는 탐색과 발견, 창조적 탐구를 통한 과학교육 학습의 기초가 이루어지는 최적의 발달 시기이다. 흥미를 자극해 주고 풍부한 경험을 제공해 주는 자연적이고 첨단과학적인 접근으로 과학적 사고능력과 기술, 태도를 기르게 된다.

신경과학의 출현으로 유아기의 뇌 발달과 자연성 대 양육, 환경의 적응, 뇌 발달과 놀이, 놀이자로서 성인의 역할, 사회·정서적 발달, 언어와 인지 등에 대한 깊은 통찰을 얻었다. 유아교사는 유아기 뇌 발달에 관한 수많은 신경학 연구결과를 교육 실제에 연결하기 위해 노력해야 한다.

뇌 성장과 발달을 위한 유아기 중요성에 관한 증거들은 동기화된 호기심, 자발적인 놀이, 신체활동, 직접 경험, 상호작용의 질을 강조한다. 뇌 연구와 아동발달의 긍정적 관련성을 지지하는 많은 연구는 지능과 인지, 신체발달, 언어발달, 사회성 발달과 행동에 미치는 놀이 경험과 환경적 요인의 영향들을 강조한다.

교사는 발달에 적합한 유아교육 접근을 위해 신경생리학, 아동발달심리학, 사회학 등 여러 학문의 종합을 통해 유아의 건강과 학습, 가정 등을 이해하는 통찰에 기초해야 한다. 학습에 미치는 유아기 행동발달과 삶의 주기에 있어서 건강을 좌우하는 요소들을 이해하고 도울 수 있으며 유아기 일관되고 지속적인 활동 경험의 중요성에 공감하게 된다.

**여기서 잠깐**

**뇌 과학연구에 기반한 유아과학교육의 실제**

1. 가능한 한 일찍 시작하기
2. 유아들과 함께 놀이하는 시간 늘리기
3. 긍정적이고 온정적인 태도와 즐거운 마음으로 함께 놀기
4. 도덕적인 판단과 행동 강조하기
5. 적극적으로 언어적 반응하기
6. 음악, 미술과 같은 교과의 경험을 일찍 제공하기
7. 놀이, 견학 등의 직접 경험활동을 많이 제공하기
8. 스킨십하기
9. 도전적인 활동을 제공하고 격려하기
10. 함께 책 읽기와 노래 부르기
11. 지나친 자극(놀이감, 소음, 잔소리 등) 피하기
12. 자연물 제공하기
13. 건강과 안전 고려하기
14. 언어와 사고발달, 과학과 수학 등의 특정한 기술발달을 위한 활동 제공하기

## 2. 언어와 과학개념의 발달

유아기는 상징적 사고의 발달과 더불어 언어적 급성장이 나타나는 시기이다. Piaget는 유아가 개념을 먼저 이해해야 그 개념을 표상하는 언어를 사용할 수 있다고 한다. Bruner는 언어는 경험을 표현하는 수단이며 인간의 모든 경험의 통합된 일면이라고 한다. 따라서 유아들은 자신의 경험에 비추어 어휘에 대해 느끼는 정서가 다르다.

이론가마다 강조하는 바는 다르지만 전조작단계 유아의 언어적 성장은 놀랍다. 18개월경 약 50여 개의 어휘를 표현하던 유아들은 2세부터 6세경에는 8,000개에서 14,000개의 어휘를 사용하는데 이 시기의 유아들은 대부분 하루에 6~10개의 새로운 어휘를 익혀 간다고 한다. 추상적인 표현은 어렵지만 구체적인 명사와 형용사를 많이 사용한다.

전조작단계의 유아는 다른 사람의 관점이나 다른 차원을 배제한 채 대상이나 어떤 상황의 세부적인 한 측면에 집중한다. 이러한 자기중심적 성향은 언어에도 영향을 미쳐 의미의 전이, 전환을 이해하지 못하고 과잉일반화현상(overregularize)이 나타난다.

### 1) 과학

과학은 자연과학(특수한 현상에 대한 지식)과 응용과학(정보를 선택하고 유용하게 하는 일반적인 전략과 과정)을 포함한다. 우주 안의 사물과 사건은 체계적인 연구를 통해 이해될 수 있는 일관된 패턴으로 일어난다. 무엇인가 변화하는 과정을 관찰하고, 그 변화과정에 대해 곰곰이 생각해 보고 그 결과, 무엇을 발견해 가는 역동적인 과정이 과학이다.

영아는 말을 익히기 시작하면서 감각운동적 도식(schema)[2]을 정련해 가는 적응과정을 가지면서 정보를 조직하고 경험을 정보처리하고 사고하기 시작한다. 유아단계에서의 과학은 의미 없는 원리와 정의를 암기하는 것이 아니라 일상생활 속에서 궁금한 것을 질문하고, 개미를 관찰하고, 얼음을 녹이거나, 자전거를 타거나, 연필을 깎거나, 눈을 뭉쳐 보거나, 강아지에게 먹이를 주거나, 전등을 켜는 등 유아가 매일 하는 일들이다.

과학은 유아들에게 도식을 적용해 볼 수 있는 수많은 기회를 제공해 준다. 두 개의 그릇에 꿀을 덜어내고 담는 과정은 액체의 성질을 탐색하는 기회가 된다. 느

2) 도식: 인지의 기본적인 구조로 감각운동적 도식과 개념적 도식이 있다.

리게 흘러내리는 꿀의 성질과 서로 다른 모양의 용기에 담긴 같은 양의 꿀을 보면서 다른 모양의 용기에 담더라도 같은 양임을 아는 보존에 대한 정보를 얻는다.

물체를 떨어뜨리는 활동은 지구의 중력을 탐색하는 기회를 제공해 준다. 관의 위쪽에서 물체를 넣어 아래로 떨어뜨리면 그 물체가 관을 통과했음을 인식하게 되고, 이는 논리적으로 사물 간의 관계를 인식하는 경험이 된다. 부드럽고 딱딱하고 거칠고 말랑거리는 여러 물체를 분류해 보는 활동, 교실의 다양한 위치에서 교실의 모습을 관찰하는 활동은 유아교육기관에서 전조작단계의 유아들에게 과학개념을 필수적인 경험으로 어떻게 제공해 줄 수 있을 것인가의 예를 제안해 준다.

유아는 실제 행함으로써 가장 잘 학습할 수 있기 때문에 과학은 지식을 직접 획득할 수 있는 최상의 활동이다. 유아는 주변 세상과의 상호작용을 통해 세상에 대한 지식을 학습해 간다. 유아주도적이고 감각지향적인 과학 경험은 자신의 탐색과 발견을 주도하고 조절하면서 의미 있는 과학적 원리와 현상에 관한 자연스러운 경험을 제공해 준다. 유아는 끝없는 호기심으로 주변 세상을 보고, 맛보고, 냄새 맡고, 듣고, 만지면서 자신의 '알고자 하는 욕구'를 만족시키며 적극적으로 과학적 발견을 추구한다.

### 2) 언어

유아기 언어교육 프로그램은 듣기, 말하기, 읽기, 쓰기 기술의 발달을 모두 포함한다. 유아의 언어발달을 지원하는 과학적 접근은 4단계를 거친다.

① 문제 인식하기(듣기, 말하기)
② 예견하기 및 가설 세우기(듣기, 말하기, 읽기, 쓰기)
③ 실험하기(직접 경험하는 동안 듣기, 말하기)
④ 실험결과 기록 및 의사소통하기(말하기, 듣기, 읽기, 쓰기)

유아기에는 어휘를 확장시킬 수 있는 다양한 과학활동을 통해 새로운 개념을 소개하고 과학적 사고를 촉진시켜 주면 스펀지가 물을 빨아들이는 것처럼 새로운 어휘를 익히게 된다. 총체적 언어접근은 과학활동 목록, 그래프, 실험결과 기록하기, 쓰기 영역, 포스터 게시하기 등 문해가 풍부한 교실환경을 구성해 준다. 교사와 부모는 말하기와 듣기를 통해 새로운 어휘를 획득하고 강화할 수 있는 기회로 삼아야 한다. 교사는 과학활동에 함께 참여하면서 형용사와 부사들을 사용한 비교와 대조, 가치 판단의 표현을 통해 어휘를 확장시켜 주고 더욱 세련된 표현을 하도록 도울 수 있다.

유아는 과학적인 탐구과정에서 분류, 순서화, 비교, 측정, 예측, 관찰, 추론, 결론 도출 등의 과학적 과정기술을 사용함으로써 과학적 개념과 어휘가 발달하게 된다(박은주, 2007; Laminack, 1987). 과학적 과정기술에 포함되는 언어능력에 대해 Carter와 Simpson(1989)은 〈표 2-1〉과 같이 제시하였다.

〈표 2-1〉 과학기술과 관련 언어능력

| 과학적 과정기술 | 언어능력 |
|---|---|
| 관찰 | 모양 구별하기, 소리 구별하기, 음절과 강세 구별하기 |
| 분류 | 특징 비교하기, 특징 대조하기, 서열화하기, 배열하기, 여러 요인 고려하기 |
| 자료 해석 | 원인과 결과 인식하기, 사실을 이해하기, 새로운 정보 요약하기, 읽기 속도 변화시키기, 귀납·연역적으로 사고하기 |
| 결론 도출 | 일반화하기, 비판적으로 분석하기, 정보평가하기, 중심 생각과 개념 인식하기, 관련성 확인하기, 다른 상황에서 정보 적용하기 |

유아주도적이고 경험에 기초한 과학활동은 유아들에게 자신의 과학적 발견에 적극 참여하고 스스로 조절할 수 있는 자율성을 길러 준다. 따라서 언어와 과학이 통합된 활동영역을 구성해 모든 유아가 자연스러운 과학자로 성장할 수 있도록 도와주어야 한다.

## 3. 창의성 발달과 과학적 탐구능력

### 1) 창의성 발달

#### (1) 창의성 개념

창의성에 대한 개념은 학자들마다 다양하게 정의되고 있다. Getzels와 Jackson(1962)은 창의성을 '아이디어, 사물, 기술, 접근방법을 새로운 방식으로 결합하는 능력'이라고 하였고, Stermberg(1996)는 창의성을 '무엇인가 새롭고, 문제상에 적절한 것을 만들어 낼 수 있는 능력'이라고 하였다. Guilford(1967)는 창의성을 '인간의 지적·정의적 요인을 모두 포함하고 있으며, 지적 요인은 지능검사로 측정하기 어렵지만 지능의 한 중요한 측면이면서 인간의 보편적인 잠재력이고, 정의적 요인은 창의적 행동을 발휘하게 하는 개인의 인성적·기질적 특성이며, 학교교육에서 훈련을 통해 개발될 수 있는 것'으로 보았다.

Guilford는 지금까지의 여러 가지 지능에 대한 설명은 모두 일차원적이어서 지능을 충분히 설명하지 못한다고 주장하면서 지적 능력의 3차원이라는 견해를 제시하였다. 즉, 그는 지적 능력을 크게 사고력과 기억력으로 나누었다. 사고력을 다시 인지적 사고력, 생산적 사고력, 평가적 사고력으로 나누고, 생산적 사고력을 수렴적 사고력과 확산적 사고력으로 나누었다. 흔히 확산적 사고력을 창의적 사고력 또는 창의성이라고 지칭한다.

그렇다면 창의적인 사람이란 어떤 사람인가? 이상한 말이나 행동을 하는 머리만 커다란 사람이 아니라 대단히 매력적인 특성을 가진 사람, 사물을 새로운 눈으로 볼 줄 알고 도전과 경험을 두려워하지 않고 개방적이며, 자신의 일을 즐기며 시간과 힘을 투자하기 두려워하지 않고 현실에 발을 딛고 서 있는 사람이다. 남과 다른 모습을 갖고자 애쓰는 이도 아니고 자신만 다르다고 주장하는 이도 아니다. 사물을 새롭게 봄으로써 남과 다른 관점을 갖는 것을 두려워하지 않고 남이 자신과 다른 눈을 갖는 것을 기꺼이 허용하는 사람이다.

### 수평적 사고와 수직적 사고

- 수평적 사고: 주어진 문제를 다른 관점에서 재표상하려는 과정. 문제를 새롭게 정의하거나 해석하는 대안의 탐색, 비논리적, 비계열적, 예언 불가능, 비관습적
- 수직적 사고: 주어진 문제에 대한 표상만 활용. 하나의 개념이나 정의에서 체계적으로 문제 해결과정을 전개, 논리적, 계열적, 예언 가능, 관습적

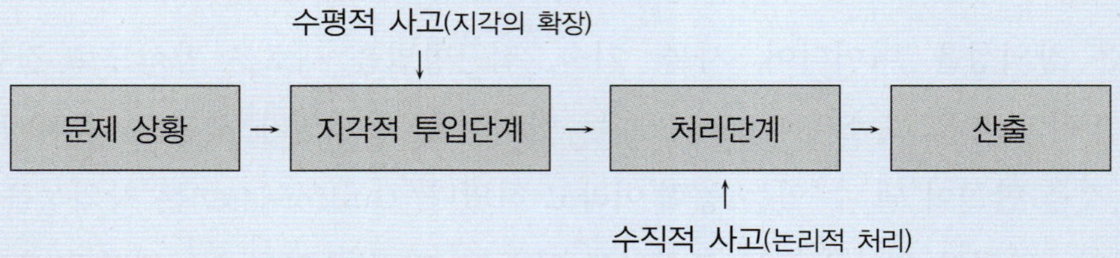


출처 : 전영길, 이영만(1995). 수평적 사고와 창의성. 서원.

## (2) 창의성의 발달

① 0~6세

0~2세 유아는 상상력이 발달하기 시작하므로 다양한 방식으로 창의적 사고를 자극하여 발달하도록 해야 한다. 2~4세 유아는 자율성이 발달하기 시작하여 6세 경까지 직접적인 경험과 상상놀이를 통해서 자신의 경험을 좀 더 많이 표현하고, 호기심이 발달한다. 그러나 유아가 학교에 입학하게 되면 상상력은 갑자기 감소하는 현상이 나타난다.

② 6~8세

이 시기는 창의적 상상력이 좀 더 현실주의적 경향을 나타냄으로써 놀이에서 조차 현실적인 세부사항들을 재산출하려고 한다. 따라서 많은 아동은 환상을 거부함으로써 상상력이 점차 감소한다. 그러나 성인이 심하게 제약하지 않는다면 호기심은 계속 발달한다.

③ 8~10세

이 시기의 아동들은 특유의 창의적 능력을 발달시킨다. 지속적인 흥미와 노력이 필요한 장기적인 계획을 세우며, 비판적인 질문을 하는 능력도 신장되고 진리 탐구에도 적극성을 띤다. 그리고 영웅심이 생기며 자신과 타인과의 차이도 발견하고, 자기 나름대로 상상력과 기능을 활용해 보기도 한다. 그러나 전반적으로 창의성이 감소하는 경향이 나타난다.

④ 10~12세

이 시기는 일반적으로 탐구심이 발달하는 안정된 상태로서 장시간 독서나 사색도 하게 된다. 여아들은 상상놀이를 즐기고, 남아들은 직접 무엇을 탐구하는 활동을 좋아한다. 또한, 예술적 능력이 급속히 발달하며 기억력도 좋아진다. 그리고 논리력과 자기표현력, 인내심이 발달한다.

### (3) 창의성의 구성요소

임선하(1993)는 창의적 구성요소를 창의적 사고기능과 창의적 사고성향으로 구분하였다.

① 창의적 사고기능(인지적인 면)

- 민감성: 주변 환경에 대해 예민한 관심을 보이고 이를 통해 새로운 탐색영역을 넓히는 능력이다(자명한 듯한 현상에서도 문제 찾아내 보기, 이상한 것을 친밀한 것으로 생각해 보기).
- 유창성: 특정한 문제 상황에서 가능한 한 많은 양의 아이디어를 산출하는 능력이다(어떤 대상(언어, 도형)이나 현상으로부터 가능한 한 많은 것을 연상해 보기, 특정한 문제 상황에서 해결방안을 가능한 한 많이 제시해 보기).
- 융통성: 고정적인 사고방식이나 시각 자체를 변환시켜 다양한 해결책을 찾아내는 능력이다(서로 관계가 없는 듯한 사물이나 현상들 간의 관련성 찾기, 사물이나 현상의 여러 가지 속성을 추출하고 추출된 속성별로 생각하기, 발상 자체를 전환시켜 다양한 관점 적용시키기).
- 독창성: 기존의 것에서 탈피하여 참신하고 독특한 아이디어를 산출하는 능력

이다(다른 사람과 같지 않은 생각하기, 기존의 생각이나 사물의 가치를 부정하고 생각하기, 기존의 생각이나 사물을 새로운 상황에 적용하여 생각해 보기).

- 정교성: 다듬어지지 않은 기존의 아이디어를 좀 더 치밀한 것으로 발전시키는 능력이다(은연중에 떠오르는 조잡한 수준의 생각을 구체화하기, 잘 다듬어지지 않은 생각을 그것의 실제적 가치를 고려하여 발전시키기).

② 창의적 사고성향(정의적 태도 특성)

- 자발성: 문제 상황에서 아이디어를 자발적으로 산출하려는 성향이나 태도이다(주위의 문제를 자신의 문제로 받아들이기, 칭찬이나 상과 같은 외적인 보상 없이 스스로 문제해결하기).
- 독자성: 자신이 생각해 낸 아이디어에 대한 가치를 인정하고 다른 사람들의 평가에 구애받지 않으려는 성향이나 태도이다(다른 사람들로부터 부정적인 평가를 받은 아이디어라도 계속 발전시키기, 아이디어 산출과정에서 의식적으로 다른 사람의 아이디어와 다른 것 내놓기).
- 집착성: 문제를 해결하기 위해 가능한 한 다양한 정보를 수집하고 문제가 해결될 때까지 끈질기게 물고 늘어지는 성향이다(문제 상황에서 문제와 관련된 정보를 가능한 한 많이 수집하기, 어렵거나 지루한 문제라도 끈질긴 열정을 갖고 끝까지 해결해 보기).
- 호기심: 항상 생동감 있게 주변의 사물에 대해 의문을 갖고 끊임없는 질문을 제기하려는 경향이다(주변의 사물이나 사태에 대해서 '왜 그럴까?' 또는 '무슨 일일까?' 하는 질문을 의식적으로 제기하기).
- 변화에 대한 개방성: 이 세상은 변화할 수 있으며, 내 자신이 이 변화의 주체가 되어야 한다는 자발적인 성향이나 태도이다.

유아의 창의성이란 어떤 한 가지 특성만 가지고 있다고 유아가 창의적이라고 할 수 없다. 창의적인 사고에 창의적인 사고가 합해져서 나타난다. 유아기에서 창의성을 발달시키는 데 가장 적합한 활동은 유창성과 융통성으로 우리나라 표준보육과정 및 누리과정에서도 탐구하는 태도를 자연탐구영역의 내용범주에 두고 강조하고 있다.

### 창의적인 유아의 특성

- 호기심이 많다.
- 유머감각이 풍부하다.
- 종교나 정치 등 성인사회의 문제에 관심을 갖는다.
- 어떠한 주제이든 빠르게 흡수하고 동화된다.
- 다양한 주제에 관련된 많은 지식을 갖고 있다.
- 관심 있는 것에 열정적으로 몰두한다.
- 수준 높은 어휘를 사용한다.
- 인과관계에 대한 이해와 관찰력이 빠르다.
- 완벽하려고 노력한다.
- 조직하고 구조화시키는 것을 즐긴다.

### 유아의 창의성 발달을 촉진시키기 위한 제안

- 주의를 집중시켜 활동에 참여하도록 동기를 부여한다.
- 자기활동의 결과를 조직하고 분류하도록 한다.
- 가르치기보다 탐색을 강조한다.
- 자신의 시각에 고정되기보다 타인의 관점을 이해하도록 격려한다.
- 충분한 시간을 제공한다.
- 주의 깊게 관찰하고 다양하고 새롭게 생각하도록 한다.
- 새로운 방식으로 문제를 해결하도록 한다.
- 종합적인 예술활동과 놀이를 통해 창의성을 표현하도록 한다.
- 유아가 경험할 수 있는 것을 제한하지 않는다.
- 반성적으로 생각할 수 있는 기회를 제공한다.
- 개인차를 존중한다.
- 창의적인 사고를 진행하는 동안 어느 정도의 무질서를 허용한다.
- 비범한 질문이나 기발한 아이디어가 더 중요하다는 것을 알려 준다.
- 창의적인 행동의 모델이 되어 준다.

## 2) 과학적 탐구능력

과학적 탐구능력은 타고난 자질이 있는 유아에게만 기대할 수 있는 것이 아니라 교사가 어떤 환경과 경험을 제공해 주느냐에 따라 달라질 수 있는 것이다. 모든 유아는 생리적으로 대상에 대한 호기심과 학습에 동기를 갖고 있다. 그러므로 유아들에게 어떤 과학적 경험의 기회를 주느냐에 따라 과학적 탐구능력이 신장된다.

과학적 탐구능력의 발달을 위한 교육활동은 과학적 현상과 관련된 어떤 정보나 지식 또는 개념을 학습하는 데 중점을 두기보다는 그 결과에 도달하기까지의 사고 과정이나 탐구과정에 중점을 두어야 한다. 따라서 유아들이 '어떻게', '왜'라고 묻고, 주변 현상과 환경을 관찰하고 탐구할 수 있도록 다양한 자료와 학습 경험을 풍부히 제공해 주어야 한다.

- "자전거는 어떻게 움직이니?"
- "구름은 왜 생길까?"
- "우리는 소리를 어떻게 들을 수 있니?"

유아들은 자신의 감각을 통해 주변 사물이나 자연현상들을 경험하므로 과학적 경험은 일상적인 활동 속에서 무수히 이루어진다. 일상 경험을 통한 주변 사물, 사건의 변화와 자연현상을 보면서 신기해하고 흥미를 갖게 된다. 이때 궁금해하고 문제해결을 위해 다양한 방법을 시도해 보고 그 과정에서 더욱 흥미를 느낌으로써 탐구심이 길러진다.

유아가 주변의 사건이나 사물, 자연현상에 민감하고 호기심을 가지고 자발적으로 탐구하는 능력과 태도를 기르기 위해서는 다음과 같은 사항을 주의해야 한다.

- 유아교사 자신이 과학에 대한 인식을 새롭게 해야 한다.
- 주변을 세심하게 관찰하는 것부터 과학활동을 시작한다.
- 유아 스스로 다양한 가설을 세우고 이를 검증하는 과정에 적극적으로 참여할 수 있는 기회를 제공한다.
- 탐색하고 탐구하는 과정에서 발견한 사실들과 이때 나타나는 유아들의 인지적·정서적 반응을 다양한 방식으로 기록한다.
- 관찰과 탐색이 이루어지는 활동과정 동안 궁금한 것과 예측한 것, 발견한 것을 글과 그림, 사진으로 기록하는 활동일지를 작성하는 등 의미 있는 탐구경험을 제공한다.
- 주어진 시간에만 참여하는 제한된 과학활동이 아니라 적목놀이영역, 물놀이

영역, 목공놀이영역, 요리영역, 자연과학영역 등 과학적 발달을 유도할 수 있는 다양한 학습활동과 통합되어 이루어지도록 계획하고 실행한다.

## 4. 유아의 사고발달

### 1) 정보처리과정

정보가 어떻게 효과적으로 처리되었는가는 사건에 대한 유아의 반응을 결정짓는다. 유아의 정보처리과정은 주의, 인식, 기억, 사고, 문제해결을 통해 이루어진다. 주의란 어떤 사건에 주목하고 감각적 정보에 '맞추는' 과정으로 유아의 주의 초점과 기간을 결정짓는 5가지 요소(Dale, 1976)는 다음과 같다.

① 자신이 구별할 수 있는 정보일 때
② 특정한 시간이나 개인차에 따라
③ 사건의 배경과 물리적인 특성에 따라
④ 자신에게 의미 있는 경우
⑤ 주변 사건에 대해 유아의 기존의 지식을 활용하는 방식에 따라

인식은 감각적 수용기제에 의해 갖게 된 의미를 깨닫고 해석하는 인지적 과정으로 사건에 대한 이해, 인지와 감지된 것 간의 연결이 인식의 목적이다. 유아기 인식과정의 변화를 살펴보면 성장에 따라 물체 인식방법에 변화가 나타나는데 연령적 발달 또는 성숙에 있어서의 차이, 사회적 또는 신체적 경험의 차이 등에 기인한다.

기억은 시간의 흐름에 따라 정보를 유지하는 것으로 단기 기억(STM: Short-Term Memory)과 장기 기억(LTM: Long-Term Memory)으로 구분된다. 단기 기억은 즉각 사용하기 위해 일시적으로 처리되고 보관되며 일상생활에서 유용하고 단 몇 초 몇 분간 지속되는 것으로 유아기 동안 지속적으로 나타난다. 장기기억은 일생 동안 보

유하고 계속해서 되돌이켜 발견되고 일상에서 활용되며 평생 동안 보관된다. 장기 기억의 능력과 단기 기억에서 장기 기억으로 이동하는 능력에는 개인차가 존재하고 연령에 따라 적응능력이 증대된다.

유아의 기억을 좌우하는 4가지 조건은 다음과 같다.

① 흥미롭고 유아의 주의를 끌 때
② 친숙하고 의미 있고 스스로 조직화한 정보일 때
③ 기억될 물체와의 활동에 적극적으로 참여했을 때
④ 기억될 물체에 계속 노출될 때

사고란 어떤 것에 반응하기 전, 이를 수용하고 평가하기 위해 처리된 정보에 대해 반추하는 과정이다. 사고의 차이에 따라 충동적인 유아는 매우 빠르게 행동하고 자신의 일차적인 가설을 수용하는 반면, 반성적인 유아는 자신이 일반화한 가설을 수용하는 데 오랜 시간이 걸린다. 6세경이 되면 사고특성의 차이가 나타나고 개인에 따라 다르며 이러한 특성은 지속적인 안정성을 보인다. 따라서 학업수행과 관련된 과제를 제공할 때 유아의 인지적 사고 형태의 특성들을 고려해야 한다.

문제해결은 문제를 개념화하고 문제해결을 위한 접근방법을 계획하고 진행과정을 조정하며 마땅한 해결방안을 검토하는 순서로 이루어진다(Yussen & Santrock, 1982). 어떤 요소들을 취해 문제해결방법을 취하는지는 유아발달상 차이에 따라 다르다.

점차 주변 세상에 대한 지식이 확장되고 다양한 레퍼토리의 전략을 구성하게 되며 인지적 활동에 대한 지식도 풍부해진다.

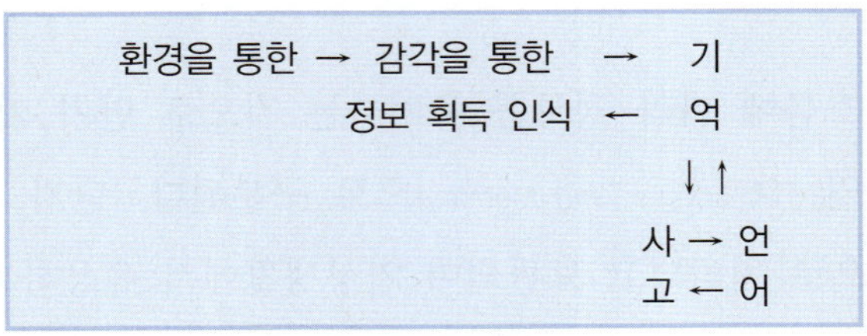


《그림 2-3》 유아의 정보처리과정

### 2) 지식의 구성과 놀이

Piaget는 복잡한 환경과의 상호작용을 통해 유기체의 생물학적 적응과정으로 인간의 인지과정을 설명한다. Piaget의 인지구조와 기능에 대한 분석은 현대의 뇌 과학 연구와는 상이하여 의문시되는 부분이 제기되고 있지만 인간의 인지발달, 지식 구성에 대한 통찰을 제공해 준다.

Piaget는 생물학적인 성숙과 환경 안에서의 물리적 경험 그리고 환경적·사회적 경험과 평형화 등 4가지 요소들 간의 상호작용적 관계를 기술하면서 유아의 인지는 동일한 순서로 발달하지만 단계마다 발달 비율은 다르며, 발달의 비율에 영향을 미치는 것은 개별 유아의 유전적 가능성이라고 설명한다. Piaget는 지능을 고정된 것으로 보는 관점에서 벗어나 지능의 유연성을 강조하고 유아기를 지적 발달의 최적의 시기로 본다. 많은 연구결과에 기초하여 유아기 지능의 유연성에 관한 관점과 조기 개입(early intervention)의 중요성이 널리 인식되었지만 개입의 강도나 본질에 관한 문제는 아직도 우리에게 이슈로 남아 있다.

노스캐롤라이나 대학의 연구(1974)에서는 오히려 지나친 자극이 과도한 발달과 후일 행동상의 결손을 초래한다고 하였다. 그러나 오늘날 컴퓨터 과학의 발달로 인한 뇌 영상 촬영기술의 도입[3]으로 확실한 뇌 발달의 증거들이 확보되었고 환경 자극에 의한 뇌 발달을 확신하게 되었다.

Bredekamp(1997)는 '유아기에 읽기, 쓰기, 셈하기와 같은 표상적 기술을 도입하기 전에 다양한 물리적 경험이 필수적이다.', '물리적·구체적·반추상적인 행위 구조들이 후일 정신구조의 기초를 형성한다.'며 유아기 직접 경험에 기초한 물리적 활동의 중요성을 강조한다.

---

3) 새로운 뇌 영상 촬영기술의 예
- 컴퓨터 단층 촬영(CAT) : 뼈, 조직 등의 밀집도 반응을 다중 X-ray를 통해 읽어 낸다.
- 자기공영영상(MRI) : 조직의 화학적 요소를 영상을 제공한다. 인지활동을 하는 동안 모니터를 통해 뇌 활동을 관찰할 수 있다.
- 양전자방출 단층 촬영(PET) : 혈액의 흐름 등 뇌와 다른 신체기관의 화학적 기능을 모니터하여 뇌 에너지의 연속적인 변화를 추적한다.

물체가 가진 특질과 본래 속성의 발견을 통한 상호작용은 관찰, 조작, 직접 경험을 통해 물리적 지식을 획득하게 해 준다. 논리-수학적인 경험과 물리적 경험에 대한 반성적 사고를 통해 실제의 범주를 구성함으로써 환경에 대한 감각을 키워 가고 다른 사물에도 적용 가능한 논리적 규칙이 있음을 알게 된다. 이때 '놀이'는 매우 중요한 영향을 미친다. 직접 경험을 통해 분류, 일대일 대응, 유사점과 차이점, 문제해결, 개념 인식 등의 학습이 가능하고 물리적·구체적·반추상적인 행위구조들이 후일 정신구조의 기초를 형성하게 된다.

다른 사람들과 상호작용을 통해 얻는 지식, 사회적 관계, 교육, 언어, 문화, 사회적 인간관계는 유아의 발달과 학습을 촉진한다. 협의, 협력, 다른 사람들로부터 피드백(feedback)을 통해 타인의 관점을 이해하게 되므로 융통성, 문제해결, 사회적 상호작용을 촉진해 주는 교사의 역할이 무엇보다 중요하다. 질문하기, 시범 보이기, 제안하기, 토의하기, 적절한 환경 구성의 제공, 격려하기 등이 적절한 예이다.

### 3) 평형화

평형화란 유아가 내적인 균형 상태에 이를 때까지 지식을 일반화하여 새로운 지식을 구성하면서 환경에 지속적으로 적응해 가는 자기-통제적 과정이다. 유아주도적으로 새로운 지식을 구성하기 위해서는 불일치(discrepancy) 또는 인지적 갈등의 자극적인 환경의 구성이 필요하다. 새로운 정보를 탐색하기 위한 사고의 확장, 창조, 문제해결과정을 자극하는 활동과 환경 구성, 교사의 개입이 중요하다.

## 여기서 잠깐

Piaget는 인지적 갈등을 발달로 보고 유아들에게 현재의 수준보다 조금 높은 수준의 과제를 제공해야 한다고 하였다. 유아는 인지적 갈등을 경험할 때 탐구과정에 좀 더 적극적으로 참여하게 된다(어떤 컵이 물속에 가라앉는지, 어떻게 해야 뜨거운 물이 위로 올라가는지, 물과 왜 섞이지 않는지 등). 교사는 이러한 탐구과정에 함께 참여해 유아의 학습을 지원해 주어야 한다. 교사가 과학적 지식을 반드시 알아야 하는 것은 아니다. 교사는 유아들과 함께 탐구하는 과정을 통해서 과학적 지식을 습득할 수 있다.

20조각의 퍼즐을 완성할 수 있는 유아에게 4조각을 퍼즐을 주거나 40조각의 퍼즐을 준다면 너무 쉽거나 어렵게 생각하여 퍼즐 맞추기를 포기할 수 있다. 그러므로 23~24조각을 제시하여 유아 스스로 문제해결을 위한 도전을 할 수 있도록 동기를 유발해 주어야 한다.

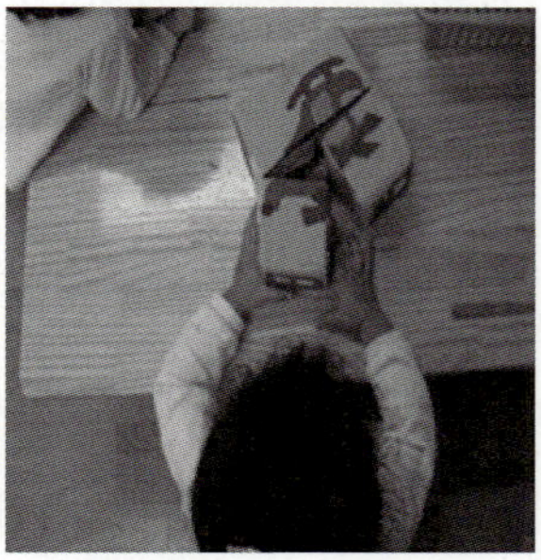

# 제3장 유아기 인지발달에 관한 관점

## 1. Piaget의 발생학적 인식론

### 1) 인지의 구조와 기능

Piaget는 인간의 인지(cognition)를 기억, 문제해결력, 추론, 창의력, 가설 등을 포함하는 정신, 즉 사고로 정의한다. 세상을 받아들이는 방식에 영향을 미치는 인지 과정을 설명하면서 인지의 구조와 기능을 다음과 같이 기술하였다.

인지의 기본 단위는 도식(schema)과 조작(operation)이다. 도식에는 감각운동적 도식과 개념적 도식이 있으며 조작은 논리적 사고력이다. 도식과 조작의 인지구조는 동화(assimilation, 양적 증가)와 조절(accommodation, 질적 변화) 속에서 사고기능의 발달로 나타난다. 생후 초기에는 갖는 반사능력이 감각운동적 도식을 구성하고 이는 동화와 조절의 과정을 통해 평형화(equilibrium)를 이룸으로써 외부환경에 적응(adaptation)하게 된다. 즉, 지식을 구성하게 된다.

도식의 구성은 행동하는 기회가 계속 주어졌는가에 따라 이루어지며, 사용과 자극을 통해 도식은 계속 발달한다. 기존의 도식과 새로운 도식의 조절과정은 새로운 자극을 통해 지적 발달을 촉진시켜 주며 발달 속도는 유아기 동안 주어진 다양한 자극에 따라 다르다. 또한, 인지의 구조와 기능을 설명하면서 질적으로 다른 인지적 특성을 갖는 연령기에 따라 인지발달단계를 4단계로 구분하였다. 생후 초기는 감각운동적 도식에 의존하여 외부환경과 상호작용을 시도하므로 감각운동단계라고 한다. 이후 2~7세 연령의 유아기는 전조작단계로 비논리적 사고단계이다. 이후로 논리적 원칙을 적용할 수 있는 구체적 조작단계를 거쳐 형식적 조직단계에 이르게 되면 추상적 사고가 가능해진다.

〔표 3-1〕 Piaget의 인지발달단계

| 단계 | 연령 | 인지적 특성 |
|---|---|---|
| 감각운동기<br>(sensory motor stage) | 출생~2세 | • 오감각을 사용하여 외부환경을 받아들인다.<br>• 빨기, 잡기와 같은 반사능력에 의존하고 18~24개월경이 되어야 행동하기 전에 사고하기 시작하며 대상영속성이 생긴다.<br>• 말기에 내적 표상이 시작되어 상징성이 나타난다. |
| 전조작기<br>(preoperational stage) | 2~6세 | • 타인의 관점이 자신과 다르다는 것을 이해하지 못하는 자기중심성이 나타난다.<br>• 상징적 사고의 증가와 더불어 급격한 언어능력의 발달이 나타난다.<br>• 직관적 사고에 기초한다. |
| 구체적 조작기<br>(concrete operation stage) | 7~11세 | • 논리적 원칙을 이해하고 자신의 경험이나 지각하는 바를 적용할 수 있다. |
| 형식적 조작기<br>(formal operation stage) | 12세 이후 | • 추상적 사고가 가능하다. 가설을 수립하고 추상적 사고를 통해 자신의 경험을 표현한다. |

## 2) 유아 인지발달의 특징

유아기의 인지는 전조작적 사고의 특징을 가지며 감각운동적 도식의 한계에서 좀 더 상징적[4)]이고 직관적인 사고를 이해하는 단계로 변화된다. 유아기는 다른 시기와는 질적으로 아주 다른 인지적 특징을 나타낸다.

- 다른 사람과 사물과의 상호작용을 통해 세상에 대한 이해를 스스로 구성함으로써 이루어진다: 유아는 적극적으로 자신의 감각을 활용하여 주변 환경을 탐색한다. 만져 보고, 굴려 보고, 들어 올리고, 두들겨 보면서 사물을 탐색한다. 탐색은 놀이로 나타나며 학습의 기초가 된다.
- 성인과는 질적으로 다르게 사고한다: 가지고 있는 정보가 적은 것만 아니라 세상

4) 2~4세경에 활발히 나타나는 상징적 사고는 존재하지 않는 사물을 정신적으로 그릴 수 있도록 한다. 상징적 사고가 가능한 유아는 집, 나무와 같은 주변 환경에서 접하는 사물을 표현하기 위해 미술이나 신체 움직임 등의 경험을 사용한다. 이때 상징놀이가 활발히 나타난다.

을 다르게 경험한다는 것이다. 직관적으로 사물을 판단하고[5], 자기중심적이어서 사물의 보존에 대한 개념이 없으며 타인조망능력이 부족하고, 원인과 결과의 연결이 비논리적인 전이적 추론을 한다. 또한 물활론적 사고, 마술적 사고의 특징을 나타낸다.

### (1) 감각운동기 인지발달의 특성

Piaget에 따르면 영유아기는 인지발달의 첫 단계인 감각운동기에 해당된다. 출생 이후부터 약 2세경의 유아는 오감을 통해 외부세계를 경험하며 감각운동기 말경에 이르러 인지능력의 기초가 되는 여러 특성이 나타난다.

① 상징적 사고 시작

영아가 감각운동기 말에 이르게 되면 언어가 출현하고 급속한 언어능력의 확장과 더불어 언어적·비언어적인 상징의 시도가 활발히 나타난다. 보자기를 목에 두르고 자신이 슈퍼맨이 된 것처럼 행동하거나 베개를 껴안고 아기를 달래는 시늉을 하는 등 상징적 사고(symbolic thinking)가 나타난다.

② 지연모방 출현

행동을 관찰하고 일정 시간이 흐른 뒤에 관찰했던 것을 모방하는 지연모방(deferred imitation)이 나타난다.

③ 대상영속성 획득

감각운동기 말에는 물체가 눈앞에서 사라져도 그 물체가 영원히 존재한다는 것을 인식하는 대상영속성(object permanence)을 획득한다.

④ 인과관계의 이해

초보적인 차원에서 인과관계(cause–effect)를 이해할 수 있다. 흰 가운을 입은 의사를 보고 울거나 엄마가 화장을 하면 따라다니는 등의 행동을 하는 것은 하나의

---

5) 4~7세경이 되면 직관적이고 내적인 사고로 변화된다. 직관에 기초하여 유목화나 분류에 어려움을 갖는다. 이는 중심화 성향에 기인한다.

상황에 따라 이어지는 다음 상황을 예측할 수 있다는 증거이다.

### (2) 전조작기 인지발달의 특징

2세 이후부터 약 7세경까지는 전조작단계이다. 조작이란 논리적 사고력을 의미하므로 전조작이란 논리적 사고 이전 단계, 즉 비논리적 단계이다. 그러나 성인의 사고 수준과 질적으로 다른 사고를 보여 주기 때문에 나름대로 근거를 가진 논리적 사고의 시초가 되는 단계이다.

이 시기의 유아는 언어를 학습하고 사고를 위한 정신적 이미지를 형성할 수 있게 된다. 애착을 형성한 가족과도 좀 더 쉽게 헤어질 수 있다. 일상생활이나 사건에 흥미를 갖고 상상에 기초한 가장놀이를 즐기며 시간의 순서와 흐름을 이해하게 된다.

이 단계의 대표적인 특성은 자기중심성이다. 자기가 세상을 조절할 수 있는 힘을 가진 것으로 생각하며 자기가 좋아하는 것은 모두가 좋아한다고 생각한다. 또한, 모든 것은 살아 있다고 여기며 청소기나 화장실 물 내리는 소리에 공포를 느낀다. 탐색과 놀이를 통해 정보를 습득하며 이미 알고 있는 것을 확실하게 이해한다. 성장해 가면서 점차 조작적 사고가 구체적으로 확립된다. 그 특징들을 요약하면 다음과 같다.

#### ① 자기중심성

자신의 지각과 다른 사람의 지각을 구분할 수 있는 능력이 없는 데에서 기인한다. 다른 사람들도 자신의 감정과 사고와 같다고 생각하므로 다른 타인의 관점에서 상황이나 물체를 인식하지 못한다. 자신의 이해만 추구하는 이기심과는 질적으로 다르다.

#### ② 비보존개념

보존개념이란 물질의 물리적 속성이 변형되거나 재배열되어도 그 수나 양의 본질이 변화하지 않고 그대로 보존된다는 것을 이해하는 능력이다. 유아기는 수나 양에 대한 보존개념을 획득하지 못한다.

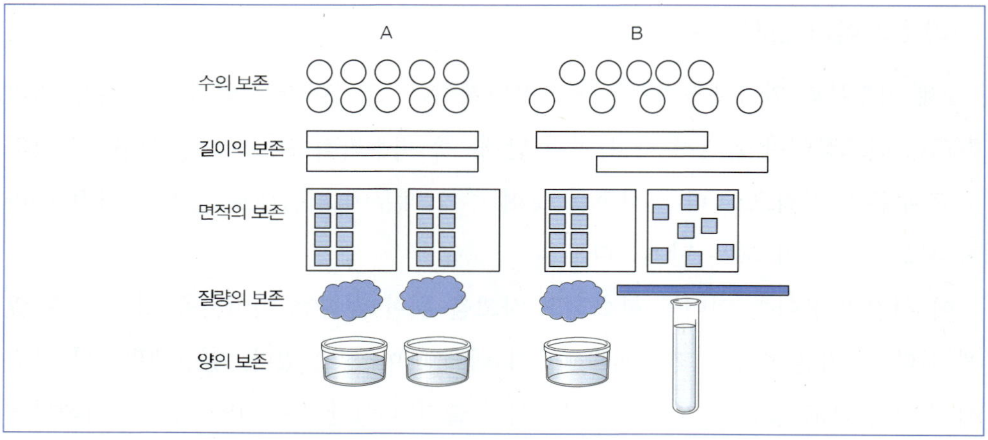


③ 물활론적 사고

모든 것이 살아 있다고 믿는 유아기 사고의 특징이다. 단계에 따라 이에 대한 개념의 발달이 나타난다. 처음에는 모든 것이 살아 있다고 여기지만 점차 움직이는 것만 살아 있는 것으로 이해하다가 점차 스스로 움직이는 것이 그리고 생명이 있는 동식물만이 살아 있는 것으로 인식하는 단계를 거치면서 이해의 폭을 넓혀 간다.

④ 마술적 사고

자신의 기대가 이루어질 것으로 믿는 전조작기 사고의 특징으로 옛 원시인의 주술적 사고・행동과 같다. 초자연적이고 마술적인 힘으로 자신의 생각대로 주변 상황이나 물체를 변화시킬 수 있다고 보는 관점에서 비롯한다. 언어발달의 초기에 나타나는 자기충족적 예언이 마술적 사고의 예이다.

⑤ 전이적 추론

타당한 원인에 의한 결론이 아니라 사건・사물 간의 인과관계가 전혀 무관한 것도 관련이 있다고 비약적인 추론을 한다. 노을이 지어 하늘이 빨갛게 변화한 모습을 보고 단풍잎이 빨개졌을 거라고 생각하는 것이 전이적 추론의 예이다.

## 2. Vygotsky의 사회문화적 인식론

Vygotsky는 유아기에는 인지발달이 제한적으로 이루어지며 사회적 상호작용을 근간으로 이루어진다고 본다. 또한, 언어를 통한 학습은 인지발달의 촉매로써 언어는 사고발달 위한 실제적인 도구이자 정신발달에 구체적으로 영향을 미친다며 언어의 기능을 강조한다. 좀 더 유능한 또래와 성인의 적절한 개입이 발달을 촉진시킨다는 근접발달지대의 개념을 설명하면서 고등정신기능의 발달을 위한 교사의 역할을 모델링, 피드백 제공하기, 부수적인 통제(보상, 처벌 등), 지시하기, 질문하기, 자기조절능력을 증대하기 위한 비계설정하기 등으로 제안한다.

### 1) 내면화

사회문화적 관점에서는 지식이 형식적·비형식적 환경 안에서 어떻게 내면화되고 적절하게 전도되고 변형되는가에 관심을 갖는다. 내면화(internalization)란 대뇌의 활동을 포함하여 사회문화적·물질적 과정 속에서 자신의 존재를 확인하는 독특한 인간의 정신이다. 유아는 자신의 정신적 기능들을 재구성하기 위한 세계를 구성적으로 변형시켜 가는 데 외부현상을 그대로 복사하는 것이 아니라 내적인 의식 상태와 자기조절이 일어나는 과정을 갖는다.

유아의 정신발달은 경험을 통해 획득되는 것으로 놀이과정 동안 또래나 성인과의 상호작용을 통해 이루어진다. 더 높은 수준의 사고를 자극하고 도움을 주는 개입으로 문제해결 과업을 제안하는 놀이활동 속에서 자유롭고 다양한 상호작용을 통해 내면화된 결과를 나타낸다.

### 2) 자기조절능력의 발달

자기조절능력(self-regulation)은 유아가 환경의 변화에 따라 내적으로 유연하게 자기의 행동을 계획하고 주도하고 감독하는 것이다.

인간은 태어날 때부터 폭넓은 지각력·주의력·기억능력을 가지고 있으며 이것은 사회화와 교육으로 변형된다. 변형의 과정은 자기조절력과 구체적이고 직접적인 자극에 의해 지배되는 수용력으로 구성된다. 변형은 고도의 심리학적 기능으로 유아가 사회적으로 상호작용하는 가운데 문화적으로 결정된 도구와 상징, 즉 언어를 사용함으로써 가능해지며, 언어발달과 함께 증진된다.

Vygotsky는 유아의 자기조절력은 유아 스스로 형성한 계획과 목적을 따르며 행동하는 것으로 언어적 상호작용을 통해 환경을 능동적으로 조절함으로써 성취되므로 자기조절력의 발달과정을 사회적 과정이라고 한다.

유아는 활동에 참여하면서 의사소통을 활발하게 하고 사회적 접촉을 통해 자신이 주변 환경에 영향을 미친다는 것을 인식하면서 자신을 스스로 조절할 수 있는 능력을 기르게 된다. 그러므로 유아기 학습에서 강조해야 할 것은 단편적인 지식의 습득이 아니라 독립적 사고와 문제해결능력의 습득, 적절한 활용능력의 증진이다. 잠재적인 학습능력을 개발하기 위해 과업, 조작, 평가, 조절과 같은 자기조절적 학습이 기초가 되어야 한다. 구체적이고 직접적인 과제를 수행하면서 교사의 지도와 유아 스스로 발견하는 과정과 문제를 해결하고 활동의 결과에 대한 성공감을 반성해 보는 과정을 통해 학습이 이루어진다.

### 3) 근접발달지대

유아의 실제적인 발달 수준과 성인이나 좀 더 유능한 또래와의 상호작용을 통해 내면화를 이룰 수 있는 잠재적인 발달 수준 간의 간격을 근접발달지대(ZPD: Zone of Proximal Development)라고 한다. 이 영역에서 유아의 능력발달과 학습을 가능하게 해주는 심리적 과정이 일어난다.

**근접발달지대 : 환경**

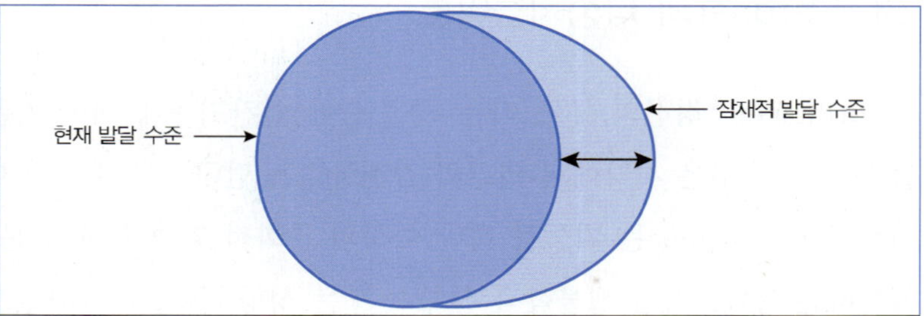


**비계설정 : 역할**

| 비지시적 (nondirective) | ← | | 중재적 (mediating) | | → | | 지시적 (directive) |
|---|---|---|---|---|---|---|---|
| 인정하기 | 모델 보이기 | 촉진하기 | 지원하기 | 비계 설정하기 | 함께 구성하기 | 시범 보이기 | 지시하기 |

Vygotsky는 유아가 도구와 기호를 사용해서 정신구조를 형성하며 인지발달이 사회적 경험과 언어에 기인함을 강조한다. 또한, 유아의 근접발달지대 내에 있는 경험을 선택하고 제공하며 학습을 지원해 주는 성인의 적절한 사회적 개입의 중요성을 강조한다.

근접발달지대의 개념은 효과적인 교사의 개입을 고안하는 데 유용하다. 유아는 교사의 가르침만 받는 수동적인 존재가 아니고 교사는 숙련된 행동과 성공적인 수행의 본보기로만 존재하는 것도 아니다. 교사와 유아는 문제해결에 함께 참여하고 지식을 공유하며 책임도 함께 나눈다.

사회문화적 관점에서 학습은 분배적이고 상호작용적이며 상황맥락적인 특성을 갖고 학습자들이 실체 참여한 결과라고 본다. 학습은 또래와 협동하고 다른 사람과 상호작용하면서 이루어지는 것이다. 교사가 유아발달과 진보과정에서 어떤 개입(중재)전략을 사용하는 가운데 유아의 사고발달과 사회화를 이끈다.

그러므로 학습을 위한 비계설정자로서 교사의 지원적 지도와 실제 참여, 또래와의 협동학습은 유아의 인지적 성숙을 더욱 촉진시켜 준다.

## 3. Gardner의 다중지능이론

Gardner는 『정신의 구조』라는 책을 통해 인간지능에 대한 기존의 협소한 정의를 확대하여 넓은 시각에서 인간의 잠재능력을 탐구하고 지능의 다면적 차원을 소개하였다. Gardner는 지능을 하나 이상의 문화적 환경 안에서 문제를 해결하거나 생산하는 능력, 정신 생물학적 잠재력 또는 성향(multiple intelligence)으로 간주하고 언어나 수학, 논리적 능력들을 강조하는 다른 지능이론과는 달리 작곡, 건축, 대중을 향한 홍보기획이나 실천능력까지도 지능으로 간주한다.

지능이란 문화적으로 가치 있는 물건을 창조하거나 문제를 해결하기 위해 그 문화에서 유용하게 사용할 수 있는 정보를 처리하는 생물학적·심리학적 잠재력을 의미하며 유전적·문화적·환경적인 요소의 영향을 받아 능력 발휘가 개별마다 다르고 독립적으로 작용하지 않는다고 한다. 이와 함께 인간의 다양한 능력을 지능으로 정의하는 기준을 제안하였고 이러한 기준에 부합하는 것들을 지능의 범주로 분류하고 각 지능의 특성을 설명하였다.

인간지능의 다면적 차원을 강조하는 가운데 언어지능, 논리－수학지능, 시각－공간지능, 신체운동지능, 음악지능, 자기이해지능, 인간친화지능, 자연탐구지능 등 8가지 이상으로 분류하였고 그 외에도 계속 연구되어 영적 지능, 실존적 능력, 후각능력, 타 지능을 분석하는 능력 등을 새롭게 제안하고 있다.

지능의 유형은 ① 유아들은 서로 다른 능력을 가지고 태어난다. ② 지능은 인간 두뇌의 어떤 부위와 관련되어 있다. ③ 유아의 강점은 고정된 것이 아니고 자극적인 자료와 활동이 마련된 풍부한 환경조건과 교육의 기회 속에서 증진될 수 있다는 관점에서 구분하고 있다.

8가지 다중지능 종류의 의미는 〈표 3－2〉와 같다.

〔표 3-2〕 다중지능의 종류와 의미

| 종류 | 의미 |
|---|---|
| 언어지능 | • 단어의 의미와 질서에 대한 감수성<br>• 언어(모국어를 포함한 외국어)를 사용하거나 자신의 정신세계를 표현하고, 타인에게 이해시키는 능력 |
| 논리-수학지능 | • 추론의 연계성을 파악하고 패턴과 질서를 인식하는 능력<br>• 인간관계나 체제에 대한 원리를 이해하는 능력 |
| 시각-공간지능 | • 정확하게 세상을 인식하고 여러 모습을 변형하거나 재창조하는 능력<br>• 자신의 정신세계에 내재된 공간적 세계를 표현하는 능력으로 주로 예술이나 과학에 사용 |
| 음악지능 | • 음의 고저, 멜로디, 리듬 그리고 음색에 대한 감수성<br>• 음악에 대해 사고하는 능력으로 패턴을 듣고 인식하고 기억하며, 그것을 조작하는 능력(인간의 가장 기초적인 능력) |
| 신체-운동지능 | • 신체를 기교 있게 사용하거나 빈틈없이 사물을 다루는 능력<br>• 전체적인 몸이나 몸의 일부(손이나 손가락 또는 팔)를 사용해 문제를 해결하거나 무언가를 만들어 내는 능력 |
| 자연탐구지능 | • 환경에 대한 수많은 동식물을 인식하고 분류하는 능력<br>• 자연현상에 대한 감수성뿐만 아니라 생물을 구별해 내는 능력 |
| 자기이해지능 | • 자신과 타인을 이해하기 위해 자신의 감정세계를 통해 접근하는 능력<br>• 자신에 대해 이해하고, 자신이 누구인지 아는 것(무엇을 할 수 있는지, 무엇을 원하는지, 사물에 대한 반응방법이나 회피방법 등) |
| 인간친화지능 | • 사람과의 관계를 이해하는 능력<br>• 타인을 이해하는 능력 |

유아과학과 관련성이 있는 논리-수학지능, 시각-공간지능, 자연탐구지능에 대해 좀 더 구체적으로 설명하면 다음과 같다.

## 1) 논리-수학지능

논리-수학지능(logical-mathematical intelligence)은 전통적인 개념에서의 지능을 의미하는 것으로 유럽 학자들은 인지능력으로서 가장 중요시하였다. 논리-수학지능은 논리적인 문제나 방정식을 풀어 가는 정신적 과정에 관한 능력으로, 때에 따라서는 언어 사용이 요구되지 않는 지능으로 논리-수학지능이 높은 사람은 논리적 과정에 대한 문제들을 보통 사람들보다 훨씬 빠른 속도로 해결하는 능력을 갖고 있다. 예를 들어, 추론을 잘 이끌어 내고 문제를 파악하며 주먹구구식이 아닌 체계적이고 과학적인 방법을 동원한다. 숫자개념 이해와 기억력이 뛰어나 차량번호나 전화번호 등도 남들보다 잘 기억하는 경우가 많다.

### 2) 시각–공간지능

시각–공간지능(visual–spatial intelligence)은 색깔·선·모양·형태·공간 그리고 이런 요소들 사이의 관계에 대한 민감성과 관련 있다. 공간지능이 높은 사람은 시공간적 세계를 정확하게 인지하는 능력과 건축가·미술가·발명가 등과 같이 3차원의 세계를 잘 변형시키는 능력이 있다.

신경과학에 의하면 인간 두뇌의 우측 반구가 공간지능과 관련 있으며, 공간지능은 시각능력과 관계가 깊은 것으로 알려졌다. 공간지능이 높은 사람은 밤하늘의 별을 보고 방향을 잘 찾으며, 처음 방문한 곳을 다시 찾아가는 것도 어렵게 느끼지 않고 잘 찾아간다. 또한, 시공간적 아이디어들을 도표·지도·그림 등으로 잘 나타내고 시각적으로 표현하는 디자인, 그림 그리기, 만들기 등을 좋아한다.

### 3) 자연탐구지능

자연탐구지능(naturalist intelligence)은 수많은 종(種), 식물상과 동물군과 같은 자연세계에 대한 뛰어난 분별력을 지니고 있어 각양각색의 종류를 인식할 뿐만 아니라 새로운 것이나 익숙하지 않은 유기체들을 분류해 낼 수 있다. 자연탐구지능은 자연을 탐험하는 것을 기본으로 사물들을 수집하고 연구하며 끊임없이 새로운 측면에서의 이해를 시도하게 한다.

자연탐구지능이 높은 아동일수록 들·산·바다 등을 좋아하고 동물을 각별하게 관찰할 줄 알고 실제적인 연구 여행을 즐긴다. 또한, 대부분 이런 단순한 지각이나 분별력을 넘어서 의미를 발견할 수 있는 남다른 능력을 지니고 있다. 과학이 발달하지 않았던 시대에는 '민속 분류학자(Folk tasonmies)'라고 불렸을 법한 사람들을 말하고, 이들은 사냥, 농사, 생물학과 같은 방면에서 분류학적 지식을 살아 있는 자연계에 적용할 수 있고 생산적으로 활용할 수 있다. 농부, 식물학자, 자원보호론자, 생물학자, 환경보호론자 등이 높은 자연탐구지능을 보여 준다. 식물과 동물의 자연세계를 이해하는 것은 각각의 특징을 인지하고 각각의 카테고리를 분류하는 능력을 의미하며, 과학이 발달한 현재에는 자연세계뿐만 아니라 다른 사물에 대해서도 아주 세밀히 관찰하고 그 특징을 분류하는 것까지도 포함한다.

다중지능이론의 관점에서 모든 유아는 저마다 강한 지능을 가지고 있으므로 교사와 부모는 이를 발견하고 개발할 수 있는 경험을 풍부하게 제공해야 하는 중요한 임무를 가지고 있다고 본다. 타고난 영재성을 최대한 발휘하도록 돕기 위한 제안들도 소개되고 있다.

### 유아의 영재성을 발휘하도록 돕기 위한 제안

- 유아의 흥미가 무엇인지 스스로 발견할 수 있도록 한다.
- 실수를 허용한다.
- 무엇인가를 배우기만 강요하지 않는다.
- 감각을 자극하고 감각능력을 기를 수 있는 환경을 준비한다.
- 여러 활동 중에서 관심 있는 것을 선택하도록 한다.
- 주의 깊게 관찰하고 다양하고 새롭게 생각하도록 한다.
- 적극적으로 언어적 상호작용을 한다.
- 문제해결을 위한 특별한 과제를 제안한다.
- 성인이 먼저 무엇인가를 배우려는 학습 의욕을 가지고 본보기가 된다.
- 보상을 전제로 성인의 입장에서 강요하지 않는다.
- 가정과 유아교육기관을 재미있는 학습 장소로 만든다.
- 성차별을 하지 않는다.
- 새로운 환경을 적극적으로 탐색할 수 있도록 격려한다.

## 4. Feldman의 비보편적 발달이론

Feldman은 모든 유아가 가진 경험과 배경에 상관없이 분명히 나타나는 '보편적 발달'과는 대조적으로 '비보편적인 발달'이 있다고 한다. 비보편적인 발달은 자연 발생적인 것도 아니고 모두 완전히 달성하는 것도 아니며 유아들은 보편적인 발달영역에서 이례적인 영역까지 연속선상의 발달을 이루며 개별적 특성에 따라 발달영역이 다르다고 한다.

영역 간 발달은 질적 수준으로 구분되는 일련의 광범위한 연속선상에 놓이고 어디에 위치하고 있는가 하는 것이 초보자인지, 전문가인지를 구분하는 지표가 되며 발달을 위한 접근은 모두 다르다고 한다. 예를 들면, 보편적인 영역에서의 발달은 특정한 환경 분위기가 지속적이고 체계적으로 지원될 때 가능하다. 따라서 최적의 발달을 위해서는 또래 친구들과 여러 학습 자료, 학교와 교사, 경쟁, 보상과 자극 등이 조화를 이루어야 한다.

〈표 3-3〉 인지발달의 연속선

| | | |
|---|---|---|
| 보편적 영역 | • 인간의 내재된 발달상의 경험들 | • 대상영속성 |
| 범문화적 영역 | • 정식으로 가르치지 않아도 다른 사람과의 관계 속에서 자연발생적으로 습득되는 것 | • 언어 |
| 문화적 영역 | • 일정한 문화권 안에서 개인이 어느 정도까지 습득할 수 있는 지식 및 능력의 일체 | • 읽기, 쓰기 및 산수 |
| 학습 기반 영역 | • 법이나 화학같이 특정 분야의 전문성 발달과 관계된 것 | • 특허법, 유기화학 |
| 이례적 영역 | • 한 영역의 한계가 극복되었을 때 일어나는 것으로 기존의 지식을 변혁하는 것 | • DNA의 이중 나선형 구조의 발견 |

※ Gardner와 Feldman의 지능이론이 주는 시사점
- 유아의 인지능력은 복잡한 특성을 갖는다.
- 생물학적 성향과 학습 간의 상호작용이 중요하다.
- 유아의 인지능력은 영역별로 다르다.

# 제4장 유아발달에 적합한 과학교육의 운영

## 1. 유아과학교육의 목표

유아기 과학교육의 목적은 과학적 이해의 기초를 형성시켜 주고자 하는 것이다. 주변 세상에 대한 지식의 구성뿐 아니라 인지적 기술과 태도를 발달시키는 것이다. Holt(1990)는 과학교육을 통해 유아로 하여금 사물에 대한 이해, 자연현상에 적응, 현재와 미래의 삶을 즐기는 태도를 형성하는 것이 중요하다고 강조한다.

과학교육의 목표는 인지적 차원과 정의적 차원을 포괄하여 과학적 능력과 소양을 길러야 한다는 것이다. 과학적 능력이란 정보 관계 짓기, 비교하기, 관찰한 것에 의미 부여하기, 가설 수립하기, 검증하기 등의 능력이다. 이는 논리적으로 문제에 접근하고 해결하도록 도와 생활하는 데 편리함을 주며 다가오는 미래과학시대를 살아가기 위한 과학적 사고와 태도의 기초가 된다.

미국과학교육진흥기구(NCISE: National Center for Improving Science Education)는 유아과학교육의 일반적인 지침을 제안하면서 유치원부터 초등학년 수준에 이르는 과학활동의 목표를 태도, 방법(과정), 내용(결과)으로 설명하였다(1990). 미국과학발전협회(The American Association for the Advancement of Science)는 기술 및 과학교육 기회의 확대, 교사교육, 통합적 교육과정을 통한 과학활동을 제공함으로써 과학적 사고과정으로 연결될 수 있도록 일상생활과 관련된 내용을 강조한다. 과학교육의 목표를 과학지식과 기술이 개인에게 유익하게 사용되고 자신의 행동을 향상시키며 미래 시민으로서의 책임의식을 기르는 것에 둔다.

우리나라 누리과정 자연탐구영역의 목표는 호기심을 가지고 주변 세계를 탐구하며 일상생활에서 수학적·과학적으로 생각하는 능력과 태도를 기르는 것으로 설정하였다. 여기에서는 태도, 방법(과정), 내용(결과)를 구체적으로 살펴본다.

### 1) 태도: 개별 유아마다 타고난 호기심을 발달시킨다

과학적 태도란 과학적 사고의 습관과 정보를 수집하고 평가할 때 나타나는 문제해결양식이다. 유아기에 나타나는 왕성한 호기심과 동기화, 개방성, 친근함 등의 행동 패턴은 발견, 탐구, 변화를 받아들이는 태도를 형성하고 발견과 앎의 즐거움을 알게 해 준다. 세계에 대한 자연스러운 호기심을 키움으로써 미래 학습의 기초를 제공해 주는 것이다.

과학에 대한 태도·가치·경향에 초점을 두어 낯선 사물과 사건을 연구하고자 하는 관심과 자발성 기르기, 살아 있는 모든 생물에 대한 존중심 고양하기, 주변 환경의 아름다움과 균형, 질서, 일정한 법칙 인식하기 등을 강조한다. 또한, 실패에 대해 긍정적으로 생각하고 끊임없는 실패의 과정 속에서 성공한다는 생각과 끊임없이 객관성을 갖고자 하는 태도도 중요하지만 과학적 지식의 변화 가능성을 인정하는 태도를 갖도록 해야 한다.

### 2) 방법(과정): 주변 세계 탐구, 문제해결, 결론을 내리는 절차와 사고기술을 확대해 간다

세상의 사물과 현상에 대해 관찰하고 탐색, 탐구, 분류, 비교, 대조, 조사, 조직, 예측, 토의, 추론, 관련짓기, 적용, 측정, 실험, 확인, 기록 등의 과학적 진리를 찾아가는 과정을 경험하면서 새로운 지식을 발달시켜 간다.

과학활동에 참여하기, 감각을 적절히 사용하기, 확대경이나 거울 같은 기구 적절히 활용하기, 수를 세거나 양 측정하기, 사물·사건·현상들의 공통점과 차이점 확인하기, 사물·사건·현상들을 분류하고 관계 설명하기, 자료 기록하기, 예견·정보 수집·결론·일반화시키기 등의 과학적 방법 활용하기, 정보를 나누고 다른 사람의 관점 인정하기, 과학용어에 익숙하기와 같은 과학적 절차를 활용한 인식과 기술의 확장을 통해 사고가 증진된다.

| 구분 | 과학적 과정기술 |
|---|---|
| 안경숙(2003) | • 관찰하기, 분류하기, 예측하기, 측정하기, 실험하기, 의사소통 및 토의하기 |
| 유경숙(1999) | • 관찰하기, 비교하기, 분류하기, 토의하기, 예측하기, 실험하기, 창안하기 |
| 이경민(2000) | • 관찰하기, 분류하기, 토의하기, 예측하기, 측정하기 |
| 정정애(1996) | • 관찰하기, 분류하기, 측정하기, 추리하기, 예상하기 |
| 조형숙(2001) | • 관찰하기, 분류하기, 예측하기, 측정하기, 실험하기, 의사소통 및 토의하기 |
| 한광래(1997) | • 문제 발상, 가설 설정, 실험 설계, 자료 수집과 정리, 자료 해석 및 분석, 결과의 종합, 새로운 개념, 이론 및 법칙의 창출 |
| Charlesworth & Lind(2007) | • 관찰하기, 비교하기, 분류하기, 측정하기, 의사소통하기 |
| Harlan & Rivkin(2003) | • 관찰하기, 설명하기, 가정하기, 계획하기, 측정하기, 기록하기, 질문하기, 비판적 사고하기 |
| Lind(2005) | • 관찰하기, 비교하기, 분류하기, 측정하기, 토론, 추론하기, 예측하기, 가정하기, 변인 통제하기 |
| Martin(2003) | • 관찰하기, 분류하기, 토의하기, 측정하기, 예측하기, 추론하기 |
| National Research Council(2000) | • 관찰하기, 예견하기, 실험하기, 과학적으로 추론하기, 토의하기 |
| King(2007) | • 열중하기, 탐색하기, 설명하기, 확장하기, 평가하기 |
| Wilson(1994) | • 관찰하기, 분류하기, 추리하기, 예상하기, 양적으로 나타내기, 단순화하기 |

과학적 과정기술에 대한 견해는 학자들에 따라 다소 차이가 있으나 본서에서는 6가지의 과정기술을 제시한다.

① 관찰하기: 관찰이란 주의집중하여 세밀하게 보는 활동으로 사물이나 물리적 특성을 관찰할 때 몰두하는 것이다. 유아들은 주변 환경의 특성을 학습하기 위해 오감각을 사용하여 관찰하게 된다. 과학적 관찰이란 능동적 활동(보이는 대로 관찰하는 것이 아니라 어떤 의도나 기대감을 갖고 관찰), 분류화의 활동(이미 구성하고 있는 지식체계와 분류체계에 따라 관찰한 결과를 구분 · 조직), 추론과정(선행지식에 따라 관찰결과 해석, 의미 부여, 언어 표현)을 포함한다. 이러한 과학적 관찰은 관찰력을 증가시켜 사물

의 특성은 물론 물체끼리 어떻게 상호작용하는지 알게 해 준다. 유아들은 수조 안을 관찰할 때 세밀하고 구체적으로 경험하게 되며 스스로 지식을 구성하게 되어 좀 더 잘 학습하고, 표상할 수 있게 된다. 예를 들어, 물고기나 해바라기 등을 관찰하지 않고 그리게 할 때보다 자세히 관찰한 후 그리도록 할 때 사물을 세밀하게 표현할 수 있다.

② 분류하기: 분류하기란 자연현상이나 사물을 어느 특정체계로 나누는 것으로 사물의 유사점이나 상호관계를 알 수 있도록 하는 과학적 활동이다. 물체의 움직임과 물체의 변화과정의 두 범주 사이에의 활동이기도 하며, 분류하기를 통해 유아들은 논리-수학적 지식을 습득하게 된다.

③ 예견하기: 예견하기란 이미 알고 있는 지식을 이용하여 앞으로 일어날 일을 예측하는 것이다. 관찰이 시지각을 통해 얻는 자극이라면 예견은 관찰하여 습득한 지식에서 유발된다. 유아들에게 예견하기 활동은 식물 기르기와 같이 오랜 시간이 걸리는 것보다 물감 섞기, 얼음 녹이기, 요리하기 등 반응이 즉각적으로 나타나는 것이 더 바람직하다. 예를 들어, 팝콘 만들기 활동에서 유아들에게 '옥수수 1컵은 팝콘 몇 컵이 될까?' 등을 예견해 보도록 할 수 있다.

④ 토의하기: 언어는 학습의 원동력이다. 과학에서 토의하기는 명명, 기록, 문자나 기호로 된 정보를 나누는 것이다. 토의하기에는 과학활동에 관한 의사소통, 토의활동뿐만 아니라 교사의 의도적인 발문이나 유아들의 질문에 대한 교사의 반응이 포함된다. 이때 교사는 직접 지시, 명령자가 아니라 동기유발자, 협력자의 위치에서 유아 스스로 사고하고 문제를 해결할 수 있도록 도와주기 위해서는 자극-반응의 중요성을 이해해야 한다.

⑤ 실험하기: 유아들은 직접 경험을 통해서 가장 잘 이해한다. 교사는 유아들의 발달 수준을 고려하여 유아들이 호기심을 가지고 직접 참여하여 과학적 결과를 얻을 수 있도록 도와야 한다.

⑥ 창안하기: 창안하기란 상상력과 창의력을 전개하여 새로운 것을 만들어 내는 활동을 의미한다. 이는 정신적 조작과 물리적인 것을 포함하며 새로운 아이

디어 내기, 문제해결하기, 구상하기, 만들기 등을 포함한다.

유아들은 과학적 과정기술을 활용하여 과학적 결과를 얻을 수 있어야 한다. 예를 들어, 자석활동에서 과학적 과정기술을 활용하면 여러 종류의 자석 관찰, 탐색하기, 자석에 붙는 것과 붙지 않는 것을 예견하고 분류하기, 자석에 붙는 것, 자석을 통과하는 것 등 직접 실험해 보기, 자석을 이용한 물건 알아보기(카드, 필통, 가방, 냉장고, 자석요, 목걸이, 유리창 닦기, 핸드폰, 자기부상열차, 병따개, 디스켓 등), 자석을 이용한 놀잇감 만들기 등을 통해 자석에 대한 과학적 지식을 스스로 구성할 수 있게 된다.

따라서 유아과학은 주입식 교육, 결과중심 교육이 아니라 유아의 호기심을 중시하고, 생각을 수용해 주며, 통합적 사고가 이루어질 수 있도록 과정을 중요시해야 한다. 유아들이 다양한 과학적 방법과 기술들을 기초로 스스로 문제를 제안하고 해결해 가는 과학적 과정을 경험하는 것은 매우 중요하다. 호기심을 과학화하는 기회가 일상활동 가운데 제공되어야 한다.

### 유아교사가 갖고 있는 과학에 대한 편견

우리나라의 과학-수학교육은 직접 관찰하고 실험하고 경험하면서 배우기보다는 대학입시 중심의 결과 위주 교육을 받아왔다. 예를 들어, "물이 끓은 온도는 몇 도인가?"라고 묻는다면 모든 사람은 "100°"라고 답할 것이며, "달걀이 소금물에 뜨는가?"라고 묻는다면 "뜬다.", "뜨지 않는다." 중에 하나의 답을 할 것이다. 그러나 과학적 과정을 경험하게 되면 소금의 양에 따라 달걀이 뜨기도 하고 가라앉기도 한다는 것을 알게 된다.

대부분의 유아교사들은 과학은 어렵고 우리 생활과 관련이 없으며, 공식이나 법칙을 지도해야 한다고 생각하는 경향이 있다. 어릴 때 그림자밟기, 물 그림 그리기, 물고기 자석 낚시 등 재미있게 놀이하면서 빛의 반대편에 그림자가 생기고, 물이 증발하고, 같은 극끼리는 밀어내고 다른 극끼리는 당긴다는 과학적 개념을 자연스럽게 이해하였다. 그러나 특별한 개념이나 법칙을 알아야만 과학을 지도할 수 있다는 교사들의 인식이 과학에 대한 자신감이 부족을 가져오고 오개념을 지도하기도 한다. 또한, 과학을 교육과정 안에서 통합적으로 지도하기보다 특별활동으로 지도하는 사례도 많다.

TIMSS(2007)

중2 수학-과학성취도 결과

| 순위 | 국가<br>(50개국 23만 명 참여) | 평균<br>점수 |
|---|---|---|
| 1 | 대만 | 598 |
| 2 | 대한민국 | 597 |
| 3 | 싱가포르 | 593 |
| 4 | 홍콩 | 572 |
| 5 | 일본 | 570 |
| 6 | 헝가리 | 517 |
| 7 | 영국(잉글랜드) | 513 |
| 8 | 러시아 연방 | 51 |
| 9 | 미국 | 508 |
| 10 | 리투아니아 | 506 |
| 14 | 호주 | 496 |
| 15 | 스웨덴 | 491 |
| 19 | 이탈리아 | 480 |

수학-과학 자신감 지수

| 국가 | 상위권 | |
|---|---|---|
| | 순위 | 평균 |
| 미국 | 6 | 537 |
| 영국(잉글랜드) | 6 | 543 |
| 스웨덴 | 12 | 528 |
| 이탈리아 | 14 | 514 |
| 호주 | 20 | 539 |
| 헝가리 | 28 | 566 |
| 싱가포르 | 30 | 638 |
| 러시아 연방 | 30 | 560 |
| 리투아니아 | 30 | 556 |
| 홍콩 | 42 | 622 |
| 대한민국 | 43 | 668 |
| 대만 | 45 | 674 |
| 일본 | 48 | 638 |
| 국제평균 | | 492 |

학업성취도는 최상위권, 자신감 지수는 최하위권

세계 나라별 아이큐 순위 Top 25 (2013)

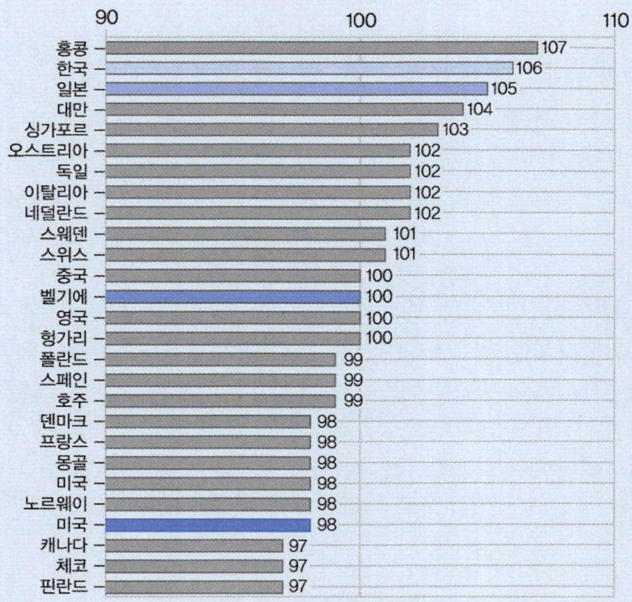


차트스쿨

홍콩을 중국으로 포함시킨다면 한국이 1위

### 3) 내용(결과): 자연에 대한 지식을 확장시킨다

과학적 지식이란 과학적 탐구활동을 통해 얻는 지식이다. 과학적 사실, 개념, 이론과 법칙들은 상호연관되어 있으며 관찰과 탐구를 통해 학습된다. 즉, 내용이란 사실・원리・법칙・이론 등을 의미한다. 조직, 원인과 결과, 체계, 척도, 변화, 구조와 기능, 변환, 다양성 등 과학의 기초개념에 근간을 두고 여러 경험에 적극적으로 참여하도록 한다. 생명・물리・우주 등 과학의 전 범위에 걸쳐 다양한 학습 경험을 제공해 주는 활동은 기초과학의 개념과 관련된 용어에 익숙해지고 과학적 지식을 표상하고 전달할 수 있게 한다.

## 2. 유아과학교육의 내용

지난 10여 년 동안 유아의 과학적 개념발달에 관한 수많은 연구가 이루어졌다. 유아기 과학교육의 내용은 주로 생물학에 기초하였으나 물리적 지식활동의 개념이 도입되고 화학적 변화나 물체의 움직임이나 변화에 대한 활동이 포함되면서 좀 더 포괄적으로 변화되었다. 지난 20여 년간 유아의 과학적 개념과 능력발달에 관한 수많은 연구가 이루어져 왔다. 과학교육의 내용이 후일 학습의 기초가 되는 개념을 중심으로 유아가 흥미 있어 하고 현재의 생활에도 유용한 것으로 구성되어야 하기 때문에 물리학, 화학, 생물과 생태학에 관한 내용, 지구과학, 우주과학으로 구분된다.

Seefeldt, C., Galper, A., & Jones, I.(2012) 등은 적극적인 경험을 통한 과학활동을 소개하였다. 유아기 동안 과학활동은 탐색과 탐구의 기회로 일상적인 놀이와 일과활동 가운데 제공하고 사실에 관한 암기가 아닌 직접 탐색을 통한 협력적 학습과정으로 이루어질 수 있어야 함을 강조한다. 그리고 과학적 탐색활동을 이해하고 증거를 일반화하며 지식을 재구성하는 등 과학활동에 적극적으로 참여하는 것을 유아과학교육에서 다루어야 할 내용 기준으로 제안한다.

유아기 과학교육의 내용은 후일 학습을 위한 기초가 되는 개념을 중심으로 유아가 흥미 있어 하고 현재의 생활에도 유용한 것으로 구성되어야 하기 때문에 생명과학, 지구과학, 우주과학으로 구분한다(Barufaldi, Ladd, & Moss, 1981). 통합적 활동을 강조하는 학자들의 견해를 살펴보면 물리, 동물, 식물, 영양 등으로(Spodek, 1984), 식물, 동물, 몸, 공기, 날씨, 계절, 돌과 무기질, 자석, 중력, 기계, 소리, 빛, 전기 등으로(Harlan, 1992), 열, 지렛대, 무게, 길이, 땅과 하늘, 시간, 삶과 죽음 등으로(Forman & Kaden, 1987) 제안한다. 구성주의적 관점에서는 물리학, 화학, 생물·생태학에 관한 내용으로 구분한다(Chaille & Britain, 1991).

ESS 과학교육 프로그램(Elementary Science Study, 1971)에서는 생물과학, 물리과학, 지구과학, 균형, 수학 등으로 범주화하고 SCIS 프로그램(Science Curriculum Improvement Study, 1974)에서는 물리과학과 생물, 환경, 인구, 생태계 등의 단원으로 이루어진 생명과학의 체계로 구성하고 있다. SAPA 프로그램(Science-A Process Approach, 1975)에서는 물리과학과 생물과학을 통합한 개념으로 수준별 15개 단원을 구성하고 있다.

선행연구들을 살펴보면, 유아과학교육에서 다루어야 할 내용범주는 과학적으로 중점적인 주요 개념을 중심으로 유아의 사고능력에 부합되고 추후학습에 기초가 되는 내용을 중심으로 다루고 있다. 또한, 물리과학과 생물학을 공통적으로 다루고 있다.

그동안 유아과학교육에서는 과학기술의 발전 그 자체만 강조하는 경향이 있었다(곽향림, 2004). 유아들이 사는 세계는 여러 가지 돌, 물 등의 자연물들이 함께 이루어져 있으며 유아들은 이러한 자연물들을 통해 자연현상을 이해해 나간다. 유아는 자연현상에 대한 단편적인 지식만 받아들이는 것이 아니라 자연의 본질에 접하는 것이 필수적이므로 유아과학교육에서도 이와 관련된 내용을 포함해야 한다. 따라서 유아과학교육의 내용은 인간과 자연의 조화로운 삶을 이루기 위한 영역을 선정하여 유아기 때부터 자연을 존중하고 자연과 더불어 살아가는 삶이 중요하다는 가치관을 정립해야 할 필요성이 대두된다.

《표 4-1》 유아과학교육의 내용범주

| 구분 | 내용범주 |
| --- | --- |
| Broun, Campione, Metz & Ash(1997) | • 물리과학, 지구과학, 화학, 생명과학 |
| Barufaldi, Ladd & Moss(2000) | • 생명과학, 지구과학, 우주과학 |
| Chaille & Britain(2000) | • 물리과학, 화학, 생물학 |
| Charlesworth & Lind(2007) | • 생명과학, 물리과학, 지구와 우주과학, 테크놀로지, 과학사 |
| DeVris & Kohlberg(1990) | • 물체의 움직임, 물체의 변화, 물체의 변화와 움직임의 두 범주 사이의 활동 |
| DeVris, Zan, Hildebrandt, Edmaiston & Sales(2007) | • 물리과학, 화학, 광학 |
| Harlan & Rivkin(2003) | • 물리과학, 화학, 지구과학, 생명과학 |
| Holt Scienc Program(1984) | • 생명과학, 지구과학, 물리과학 |
| Forman & Kaden(2005) | • 물리과학, 생명과학 |
| Kaplan(2003) | • 물리과학, 화학, 지구과학, 환경과학 |
| Kohl & Potter(1993) | • 물과 공기, 빛과 시각, 운동과 에너지, 반응과 변화, 자연과 지구 |
| Lind(2005) | • 물리과학, 환경과학, 생명과학, 화학 |
| Marin(2003) | • 물리과학, 환경과학, 생명과학 |
| National Research Council(2000) | • 물리과학, 생명과학, 지구과학, 과학사 |

이러한 문제점을 인식하여 최근 표준보육과정 및 누리과정에서도 유아가 주변의 사물과 생명체 및 자연현상에 대하여 능동적으로 탐구하는 경험을 통해 자연을 존중하는 마음과 과학적으로 사고하는 능력을 교육내용으로 강조하였다. 미국과학교사연합회도 효과적인 과학교육 프로그램은 현재와 미래의 인간과 관련된 문제에 대해 연구되어야 한다는 것을 제안하고 있다(National Science Teachers Association, 2000).

우리나라의 경우 표준보육과정과 누리과정의 자연탐구영역에서 과학적 탐구하기에 나타난 과학교육의 내용은 물리과학, 생명과학, 지구과학으로 구분된다.

〈표 4-2〉 자연탐구영역 '과학적 탐구하기'에 제시된 내용

<table>
<tr><th>구분</th><th colspan="2">0-2세 표준보육과정</th><th>3-5세 누리과정</th></tr>
<tr><td rowspan="2">물리과학</td><td colspan="2">물체와 물질 탐색하기</td><td>물체와 물질 알아보기</td></tr>
<tr><td>생활도구 탐색하기</td><td>생활도구 사용하기</td><td>간단한 도구와 기계 활용하기</td></tr>
<tr><td>생명과학</td><td colspan="2">주변 동식물에 관심 가지기</td><td>생명체와 자연환경 알아보기</td></tr>
<tr><td>지구과학</td><td>주변 자연에 관심 가지기</td><td>주변 자연 탐색하기</td><td>자연현상에 대해 알아보기</td></tr>
</table>

3-5세 연령별 누리과정의 자연탐구영역 '과학적 탐구하기'에 제시된 내용에 근거하여 지도할 수 있는 내용은 〈표 4-3〉과 같다.

〈표 4-3〉 누리과정의 자연탐구영역 '과학적 탐구하기'에 제시된 내용

| 하위내용 | 지도내용 |
|---|---|
| 생명체와 자연환경 알아보기 | • 자신의 몸 각 부분의 이름, 위치, 기능 탐색하기<br>• 시각 · 청각 · 촉각 · 후각 · 미각의 오감각 활용하기<br>• 손과 이, 몸, 주변을 깨끗이 하기<br>• 적절히 휴식하고 질병 예방하기<br>• 나의 출생과 성장에 대해 알아보기<br>• 자신의 몸 각 부분의 이름, 위치, 기능을 알고 특성을 활용하여 움직이기<br>• 적절하게 운동하고 즐겁게 생활하기<br>• 동물의 종류와 특성 알기<br>• 계절에 따라 볼 수 있는 동물에 관심 갖기<br>• 유아교육기관의 나무, 주변의 식물, 풀의 특성, 보호방법 알기<br>• 식물과 동물 길러 보기<br>• 관심 있는 동식물 길러 보기<br>• 먹을 수 있는 식물에 관심 가지기<br>• 동물원 동물의 생김새, 먹이, 성장과정, 사는 곳에 관심 갖고 특성 알기<br>• 궁금한 동물의 생김새, 먹이, 성장과정, 사는 곳에 관심 갖고 특성 알기<br>• 관찰 가능한 식물 기르기(콩 싹 틔우기, 무순 기르기, 양파 기르기 등)<br>• 동 · 식물원 견학<br>• 동물의 성장과정 알기<br>• 동물의 보호방법 알고 사랑하기<br>• 동물원 동물 보호방법 알기<br>• 동식물 잘 보살피고 잘 기르기<br>• 나무 종류에 따른 성장조건과 자라는 모습 알아보기<br>• 동식물이 사람에게 주는 이로움 알기 |

| 하위내용 | 지도내용 |
|---|---|
| 생명체와 자연환경 알아보기 | • 나무의 다양한 쓰임새 알아보기<br>• 숲의 특징을 이해하고 숲 속 놀이 즐기기<br>• 자연물의 아름다움 알고 표현하기<br>• 자연물의 다양한 쓰임새 알아보기<br>• 유아교육기관 마당의 식물 관찰하기<br>• 텃밭, 나무를 잘 가꾸는 방법 이해하기<br>• 숲의 특징을 이해하고 즐기기<br>• 자연을 보호하는 방법을 알아보고 태도 가지기 |
| 자연현상 알아보기 | • 물의 현상 탐색하기<br>• 우리 주변의 물 알아보기<br>• 물을 깨끗이 보호하기<br>• 흙놀이하기<br>• 바람과 놀기<br>• 빛과 그림자 탐색하기<br>• 주변에서 나는 소리 찾기<br>• 돌, 물, 흙놀이 즐기기<br>• 자연물의 상태에 대한 지속적인 탐색<br>• 물의 이용 알아보기<br>• 흙의 이용 알아보기<br>• 생활 속의 바람 느끼기<br>• 생활 속의 빛 찾기<br>• 소리 만들기<br>• 생활 주변의 자연물을 탐색하고 비교하기<br>• 사람과 동식물의 관계 이해하기<br>• 물을 깨끗하게 보호하기<br>• 흙 사랑하기<br>• 맑은 공기 만들기<br>• 유용한 빛 찾기<br>• 아름다운 소리와 함께 즐겁게 생활하기<br>• 자연물의 상태와 변화를 스스로 발견하고 관찰하기<br>• 낮과 밤을 구별하고 차이점에 관심 가지기<br>• 계절의 변화에 관심 가지고 계절 이름 알기<br>• 계절의 아름다움 즐기기<br>• 낮과 밤의 다른 점 알기<br>• 낮과 밤 변화의 규칙성 알기<br>• 계절에 따라 달라지는 생활의 차이 알기<br>• 날씨와 계절에 따른 자연물의 변화에 관심 가지기 |

| 하위내용 | 지도내용 |
|---|---|
| 자연현상 알아보기 | • 자연물의 상태와 변화를 스스로 발견하고 관찰하기<br>• 낮과 밤을 구별하고 차이점에 관심 가지기<br>• 계절의 변화에 관심 가지고 계절 이름 알기<br>• 계절의 아름다움 즐기기<br>• 낮과 밤의 다른 점 알기<br>• 낮과 밤 변화의 규칙성 알기<br>• 계절에 따라 달라지는 생활의 차이 알기<br>• 날씨와 계절에 따른 자연물의 변화에 관심 가지기 |
| 간단한 도구와 기계 활용하기 | • 생활도구의 종류와 쓰임새 알아보기<br>• 내가 이용한 생활도구 알아보기<br>• 생활도구의 특성과 이용방법 알기<br>• 생활도구의 기능 탐색하기<br>• 생활도구의 생김새 탐색하기<br>• 여러 가지 놀잇감을 이용해 놀이하기<br>• 생활도구의 사용법 알고 유용하게 사용하기<br>• 생활도구와 기계의 편리함 알아보기<br>• 우리를 편리하게 해 주는 생활도구 알아보기<br>• 특별한 도구와 기계 알아보기<br>• 유치원에서 사용하는 도구 사용법 알기<br>• 생활도구의 올바른 사용법 알아보기<br>• 생활도구 사용 시 자신을 보호하기<br>• 에너지 절약방법 알아보기<br>• 생활도구와 기계의 사용방법을 알아보고 사용하기<br>• 미디어의 구조와 역할 알아보기<br>• 생활도구를 움직이는 다양한 힘 관심 가지기<br>• 디지털카메라 이용하기<br>• 생활도구의 힘을 효율적으로 사용하기(사람의 힘, 전기, 건전지, 바람, 태양의 힘으로 움직이는 생활도구 활용하기)<br>• 우리 생활에 사용되는 도구의 다양한 활용법 알기<br>• 교통통신 이용하기<br>• 우리나라 전통도구에 관심 가지기<br>• 생활도구 변천과정 알아보기<br>• 우리나라 전통놀이 경험하기<br>• 전통문양 찍기, 장신구 만들기에 사용된 도구 알아보기<br>• 도구의 발명에 관심 가지기 |

| 하위내용 | 지도내용 |
| --- | --- |
| 물체와 물질 알아보기 | • 친숙한 물체와 물질을 다양한 방법으로 탐색하기<br>• 크기와 무게가 다른 여러 종류의 공 탐색하기(만져 보기, 굴려 보기, 바닥에 튕겨 보기, 던져 보기, 무게 재기 등)<br>• 일상생활 속에서 물체와 물질의 변화 경험하기<br>• 생활도구나 기계의 특성 탐색하기<br>• 주변의 친숙한 물체와 물질의 특성 알아보기<br>• 친숙한 물체와 물질을 변화시키는 다양한 방법 탐색하기<br>• 주변의 친숙한 물체와 물질의 변화에 관심 가지기<br>• 다양한 방법으로 주변의 친숙한 물체와 물질의 특성을 탐색하고 적용하기<br>• 물체와 물질의 변화에 관심 가지기(주변에 있는 물질의 특성과 물체의 움직임과 특성에 관심 가지기, 물체 · 물질 관찰에 오감각 사용하기)<br>• 주변 환경에서 볼 수 있는 친숙한 물체의 특성을 다양한 방법으로 탐색하기(두드려 보기, 늘여 보기, 붙여 보기, 뭉치기, 분리하기, 체로 걸러 보기, 물과 섞기 등)<br>• 물체와 물질의 변화과정 알아보기(밥 짓기 활동으로 밥이 되기 전의 쌀, 물에 불린 쌀, 밥이 된 후 쌀의 질감, 크기, 모양의 변화, 분쇄기에 갈아 보기, 질감 느껴 보기 등)<br>• 물체와 물질의 움직임, 특성을 관찰하고 전후 비교하기<br>• 같은 물체와 물질의 여러 가지 상태를 관찰 비교하여 특성 탐색하기<br>• 새로운 방법으로 물체와 물질 변화시키기 |

## 3. 유아과학교육의 교수-학습방법

유아는 창조와 탐구, 탐색과 발견, 흥미를 위한 자극과 경험을 통해 보고, 느끼고, 구성해 보면서 자신이 속한 자연적이고 첨단과학적인 상황을 사고하는 능력을 기르게 된다. 따라서 유아과학교육은 수동적인 방법이 아니라 유아들이 직접 탐색하고 과정에 참여하면서 상호작용할 수 있는 교수방법으로 지도해야 한다.

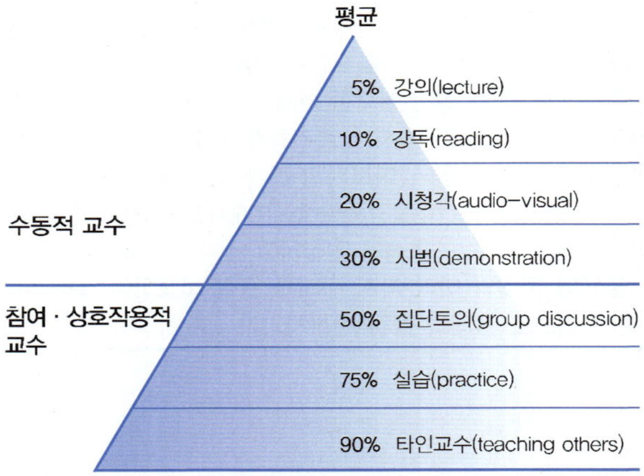


출처: Adapted from National Training Laboratories, Bethel, Maine.

탐색은 보기, 만지기, 잡기, 몸으로 경험하기, 소리 내기 등 주관적인 불확실성을 줄이기 위해 물건이나 상황 · 사건에 대해 비교적 전형적인 지각과 운동을 활용한 조사활동이다. 유아의 주변 환경에 대한 탐색은 놀이를 이끌고 놀이는 탐색을 유도한다. 유아의 발달특성과 학습양식 및 과정에 적합한 과학활동의 여부를 구분해 보면 〈표 4-4〉와 같다.

〈표 4-4〉 적합한 과학교육 실제와 부적합한 과학교육 실제

| 적합한 과학교육 실제 | 부적합한 과학교육 실제 |
|---|---|
| • 활동적으로 참여한다. | • 많은 내용을 암기한다. |
| • 자료를 조작한다. | • 교사의 시범을 지켜본다. |
| • 친숙한 현상을 조사한다. | • 가지고 있는 지식과 무관한 경험을 제공한다. |
| • 교사의 개방적인 질문에 반응하기 | • 단순한 정답만 말한다. |
| • 자신의 행동과 결과를 관찰한다. | • 자기 행동의 결과를 관찰할 기회가 부족하다. |
| • 주어진 기회를 모두 실험한다. | • 교사가 계획한 활동에만 참여한다. |
| • 개별 또는 소집단으로 조사한다. | • 한두 가지의 개념 배우기만 강조한다. |
| • 기본적인 개념의 범위 안에서 조사한다. | • 제한된 내용의 범위만 다룬다. |
| • 생명, 지구, 물리과학 등 다양한 개념을 탐구한다. | • 과학지식과 기술을 필기시험으로 평가한다. |
| • 다양한 방식으로 지식과 기술을 평가한다. | |

효과적인 교수-학습방법을 모색하기 위해서는 우선 유아기의 일반적인 발달특성 중 무엇보다 과학적 개념발달의 특성을 이해해야 한다. 유아기 과학적 개념발달의 특성은 다음과 같다.

첫째, 유아는 성인과 질적으로 다른 정보처리과정, 지식의 구성, 문제해결방식을 갖는다.

둘째, 유아는 환경에 대한 자발적인 호기심과 흥미를 가지고 있어 자연스럽게 과학적 개념을 접하게 된다. 모빌을 건드렸을 때 모빌의 움직임, 유아가 어떤 행동을 했을 때 반응하는 성인들을 통해서 간단한 원인과 결과에 대한 관계를 인식하기 시작한다. 무엇이 원인이고 결과인지 정확히 알지 못하고 갖고 있는 과학지식을 실생활에 활용하려면 오랜 시간이 걸리지만 유아의 과학개념은 자신의 자발적인 호기심에서 출발하고 실제 생활의 경험을 통해서 발달하는 경우가 많다.

셋째, 유아의 과학적 능력은 다양한 측면에서 나타난다. 어떤 유아는 사물 작동법에서, 어떤 유아는 사물의 성장에서, 어떤 유아는 사물을 분류하는 데 관심을 갖고 그 영역에서 과학적 능력을 발휘한다. 때로는 과학이 아닌 다른 영역에서 과학적 호기심과 관심을 나타내기도 한다. 미술에 관심과 소질이 없는 유아가 메뚜기를 정교하게 잘 그리는 것이 그 예이다. 즉, 유아의 과학적 개념은 유아가 가지고

있는 다양한 과학적 성향과 능력이 주변 자연현상이나 과학적 현상과 상호작용하는 과정에서 발달한다. 즉, 자신이 가지고 있는 관련 지식을 사용하여 자연현상을 이해하고 설명하거나 관찰·경험을 통해서 검증하고 평가하는 과정에서 발달한다.

그러므로 유아의 과학적 능력의 발달을 위해서는 유아의 주변 환경을 탐구하고자 하는 호기심과 흥미를 이끌어 유아 스스로 능동적으로 예측하고 발견하고 실험하고 검증해 보는 과정을 통해 자신의 결론을 얻을 수 있도록 해 주어야 한다. 이때 성인의 개방적이고 확산적 질문과 제안이 중요한 역할을 하며 발달에 적합한 평가를 통한 순환적인 피드백이 지속적으로 이루어져야 한다.

유아 주변의 사물을 탐구하기 위해서 유아의 호기심과 자발성에 기초한다. 지시적이고 정답과 암기를 강조하는 것이 아니라 유아가 정보를 조직하고 스스로 결론에 도달하도록 격려하는 개방적인 질문에 의해 조사활동이 수반된다. 관찰, 조직, 가설 설정, 질문, 평가, 결론의 재검토를 할 수 있는 개방적인 태도와 기술을 준비하는 것이다.

즉, 유아기에 제공되는 과학활동 경험들은 유아의 자율성을 기르고, 다른 사람의 권리와 감정을 존중하며 협동심과 호기심을 기르고 자유롭고 주도적인 의사표현의 능력을 길러 주어야 한다. 다양한 아이디어와 문제, 의문을 갖는 등 탐구하고, 새롭고, 멋진 생각을 펼쳐 대상과 사건의 관계 설정하기, 유사점과 차이점 인식하기 등 사고기술을 증진시키고 자연에 대한 지식을 확장시킴으로써 과학적 태도와 과학적 사고능력을 길러 줄 수 있도록 계획되어야 한다.

유아과학교육은 유아들이 제기한 질문과 문제를 해결하는 것으로 결과를 가르치는 것이 아니라 실험적인 분위기에서 다양하게 생각해 보도록 자극하는 것이다. 효과적인 과학교육의 방법은 무슨 일이 일어날지에 대한 생각을 교환함으로써 유아기 사고의 특징인 중심성으로부터 탈중심화를 격려해 주어야 한다. 유아의 자발성과 물체와의 상호작용, 물체의 움직임이나 변화를 포함하는 물체의 반응을 관찰하도록 강조하고 유아의 자발적인 흥미에 기초하여 지식을 구성해 가도록 격려하는 것이다. 각 활동에서 중요한 것은 관찰한 것으로부터 유아 스스로 지식을 구성하는 것이다. 지식의 구성이란 사실의 집합체가 아니라 조직화된 사고의 틀이다. 따라서 유아가 내부에서 스스로 지식을 구성함으로써 학습한다면 적극적이고 독립적으로, 치밀하고 주도적으로 자신을 확신하게 되고 자신의 생각을 말로 표현하는 등 과학적 태도를 기르게 된다.

유아는 물체에 대해 흥미를 가진다. 이는 후에 논리적 사고로 발달하는 기본 관계의 의미를 인식하고 창조하고 통합하는 기초가 되므로 다양한 물체를 가지고 탐구를 강조하는 과학활동의 계획과 도입, 활동과정 동안의 상호작용, 추후활동의 제안은 더욱 풍부한 지식을 얻도록 도와준다.

실내·외 자유선택놀이시간과 계획적인 과학활동시간을 통해 인식, 탐구, 조사와 실험 그리고 활용을 통해 활동을 더욱 확장할 수 있는 시간을 충분히 제공해주어야 한다. 인식, 탐구, 조사와 실험, 활용의 학습주기는 과학을 하는 동안 유아로 하여금 관찰, 비교, 측정, 조직, 분류, 관계 짓기, 추론, 적용, 의사소통으로 직접 경험한다.

실내 자유놀이와 대·소집단 과학활동을 계획하고 도입하고 실행하고 확장적인 추후활동을 위해 고려해야 할 사항은 다음과 같다.

### 1) 활동계획

물체에 행위를 가하고 사물의 반응 관찰하기, 원하는 결과를 얻기 위해 물체에 행위 가하기와 같이 유아기에 가장 좋은 활동계획의 방법은 물론 원하는 결과가 어떤 방법에 의해 일어났는지 인식하기, 결과의 원인 설명하기 등을 모두 포함한다.

- 물체에 행위를 가하고 사물의 반응 관찰하기
  "만일 네가 ___________을(를) 한다면 무슨 일이 일어날 것이라고 생각하니?"
- 원하는 결과를 얻기 위해 물체에 행위 가하기
  "너는 ___________을(를) 할 수 있니?"

- 원하는 결과가 어떤 방법에 의해 일어났는지 인식하기
  "너는 ____________을(를) 어떻게 했니?"

- 결과의 원인 설명하기
  "선생님은 ____________이(가) 어떻게 일어났는지 궁금하거든"

### 2) 도입활동

① 유아의 주도적인 참여를 극대화한다

유아의 관심을 끌 수 있는 자료들을 내놓아 유아들이 흥미 있어 하는 것을 관찰하고 "이것을 가지고 네가 할 수 있는 것이 무엇인지 생각해 보겠니?", "네가 ~을(를) 할 수 있니?"와 같은 제안과 질문을 통해 상호작용한다.

② 평행놀이로 시작한다

4~5명으로 구성된 소집단의 유아들에게 평행놀이를 격려해 주어 놀이를 시작하도록 한다. 이는 상호작용과 협동을 포기한 것이 아니라 물체와의 관계 속에서 유아의 주도성을 격려하기 위한 것으로 또래와의 상호작용과 협동은 평행놀이에서부터 더 쉽게 발달한다.

### 3) 활동과정

바람직한 과학활동을 실행하기 위해 유아교사는 다음 4가지 원리를 유의해야 한다.

① 유아의 생각을 유아의 관점에서 이해하고 수용한다

주의 깊은 관찰을 통해 유아에게 필요한 것이 무엇인지 파악함으로써 암시, 문제 제기, 제안, 질문, 시범 등의 교사역할을 효과적으로 할 수 있다. 실험과 관찰 그리고 비교하기를 촉진하고 새로운 아이디어를 간단히 시범 보이는 적절한 개입이 유아의 탐구와 실험을 좀 더 활성화시킬 수 있다.

〈표 4-5〉 물리과학활동의 내용과 활동방법

| 물리과학활동의 종류 | 활동내용 | 활동방법 |
|---|---|---|
| 물체의 움직임 | • 밀기, 당기기, 기울이기, 빨기, 차기, 빙빙 돌리기, 굴리기, 떨어뜨리기, 불기, 흔들기, 균형 잡기, 뛰어오르기 등 | • 활동과정에 직접 참여한다. |
| 물체의 변화 | • 물에 녹이기, 물에 열 가하기, 기름에 열 가하기, 요리하기, 얼음 얼리기 등 | • 관찰한다. |
| 물체의 변화와 움직임의 두 범주 사이의 활동 | • 물에 뜨는 것과 가라앉는 것 구별하기, 메아리 만들기, 확대경 통해서 보기, 그림자 만들기, 자석놀이, 거울놀이 등 | • 활동 참여와 관찰이 모두 필요하다. |
| 기타 | • 조형활동, 음악활동, 실외놀이, 게임 등 | • 관찰하고 직접 참여한다. |



② 다른 유아와의 상호작용을 격려한다

평행놀이가 잘 진행되면 교사는 유아들 간의 조정과 협력을 증대시키기 위해 노력해야 한다. 관찰하고 생각하도록 격려하는 교사의 태도가 중요하다.

③ 발달의 모든 차원을 통합한다

물리과학의 개념을 탐구하여 스스로 지식을 구성하는 활동은 논리-수학적 지식과 언어, 도덕성 발달은 물론 사회적 관습도 익힐 수 있는 기회가 된다.

④ 소집단의 실험과정을, 결과보다는 과정을 중시한다

대집단으로 교사가 주도하며 일방적으로 가르치는 것이 아니라 4~5명의 소집단 형태로 탐색, 탐구, 가설 설정, 문제해결에 직접 참여하는 실험과정을 강조한다.

### 4) 추후활동

활동과정 동안 교사의 언어적 주도를 줄이고 활동 이후로는 유아가 활동과정 동안 무엇을 했는지, 무엇을 발견했는지, 원하는 결과를 얻기 위해 어떻게 행동했는지 등에 관한 생각을 언어로 표현하도록 격려하는 것이 중요하다.

토의활동에서 중요한 것은 유아의 과학하기 활동에서 느낀 것은 무엇이고 물체의 반응은 어떠했는지 그리고 물체와의 관계에서 유아의 주도적인 역할을 인식하는 것이다. 활동에의 적극적인 참여, 물체로부터의 반응 관찰, 활동하는 가운데 발견한 지식의 조직 등이 이루어질 수 있도록 지원해 주어야 한다.

교실 상황에서 유아와 교사가 함께 경험을 발전시키고 수업 간의 연계성을 추구하기 위해서는 교사의 지도능력이 요구된다. 유아과학교육의 경우 '과학을 전공하지 않아서 잘 모른다', '과학은 어렵다', '교육과정에 과학을 도입할 여유가 없다' 등의 이유가 난무하기도 한다. 그러나 유아과학교육은 생뚱맞은 주제와 개념을 외우는 것이 아니라 연간 교육과정 속에서 배운 개념들을 서로 연결시켜 각 활동들과 개념, 단어들 사이의 연관성을 생각해 보게 하고, 질문과 답을 여러 활동 안에서 찾게 하며 시간 경과에 따라 드러나는 변화와 연속성을 이해하도록 돕는 것이다. 듣고, 맛보고, 만져 보고, 냄새를 맡는 등 자연스러운 경험을 통해 흥미를 보이는 유아들에게 교사가 안내하는 구조화된 학습 경험(비교 · 분류 · 측정 등)을 통해 수학적 · 과학적 개념의 이해와 관찰, 의사소통, 추론, 가설 설정, 정의 내리기, 조건 통제하기 등의 문제해결능력을 기르게 된다.

유아과학교육에서 다루는 주제 · 내용 · 활동들은 물리나 화학, 미생물학처럼 암기해야 하는 교육과정이 아니라 과학을 이용하여 유아들로 하여금 질문하기, 문제해결하기, 함께 의논하기, 세부사항에 주의 기울이기, 관찰한 것을 기록하기, 예측하고 설명하기, 새로운 용어를 익히고 사용하기 등 다양한 활동과 경험을 통해 과학을 학습하도록 지도하는 것이다. 따라서 교사는 유아의 호기심을 자극하고 물리적 · 사회적 세계를 탐색하려는 성향을 적극 활용하여 자기주도적인 관찰과 탐색, 개방적인 질문, 토론 등으로 예측하거나 질문하도록 도와주어야 한다. 효과적인 과학교수를 위해 고려해야 할 기본 원칙은 다음과 같다.

- 유아가 알고 있는 것부터 시작한다.
- 유아의 자연스러운 호기심과 교사들의 융통성에 바탕을 둔다.
- 개념이나 사실들은 서로 연관되어 있다.

- 개념과 언어적 표현을 통해 추론한다.
- 반복적이고 주제와 연관된 환경을 마련해 준다.
- 일상적 환경 속에 과학적 도구와 환경을 구성한다(돋보기, 거울, 추, 저울, 도장 등).
- 수학, 읽기 · 쓰기 등 언어능력, 사회적 의사소통 능력, 감수성 등을 발달시키는 인지활동과 연관 짓는다.
- 연중 다양한 활동을 통해 통합적으로 이루어지도록 한다.
- 과학은 정답을 구하는 딱딱한 과정이 아니라 질문과 답으로 자연세계를 연구하는 지적인 접근을 해 나가는 과학하는 '태도' 형성이 무엇보다 중요하다.

## 과학교육활동안 예(텃밭 가꾸기)

<table>
<tr><td>생활주제</td><td>동물과 자연</td><td>주제</td><td>봄</td><td>소주제</td><td>봄의 생활</td></tr>
<tr><td>활동명</td><td>텃밭 가꾸기</td><td>과학놀이명</td><td>땅콩을 심어요</td><td>대상</td><td>만 5세</td></tr>
<tr><td>활동목표</td><td colspan="5">땅콩을 심어 보고 땅콩의 성장과정에 관심을 갖는다.</td></tr>
<tr><td>과학적 기초능력</td><td colspan="5">자연현상에 대해 알아보기</td></tr>
<tr><td>탐구과정</td><td colspan="4">활동내용</td><td></td></tr>
<tr><td>관찰하기<br><br><br><br><br><br>비교하기<br><br><br><br><br>탐색하기<br><br><br>예측하기</td><td colspan="4">1. 유아들과 함께 땅콩을 심는 데 필요한 도구를 보여 주며 어떻게 심을지 이야기 나눈다.<br>• 간식으로 먹거나 땅콩과자, 콩조림을 해 먹는 땅콩은 어디서 열릴까?<br>• 우리가 먹었던 땅콩과 심을 땅콩의 맛을 비교해 볼까?<br>• 물에 담가 놓은 땅콩이 어떻게 변했을까?<br>2. 땅콩을 심고 어떻게 자랄지 예측해 보고 활동지에 그림으로 그려 본다.<br>• 땅콩 심을 흙을 한 번 만져 보자. 모래놀이장의 흙과 어떻게 다르니?<br>• 땅콩의 잎은 어떤 모양일까? 어떤 색의 꽃이 필까?<br>• 우리가 심은 이 땅콩은 어디에서 자랄까?<br>3. 땅콩을 심는다.<br>• 그림으로 보았던 것처럼 땅콩 심을 구멍을 만들고 심어 보자.<br>• 땅콩이 잘 자랄 수 있도록 하려면 어떻게 해야 할까?<br>4. 땅콩이 잘 자랄 수 있도록 가꾼다.<br>• 등원할 때 땅콩에게 와서 아침인사를 해 보자.<br>• 땅콩 옆에 자란 잡초를 뽑아 주자.</td><td>준비물 : 하루 전 불려 둔 땅콩종자, 꽃삽 등<br><br>유의점<br>1. 땅콩의 싹이 나고 꽃이 피고 수확할 때까지 유아들의 관찰이 지속적으로 이루어지게 한다.<br>2. 지속적인 관찰이 기록될 수 있도록 관찰지를 구성한다.</td></tr>
<tr><td>활동사진</td><td colspan="5">  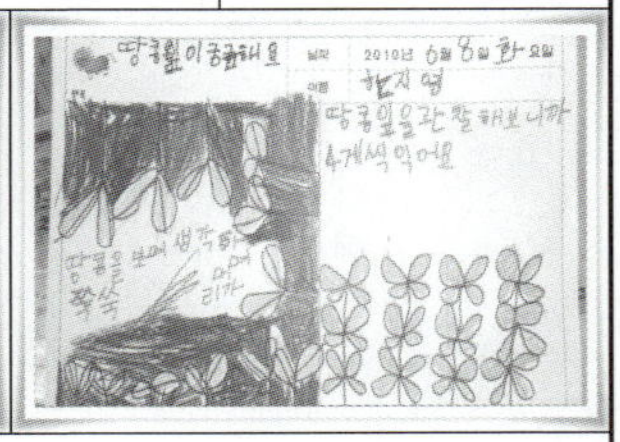</td></tr>
<tr><td>평가</td><td colspan="5">• 땅콩을 심는 과정에 관심을 갖는가?<br>• 예측해 본 땅콩의 성장 모습과 실제 성장과정이 어떻게 다른지 아는가?<br>• 땅콩이 싹트고 꽃이 피고 열릴 때까지 잘 살펴 주는가?</td></tr>
<tr><td colspan="6">〈확장활동〉 봄에 심은 땅콩을 가을에 수확하여 땅콩을 이용한 요리를 한다.<br>• 땅콩강정 만들기<br>• 땅콩콩장 만들기</td></tr>
</table>

출처: 곡성유치원 연구학교 연구보고서(2010~2012년)에서 발췌.

## 4. 유아과학교육의 평가

평가는 유아의 개별적인 요구가 무엇인지, 교육의 효과는 어떠한지 파악하는 심층적인 노력이다. 평가를 통해 유아의 인지기술과 이해 수준을 가늠하는 것뿐만 아니라 흥미, 학습 경험, 제 영역의 발달에 관한 자료들을 수집하고 해석함으로써 유아는 물론 부모와의 소통, 교사 자신의 교육과정을 수정하고 보완하는 데 활용되는 반성적인 과정이다. 그러므로 평가는 유아의 과학적 지식과 기술, 태도를 평가하는 유아평가와 교사 자신 및 교육과정에 대한 평가가 모두 실행되어야 한다.

유아에 대한 평가는 유아과학교육의 목표인 과학적 사고능력과 태도에 대한 평가가 주 내용이 되어야 한다. 유아과학교육의 목표가 주변 사물과 자연환경에 대해 지속적으로 호기심을 가지고 적극적으로 탐구하며 창의적으로 사고하는 태도와 탐구 경험을 통해 자연을 존중하는 마음과 과학적으로 사고하는 능력을 기르는 것이므로 이러한 측면에 대한 평가가 이루어져야 한다. 유아의 탐색과 발견을 강조하는 가운데 적극적인 참여와 직접 경험, 탐구, 문제해결, 과정중심 활동으로 이루어지는 유아과학교육의 평가는 과학활동 요소별 평가를 실행하도록 한다(Hart et al., 1997).

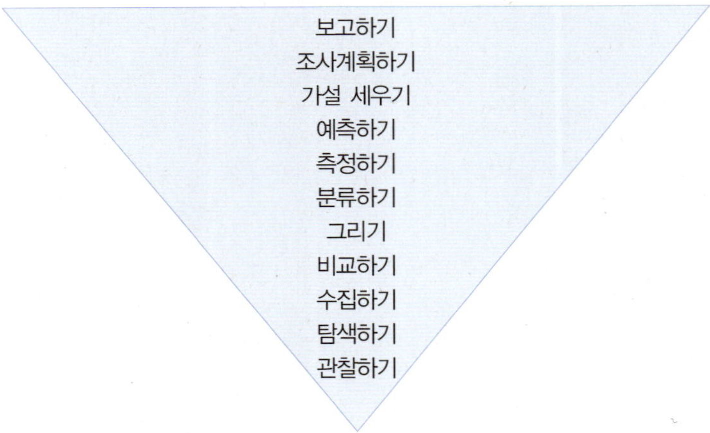


**그림 4-1** 유아기 과학활동(Nilsen, 2001)

과학활동을 통해 얻게 될 태도와 기술, 지식에 대한 평가는 과정에 초점을 두어야 하며 정보의 출처에 기초하고 정기적·지속적으로 실행되어야 한다. 교사는 유아가 참여하는 과학활동을 관찰하고 유아와 토론하는 과정에서 유아의 사고 수준을 평가할 수 있다. 유아의 자유로운 활동 참여와 흥미를 기록하고 때로는 일련의 제안된 활동 속에서 구체적인 질문으로 개별 유아의 면접을 병행하는 평가활동이 적합하다. 유아의 저널, 그림, 활동 샘플들을 수집하여 한 해 동안의 과학적 지식과 기술의 진보를 평가할 수도 있다. 과학활동의 결과물을 수집하거나 관찰을 통한 일화기록, 사건 및 시간표집법에 의한 기술, 평정척도, 체크리스트의 활용 등 여러 방식에 보충하여 표준화된 검사도구나 면접에 의한 평가도 가능하다. 과학적 개념과 지식 수준, 기술과 태도를 알 수 있는 다양한 형태의 평가자료를 수집하여 과정적이고 총괄적인 평가 형태인 포트폴리오를 구성하는 것이다. 포트폴리오평가는 유아의 이해와 진보를 나타낼 수 있는 기회를 주기 때문에 효과적인 평가방식이며 여러 평가척도와 사진과 기록 등을 포함함으로써 유아의 개념 이해 수준과 수행 수준을 파악하는 데 매우 유용하다.

## 1) 빈도 분포표

유아의 과학에 대한 흥미도는 자유선택활동시간에 마련된 과학영역 활동에 참여하는 횟수를 관찰하여 빈도분포표로 작성해 평가할 수 있다. 매일 주차별로 기록해 월별로 합산하여 방문의 빈도와 횟수의 변화를 살펴본다.

*** 과학영역 참여도 빈도분포 조사**

| 반: 꽃잎반<br>유아명: 성시연 | 월 | 화 | 수 | 목 | 금 | 계 |
|---|---|---|---|---|---|---|
| 첫째 주 | /// | // | / | / | / | 8 |
| 둘째 주 | / | | | | | |
| 셋째 주 | // | | | | | |
| 넷째 주 | // | | | | | |
| 다섯째 주 | /// | | | | | |
| 계 | 11 | | | | | |

## 2) 일화기록

일화기록은 교실의 일상적인 일과 동안 직접 관찰을 통해 유아들이 과학활동에 참여하면서 획득한 새로운 정보나 반응들을 구체적으로 기록해 두는 것이다. 특별한 사건·상황에 대해 간단하고 서술적인 기록을 남김으로써 학습에 대한 태도, 정서발달, 또래관계, 언어적 상호작용, 사회적 관계, 건강 등을 쉽게 파악할 수 있다. 또한, 과학활동의 수정이 필요한 경우 새로운 과학활동에 대한 제안에 대해 숙고할 때 유용하게 활용된다.

*** 과학활동 일화기록의 예**

## 유아의 발달과 학습과정 기록

유아명 김민수　　　　교사명 안소영

연　령 5세　　　　학급명 열매반

관찰일시 2016. 4. 25. ~ 4. 29.

관찰상황: 자유선택활동 소집단 과학활동(활동명: 씨앗 싹 틔우기 )

☐ 과학적 지식　☐ 과학적 기술　☐ 과학적 성향 및 태도

비고 / 교사의 해석 :

유아들과 함께 과학영역에서 실험할 수 있도록 종이타월에 물을 뿌려 적시고 그 위에 몇 알의 씨앗을 뿌려 두었다. 접시에 담아 햇볕이 잘 드는 곳에 두었다. 민수는 매일 등원하자마자 과학영역으로 와서 관찰을 한다.

식물이 자라는 데 필요한 것이 무엇인지 궁금해 하며 함께 있는 친구들에게 묻더니 선생님에게 와서 수수께끼를 낸다. "난 누구일까요? 물, 햇빛을 먹고 자라요."

햇빛과 물 외에 어떤 조건들이 식물을 잘 자라게 하는지 함께 조사해 보자고 제의하고 싹이 트는 경과를 기록하기 위해 차트를 기록하게 하였다. 민수는 싹이 트는 것을 표시하는 도표를 만들고 가장 먼저 싹이 트는지를 관찰하며 흥미를 보인다.

민수뿐 아니라 우리 반 아이들은 계절의 변화를 통해 나타나는 여러 자연현상에도 많은 관심과 생각을 가지고 있다. 관찰 가능한 환경을 조성해 주고 관찰되는 것들에 대해 서로 궁금한 것을 묻고 조사하고 확장적 질문을 통해 스스로 답을 찾아보도록 한 활동을 통해 식물성장의 조건, 원인과 결과, 비교 등의 과학적 지식과 기술, 태도 형성에 긍정적이다. 씨앗 싹 틔우기와 연계된 활동 모색이 필요하다.

## 3) 활동 결과물(작품 표본)

*** 과학활동 작업 결과물**

유아명 성시현 ( 5 세)

자료 수집 일시: 2016 . 5 . 23

활동유형: 자유선택활동

---

활동명: 크레파스를 녹여요

활동목표

1. 생활 속에서 발견한 과학적 현상에 관심을 가지고 탐구할 수 있다.
2. 물체와 물질이 열에 의해 변화되는 과정을 관찰한다.
3. 결과에 대한 원인을 추론해 본다.
4. 색과 색의 변화의 아름다움을 경험한다.

누리과정 관련 요소

- 자연탐구
  - 탐구하는 태도 기르기: 호기심을 유지하고 확장하기
  - 과학적 탐구하기: 물체와 물질 알아보기
- 예술경험
  - 아름다움 찾아보기: 미술적 요소 탐색하기

과학적 요소

관찰하기, 비교하기, 예측하기

활동내용

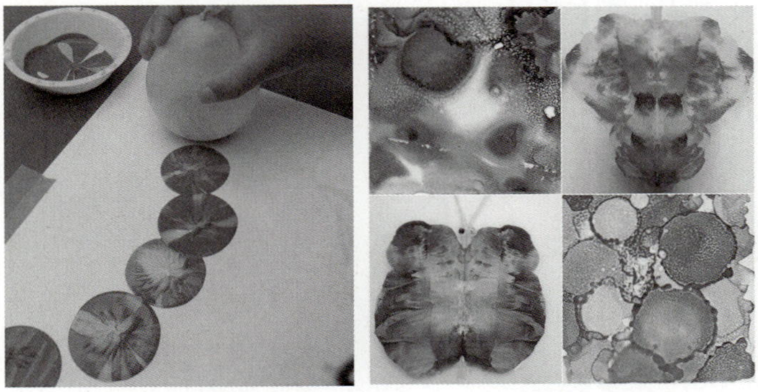

교사의 해석 및 비고:

유아의 과학적 개념과 지식의 수준을 파악하기 위해서는 활동의 결과물이나 작품 표본(work samples)을 수집하여 해석할 수 있다. 색칠하기, 그리기뿐 아니라 쓰기 결과물, 입체적인 결과나 공동 작업물의 사진, 활동 사진이나 스케치 등을 수집하는데 이때 정기적으로 자료를 수집하고 반드시 일자를 기록하며 교사의 간단한 에피소드 기록 등이 첨가되면 발달과 진보과정을 잘 설명해 줄 수 있다.

### 4) 개념도

유아의 과학적 개념 습득과 지식이 어떻게 변화되고 확장되어 가는지를 좀 더 자세히 살펴보기 위해서는 과학활동에서 다룬 주제에 대해 단위활동별로 개념도를 구성해 봄으로써 가능하다. 개념도 평가는 유아의 독특한 사고발달 패턴과 학습성향을 파악하기 위해서 유용한 정보로 활용 가능하다. 특히, 관련된 주제에 대한 지식과 이해 수준, 적용·분석·종합·판단과 같은 복합적인 사고기술을 평가하는 데 매우 유용하다. 정기적으로 실행하는 개념도 평가를 통해 유아의 교과내용에 대한 지식을 파악할 수 있고, 과제를 인식하고 문제해결과정을 거치는 동안 이해를 통한 발견이 가능하도록 도울 수 있다.

*** 과학적 지식의 개념도 평가**

'토끼' 주제 활동 후 개념도

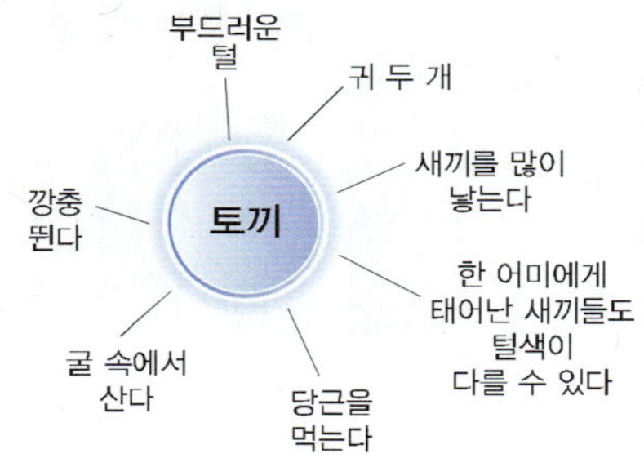

며칠 후 확장된 개념도

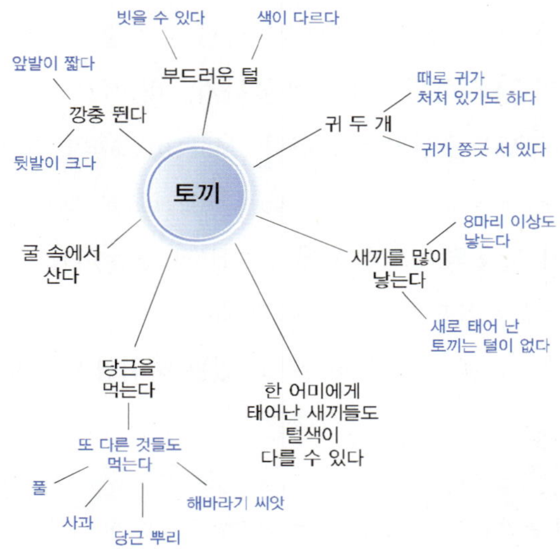


최종 개념도

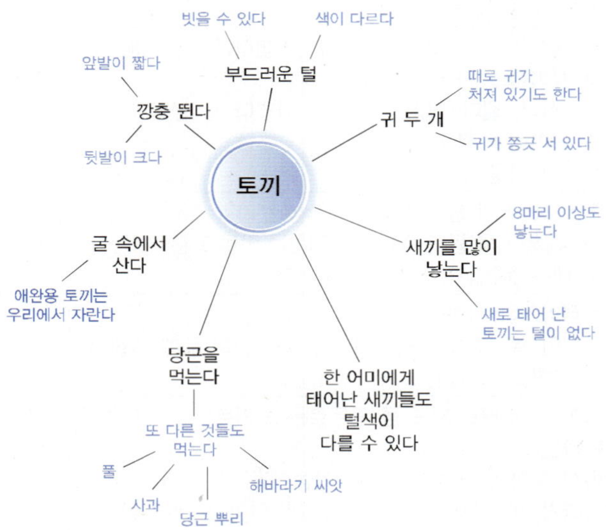

### 5) 평정척도 / 체크리스트

과학활동을 하는 동안 유아의 과학과정기술을 평가할 수 있는 체크리스트나 평정척도는 과학과정기술의 하위영역인 관찰하기, 비교하기, 분류하기, 측정하기, 의사소통하기의 항목으로 구성되어야 한다. Martin(1997)의 '초등과학교수법: 구성주의 접근(Elementally science methods : A Constructivist approach)'에서 제안하고 있는 과학과정기술 평가척도가 활용되지만 본서에서는 Hart 등(1997)이 '출생에서 8세를 위한 발달에 적합한 유아교육실제와 통합교육과정(Intergrated Curriculum and Developmentally Appropriate Practice Birth to age Eight)'에서 제안하고 있는 하위영역을 재구성하여 소개한다.

*** 과학과정기술 평가척도**

| 과학과정기술 | 내용 | 평가[6] |
|---|---|---|
| 관찰하기 | • 세밀히 관찰하고, 맛보고, 손으로 만지는 등 다양한 감각을 활용하여 정보를 수집하는가? | ① ② ③ ④ |
| | • 사물과 사건에 대한 정보를 수집하는 일차적인 방식으로 관찰하는가? | ① ② ③ ④ |
| | • 공통점과 차이점을 구별하는가? | ① ② ③ ④ |
| 비교하기 | • 크다-작다, 길다-짧다, 무겁다-가볍다 등 실물의 유사성과 차이점을 인식하는가? | ① ② ③ ④ |
| | • 크다-작다, 길다-짧다, 무겁다-가볍다 등 실물의 유사성과 차이점을 활용하는가? | ① ② ③ ④ |
| | • 적절한 용어를 사용하는가? | ① ② ③ ④ |
| 분류하기 | • 크기·모양·색 등의 속성을 인식하는가? | ① ② ③ ④ |
| | • 크기·모양·색 등의 속성으로 집합을 만들고 분류하는가? | ① ② ③ ④ |
| | • 비교/대조, 배열/짝짓기, 분류하는가? | ① ② ③ ④ |
| 측정하기 | • 형식적이거나 비형식적인 단위의 측정을 하는가? | ① ② ③ ④ |
| | • 객관적인 측정의 단위를 알고, 무게와 길이 등에 관한 수량적 표현을 하는가? | ① ② ③ ④ |
| 의사소통하기 | • 그림이나 그래프, 지도 등 구두로든 쓰기로든 아이디어를 표현하는가? | ① ② ③ ④ |
| | • 관련성 찾아내기, 질문하기가 가능한가? | ① ② ③ ④ |
| | • 요약하기, 비판적으로 분석하기, 일반화하기, 다른 상황에 적용하기가 가능한가? | ① ② ③ ④ |

출처: Hart et al.(1997).

6) ① 전혀 나타나지 않는다 ② 가끔 나타난다 ③ 자주 나타난다 ④ 항상 나타난다

*** 체크리스트**

| 내용 | 예 | 아니오 |
|---|---|---|
| • 자기가 한 과학적 경험을 기억하고 활동을 설명한다. | | |
| • 방해받지 않고 활동에 몰입한다. | | |
| • 주변 환경에 관심을 갖고 관련성을 찾아낸다. | | |
| • 색 · 공간 · 모양 등의 개념이 있다. | | |
| • 인간관계를 이해한다. | | |
| • 탐색과 실험을 즐긴다. | | |
| • 수와 양에 대한 개념이 나타난다. | | |
| • 수와 양에 대한 보존개념이 있다. | | |
| • 일대일 대응과 분류가 가능하다. | | |

출처: 강숙현(2002).

### 6) 프로젝트 평가표: 프로파일

프로젝트활동 과정에서 활용 가능한 평가 항목은 주변 세상에 대한 호기심, 탐색, 지식 구성과 표현, 질문, 탐색에 기초한 전략의 변화, 문제해결력, 현실과 환상의 구분 등 현재의 과학적 지식 · 기술 · 태도를 모두 포함한다. 과학능력에서 일어난 변화나 진보를 살펴보고 도움이 필요한지, 개별적인 도움을 줄 수 있는 방안이 무엇인지 등을 평가해야 한다.

*** 프로젝트평가표: 과학활동 개별 프로파일(profile sheet)**

| 과학활동 | 자료 수집 일시 | 교사 해석 및 종합평가 |
|---|---|---|
| 주변 세상에 대한 호기심 | | |
| 탐색 | | |
| 지식 구성과 표현력 | | |
| 질문 | | |
| 탐색에 기초한 전략의 변화 | | |
| 문제해결력 | | |
| 현실과 환상의 구분 | | |

출처: 강숙현(2002).

유아과학평가는 교사 자신의 과학적 태도를 점검하고 교육과정 운영에 있어 교수방법과 환경 구성 등이 유아의 과학활동을 적극적으로 지원하는가에 대한 자기평가도 함께 실행해야 한다. 과학에 대한 유아의 흥미를 중시하고 탐색과 실험 등 과학활동의 참여를 강조하는지, 주제와 관련된 놀이나 그룹 게임, 프로젝트활동, 일상생활 가운데 유아의 탐색과 발견, 의미 있는 문제해결을 통한 과학개념 및 기술 습득을 강조하고 있는지, 다양한 과학활동자료들을 제공하는지 등에 대해 스스로 점검하는 과정을 통해 유아과학교사로서 자신의 역할을 되돌아보고 더욱 발전시켜 나가게 된다.

*** 발달에 적합한 유아교육의 실제 평가**

| 예 | 아니오 | 내용 |
|---|---|---|
| | | 1. 학습을 위한 분명한 교육목적과 목표를 설정한다. |
| | | 2. 놀이를 통한 학습을 지원하는 환경을 구성한다. |
| | | 3. 제공되는 활동은 아동의 능력 수준에 적절하다. |
| | | 4. 여러 주에 걸쳐 학습활동이 연계되는 교육과정을 구성한다. |
| | | 5. 교사는 아동의 학습을 이끌기도 하며 촉진자의 역할을 수행한다. |
| | | 6. 교사의 간섭이나 중재 없이 아동은 자신의 행동을 통제한다. |
| | | 7. 아동 삶의 경험과 밀접한 연관성을 가진 활동들이 제공된다. |
| | | 8. 물리적인 공간은 안전하고 깨끗하며 매력적으로 충분히 마련되어 있다. |
| | | 9. 각 교과로 분리되어 있지 않고 모든 교과영역이 통합되어 운영된다. |
| | | 10. 듣기 활동이나 교재·교구들은 아동의 학습에 대한 요구에 기초한다. |
| | | 11. 작업활동들은 위험하지 않은 환경 안에서 이루어진다. |
| | | 12. 교사는 유아의 자기존중감을 증진시키기 위해 행동한다. |
| | | 13. 교사는 유아의 자기통제력을 발달을 촉진시킨다. |
| | | 14. 교사는 유아의 질문에 대답할 수 있는 충분한 시간을 준다. |
| | | 15. 교사와 유아 간, 유아와 유아 간의 상호작용을 격려한다. |
| | | 16. 유아는 의미 있는 대화를 위한 풍부한 내용의 프로젝트에 소집단으로 참여한다. |
| | | 17. 단어 모음집이 교실 안의 눈에 띄는 곳에 게시되어 있다. |
| | | 18. 유아들의 평가철을 유아의 손이 닿는 곳에 보이도록 정리되어 있다. |
| | | 19. 각 유아의 개별적인 문화적 배경을 존중한다. |
| | | 20. 각 유아의 개별적인 문화적 배경을 고려하여 교육과정을 구성한다. |
| | | 21. 교수전략은 유아의 언어적 요구에 따라 수정된다. |
| | | 22. 다양한 언어나 문화적 배경을 가진 유아들이 자신의 모국어로 말할 수 있도록 한다. |
| | | 23. 교사는 학습을 촉진시키기 위해 유아의 언어적·문화적 배경에 초점을 맞춘다. |
| | | 24. 평가는 교수 맥락 안에서 실행한다. |
| | | 25. 교육과정이 발달에 적합하고 아동중심적이다. |

출처: 강숙현(2002).

## 5. 유아교사의 자질과 역할

유아기 과학교육은 유아를 둘러싸고 있는 주변 세계에 대한 호기심을 바탕으로 유아 스스로 궁금한 것을 해소하기 위해 다양한 탐구과정 및 문제해결을 경험하며 이를 통해 과학적으로 생각하는 기초능력과 태도를 기르는 것이다. 과학에 대한 흥미를 함양하는 것이 과학교육의 목표가 되므로 과학적 문해의 기초를 갖추는 유아기 과학교육을 위해 부모와 교사, 성인의 역할이 무엇보다 중요하다.

유아교사는 전체적인 방향과 과학교육이 이루어질 수 있는 일일 활동시간을 고려하고 구체적인 과학개념과 과학기술의 지도방법에 대해 생각해야 한다. 가장 중요한 것은 과학에 대한 흥미에서 출발하여 유아의 경험과 밀접한 관련이 있는 일상적인 상황의 다양한 탐구활동을 통해 창의적으로 해결하는 데 필요한 과학적 소양을 길러 주는 데 초점을 두어야 한다. 유아과학교육은 '실험'보다 유아의 직접적인 활동 참여가 주로 이루어지므로 교사는 창조적인 교실환경 속에서 우연한 사건을 강조하고 유아의 흥미와 지식, 자원을 활용하는 과학활동을 준비해야 한다.

일상생활 가운데 유아가 미처 인식하지 못했던 재미있는 현상이나 개념에 대해 동기가 부여되고 함께 탐구하며 문제를 해결해 가는 즐거움을 느끼게 되면 과학적 소양을 기르는 데 필요한 경험의 기회는 더욱 늘어나게 된다. 때로는 과학활동이 구체적인 목표가 결여된 관련 없는 활동으로 이루어지기도 한다. 가을이 되면 낙엽을 모으고 바람 부는 날에는 연을 날리는 등 막연히 제시되는 과학활동과 화산 폭발 실험이나 물 로켓과 같은 과학활동과 자료들이 여러 경험 간의 연결이 이루어지지 못한 채 특별한 이벤트 자체로 끝나기 쉽다. 교사는 흥미를 자극하는 일회성·전시성 실험활동이 아니라 유아 스스로 자신의 생각과 개념을 형성하고 확장할 수 있도록 도와줄 수 있는 활동 경험을 미리 계획하고 다른 경험들과 연관 지어 제시해 주어야 한다.

교사는 지도하는 동안 유아가 새로 발견한 개념과 지식을 언어화하도록 도와야 한다. 단순히 지식을 전달하는 것이 아니라 흥미로운 질문과 조언으로 유아가 활동에 적극적으로 참여하고 탐색하도록 동기를 부여하고, 호기심을 유지하도록 도우며, 탐구적이고 정열적인 모델로서 역할과 지도의 역할을 해야 한다. 주변 생활과 여러 사건, 변화에 대한 호기심을 보여 주어 유아들의 흥미를 북돋우고 관심과 질문에 민감하게 반응해 줌으로써 과학적 탐구활동을 강화시켜 주어야 한다.

교사는 개방적인 질문과 활동의 방향을 유도해 학습 상황을 만들고 과학활동에 참여함으로써 함께 연구하는 태도를 가져야 한다. 또한, 다양하고 폭넓은 과학지식도 갖추어야 한다. 생명과학, 물리과학, 우주과학, 환경과학 등 기본적인 과학 개념과 지식을 익히고 책을 통해 연구해야 한다. 그리고 자극적인 과학 학습환경을 제공하여 유아의 관찰력과 탐구력, 객관적인 사고력을 모두 발휘할 수 있는 과학영역을 조성해 주어야 한다.

유아기 발달에 적합한 과학교육을 위해 교사가 갖추어야 할 자질과 역할은 다음과 같다.

① 과학에 대한 긍정적인 태도를 기른다

유아교사는 요구되는 과학적 소양이 무엇인지 알아보고 스스로 함양할 수 있는 방안을 모색해야 한다. 실증적인 연구에 따르면 대부분 교사 자신이 즐거운 과학 경험이 부족하고, 과학개념과 이론을 학습하며 과학이 어렵다는 편견과 흥미 부족으로 인해 과학에 대한 막연한 두려움이 있으면 아이디어나 자료 준비, 활동의 제안을 피하려고 한다고 한다.

유아 교사의 태도는 유아에게 커다란 영향을 미치므로 유아교사는 과학에 대한 긍정적인 태도를 갖는 것이 우선되어야 한다. 과학적 개념과 지식을 '가르치고 전달하는 것'이 아니라 '탐구하는 태도'가 중요하므로 함께 즐기는 과학, 발견해 가는 과학 경험의 계획과 참여로 과학적 성향, 과학적 자아를 확립하고 재구성하는 것이 필요하다. 과학적 자아의 발견과 성장을 위해 과학저널기록이나 과학자서전 쓰기 등의 다양한 방법[7]이 활용된다.

② 자연세계에 대한 유아의 호기심을 길러 준다

유아의 호기심으로 출발하여 일상생활 속에 내포된 과학적 지식과 개념을 이해하고, 습득한 과학적 기술과 태도가 삶에 긍정적인 영향을 미치도록 지원하는 것이 유아교사의 역할이다. 유아교사가 적극적인 관심, 호기심을 갖는 것에서 출발함으로써 일상 속에서 다양한 과학과 만나게 된다. 이러한 생활 속에서 궁금함을 직접 해결해 보고자 하는 탐구의 실천은 사물과 현상에 대한 지식과 정보를 수집하게 되고 '과학하는' 즐거움과 성취감을 느끼게 된다. 유아교사는 일상과 관련된 과학탐구활동을 유아들과 함께해 볼 수 있는 과학활동을 제안하고 준비해야 한다.

③ 활동적인 학습 경험과 환경을 제공한다

유아의 과학자적인 성향이 발현하도록 심리적·물리적인 교육환경을 조성하고 유지하는 역할도 중요하다. 과학환경의 질에 따라 유아에게 주어지는 과학 경험과 학습의 기회와 내용이 달라지기 때문이다. 자유로운 탐색을 가능하게 하는 허용적인 분위기와 유아의 독특한 아이디어를 지지하는 상호작용, 탐구에 흥미를 갖고 몰입할 수 있는 풍부한 자료와 적절한 공간 구성과 배치 등은 유아들로 하여금 생활 경험을 과학영역과 연결 지어 의미 있게 학습이 구성되도록 돕는다. 항상 환경 구성 및 유지, 교수-학습지도과정에서 적절한 교사의 역할을 실행하는 지에 대한 자기점검이 필요하다.

④ 유아 스스로 발견하도록 지도하고 적극적으로 상호작용한다

과학활동은 개별이나 소집단으로 이루어지는 경우가 많다. 어떠한 형태의 활동이든 교사는 유아가 주변 환경을 능동적으로 탐색하며 지적 호기심을 해결해 가도

---

7) 과학저널기록(scientific journal writting)이란 유아교육기관에서 일상생활 동안 일어나는 과학과 관련된 경험이나 특별한 사건에 대해 개인적인 느낌과 생각을 일기 또는 수필형식으로 기술하는 쓰기 학습이다. 때로는 과학적 탐구의 사물이나 현상을 주제로 정해 지속적으로 일지형식의 쓰기를 할 수도 한다.
과학자서전(scientific autobiography)쓰기는 자신의 경험, 기억 또는 과학과 관련된 주제에 관해 에세이를 작성하는 것이다.

록 도와야 한다. 개별적인 질문에 대한 적절한 반응과 상호작용 가운데 유아의 과학적 흥미와 이해 수준을 알 수 있게 된다.

유아의 과학적 사고와 개념, 관심사가 반영된 물리적 세계에 대한 관찰과 검증, 실험을 통한 과학과정기술을 경험함으로써 질문에 대한 해답을 찾아가는 과학적 질문을 하게 된다. 유아는 기후나 지구·우주의 자연현상, 물리화학적 현상, 동식물과 우주생명을 포함한 생물, 성별·인체·의식주 등의 인간생활, 기계와 도구와 같은 생활기기 등에 관한 다양한 질문을 쏟아낸다. 이때 교육적으로 가치 있는 질문과 반응으로 상호작용하는 유아교사의 역할에 따라 자연스러운 학습이 이루어진다.

질문과 상호작용하는 가운데 직접적인 지시나 설명, 반복적인 질문, 정답만 강조하거나 대답을 재촉하기보다는 유아 스스로 생각하고 체득해 가도록 시행착오를 허용하고 개방적인 질문, 사고를 자극하는 질문, 독특한 생각을 유도하는 것이 좋다.

### 환경 구성 및 유지에서 유아교사의 역할 되돌아보기

- 과학의 한 영역에 치우지지 않고 다양한 과학적 개념에 대한 이해를 도울 수 있도록 환경을 구성하였는가?
- 유아들이 쉽게 참여하도록 배치하였는가?
- 유아들의 오감을 자극하는 다양한 자료를 구비하는가?
- 유아들의 관심사와 흥미가 유발·유지되도록 환경에 변화를 주는가?
- 유아들로 하여금 관찰과 실험을 격려하고 서로의 생각과 개념을 공유할 수 있도록 환경을 조성하는가?
- 분실·파손·방치된 자료는 없는가?
- 자료의 정리·정돈이 잘 되었는가?
- 실내·외에서 이루어지는 과학활동에 대한 감독이 용이한가?
- 사고 발생 시 응급조치의 절차가 구비되어 있고 숙지하고 있는가?

> **교수-학습방법에서 유아교사의 역할 되돌아보기**
>
> - 유아들의 흥미와 발달 수준에 적합한 주제인가?
> - 유아들이 관심을 가질 수 있도록 소개하고 아이디어를 제시하는가?
> - 유아들이 무엇을 이해하는지, 무엇에 흥미를 느끼는지 관찰하는가?
> - 유아들로 하여금 자신의 생각과 의견을 자유롭게 표현하도록 하는가?
> - 유아 관찰을 기초로 유아와 어떻게 상호작용할지 결정하는가?
> - 유아의 사고를 자극하는 질문과 조언을 하는가?

## 6. 유아과학교육을 위한 환경

유아의 흥미를 유발하고 자발적 동기화와 과학적 탐구, 몰입, 발견을 위한 교육 환경을 마련하기 위해서는 풍부한 자료, 계획적이고 조직적인 구성, 지지적인 인적 자원 등 과학학습의 기회와 내용이 담겨야 한다.

유아는 주변 세계에 무한한 호기심을 갖고 과학자의 시각으로 주변 세계를 탐색한다. 따라서 유아가 새로운 것에 관심을 갖고 자세히 관찰하는 것을 장려하는 환경 구성은 유아를 자연과 연결시키는 기초가 된다. 교사는 계절에 맞게 유아의 관심을 일으킬만한 내용을 제공해 주어야 한다. 예를 들어, 봄에 씨앗을 관찰하고 고구마 순을 길러 보는 경험은 문제의 제기와 변화에 대한 이해를 깊게 해 준다.

### 1) 인적 환경

자유로운 탐색과 표현, 질문, 시행착오가 허용되는 개방적인 분위기가 무엇보다 필요하다. 유아교사는 정답과 비교 경쟁보다는 실수와 실패를 통한 발견의 기쁨, 상호호혜적인 교류와 협력의 가치를 강조해야 하고, 유아들이 질문하고 문제를 해결하고 서로 의논하는 자유로운 분위기를 조성해 주어야 한다.

유아기 동안 세상에 대한 자연스러운 호기심을 키움으로써 미래학습의 기초를 제공해 준다. 유아교사는 유아 스스로 호기심을 불러일으킬 수 있는 자료와 활동 경험을 제공해 줌으로써 유아들이 세부적인 것에 주의를 기울이고 관찰, 기록, 예측, 설명, 해석, 추론해 보는 경험을 통해 새로운 용어도 익히고 지식을 습득하며 과학하는 태도를 갖게 도와주어야 한다. 과학적 탐구활동에 흥미와 호기심을 보여주어 유아들에게 과학적 탐구활동을 강화시켜 주고 유아의 관심에 민감하게 반응해 주며 개방적인 질문과 활동의 방향을 유도해 줌으로써 학습 상황을 만들고 과학활동과정에서 유아와 부모가 함께 연구하는 태도로 사회와 과학 분야의 변화에 능동적으로 대처하는 능력을 갖추어야 한다.

과학적 탐구와 개념 이해를 위해 반복적이고 관련된 과학환경을 마련하는 것도 중요하다. 교실 한 곳에 관찰영역을 마련하고 잣대, 확대경, 거울, 저울, 날짜도장 등을 두고 관찰·조사·예측·기록이 가능하게 하여 과학과 언어, 과학과 수, 발견과 성취의 느낌과 상호조력하는 사회성 발달을 도모하는 실천이 이루어지는 환경을 조성해야 한다. 스스로 생각하고 발견하고 연구하는 '발견의 즐거움'을 알고 '학습 열정'이 가득한 '과학자(natural scientists)'를 길러내는 과학환경의 구축이 유아교사의 역할이다.

유아기 과학교육은 '실험'보다는 '참여'에 초점을 두어야 한다. 유아의 직접적인 활동 참여를 위해 교사는 창조적인 교실환경 속에서 우발적인 사건들을 강조하고 지식, 자원, 유아의 흥미를 활용하여 미리 우발적인 과학활동을 준비해야 한다. 단지 지식을 전달하는 것이 아니라 활동과정 속에서 유아들에게 직접 관찰과 참여를 강조하고 적극적으로 도와주며 유아의 모델로서의 역할과 지도의 역할을 수행해야 한다. 또한, 유아는 단편적이면서도 생활 주변에 대해 무한한 호기심을 갖고 있으므로 교사는 더욱 다양하고 폭 넓은 과학적 지식을 알고 있어야 한다. 유아교사는 생명과학, 물리과학, 우주과학, 환경과학 등의 각 영역의 기본적인 과학개념과 지식을 익혀 두고 책을 통해 연구해야 한다.

유아교사 자신이 매력적인 과학환경으로서의 역할을 담당하기 위해 유아기의 과학적 개념발달 및 학습특성을 알아야 하며 이를 수업과 연관 지어 활동을 계획하고 실행해야 한다.

첫째, 유아는 스스로 호기심을 자극해 주변 세계를 탐색하려는 성향이 있다.

둘째, 유아가 알고 있는 것에 기반할 때 학습이 더 잘 일어난다.

셋째, 과학적 개념이나 사실들은 서로 연관되어 있다.

넷째, 유아의 자연스러운 호기심과 교사의 융통성이 과학학습을 촉진시킨다.

다섯째, 유아는 주어진 과제를 반복하려는 욕구를 갖고 있다.

여섯째, 일상적인 환경 안에 과학학습을 자극하는 도구들을 마련해 두어야 한다.

일곱째, 과학활동을 통해 과학적 개념뿐 아니라 언어, 의사소통, 수개념 및 수학능력, 사회적 의사소통, 사회적 감수성 등의 능력을 발달시킬 수 있다.

여덟째, 과학은 일 년 내내 다양한 활동을 통해 통합적으로 이루어질 수 있다.

## 2) 물리적 환경

유아는 감각적 탐색과 구체적인 조작활동을 통해 지식을 구성하고 인지가 발달해 간다. 과학활동이 우연히 이루어지든 계획적으로 진행되든 유아를 위한 과학교육을 위한 환경의 질이 학습의 기회와 내용을 좌우하게 된다. 유아가 주변에 호기심을 갖고 탐색하고 탐구하려는 의지를 가지도록 동기를 부여하는 다양한 활동과 적절한 자료 제공 등 풍부한 물리적 환경 조성이 무엇보다 중요하다. 유아의 주변 어느 곳에서나 상황에 따라 물리적 공간 구성이 과학활동을 위한 환경으로 조성되어야 한다. 과학교육을 위한 환경 준비는 유아들로 하여금 과학적 태도를 형성하도록 도와준다.

### (1) 실내환경

교실 내 어디에서든 과학적 탐색과 탐구가 자연스럽게 이루어질 수 있다. 그러나 과학활동이 일상화되기 위해서는 유아교사의 계획적인 자료 준비와 공간 구성이 필수적이다. 동식물이나 표본, 실물, 기계류 등 관찰을 이끄는 기본 자료들 외에도 유아의 호기심을 자극하고 측정·비교·분류·실험할 수 있는 다양한 설비와 화보나 사진, 책, 쓰기 자료 등을 준비하여 과학영역을 별도로 조성하는 것은 유아교사의 중요한 역할이다.

물리적 환경은 유아에게 직접적인 영향을 미치므로 제공되는 교재·교구와 소도구들, 위치와 배열, 크기, 공간 구성, 디자인, 밝기, 정리·정돈 상태 등 유아의 과학활동에 참여와 유지를 좌우한다. 유아의 참여를 환영하고 유아 스스로 발견하며 과정에 참여하는 기쁨을 느낄 수 있는 풍부하고 매력적인 흥미영역은 유아-유아, 유아-사물, 유아-교사 간 상호작용의 질을 높여 준다.

과학영역은 생물과 무생물, 여러 물질과 자연현상을 관찰하고 탐구하면서 과학개념 형성을 위한 다양한 발견학습이 이루어진다. 특히, 동물과 식물을 키워 보는 기회를 제공하므로 동식물의 성장과정과 생명체를 소중하게 여기는 마음을 배울 수 있다. 과학적 탐구와 몰입, 상호작용을 위한 과학영역은 감각 탐색을 위한 놀잇감, 특정 주제와 관련된 자료들과 책 등을 놓아두는 선반, 과학활동에 필요한 여러 기구를 보관하는 정리함, 게시판이나 전시대, 동식물을 기르는 아쿠아리움이나 새장, 유아들이 활동하는 책상과 걸상 등을 둔다.

과학영역은 햇빛이 잘 들고 조용하며 물의 공급이 쉽고 안정된 공간에 배치하며, 실험도구를 안전하게 사용할 수 있도록 유아들의 왕래가 많지 않은 장소에 배치하는 것이 적합하다. 또한, 유아들이 수집한 물건을 전시할 수 있는 공간과 다른 유아들과 함께 관찰하고 기록할 수 있도록 기록용지와 쓰기 도구 등을 마련해 준다.

과학영역에는 유아들이 교실에서 돌보고 키워 볼 수 있는 동물(물고기, 거북이, 올챙이, 풍뎅이, 달팽이 개미 등)과 식물, 여러 가지 물체(거울, 자석, 확대경, 손전등, 건전지, 색안경, 돋보기, 백과사전, 활동카드 등), 측정도구(온도계, 자, 저울, 천칭, 시계 등), 특수기계(현미경, 망원경, 카세트, OHP, 비디오, 카메라 등), 실물자료(낙엽, 씨앗, 조개껍데기, 돌, 흙, 곡식 등) 등을 제공한다.

Literacy Box

과학영역을 구성할 때 우선 고려해야 하는 기본 전제는 다음과 같다.

① 채광이 잘되고 물과 전기를 쉽게 사용할 수 있는 곳에 위치한다.

② 선반, 책상과 의자, 전시대와 게시판 등의 가구들은 흥미영역 안에서 또는 영역 간 자유로운 이동이 가능하도록 구성한다.

③ 실내뿐 아니라 실외에서도 이루어질 수 있도록 융통성과 확장 가능성을 고려하여 조절한다.

④ 감각 탐색활동을 기반으로 하며 관찰, 측정, 비교, 대조, 예측, 실험 등을 위한 과학활동 교재・교구를 상시 비치하고 공간을 마련한다.

⑤ 교육주제와 계절, 교사의 교육과정 목적에 맞게 변화를 주어 유아가 흥미를 유지하고 학습을 발전시켜 갈 수 있도록 도와준다.

⑥ 극놀이, 음악활동, 수, 신체 움직임, 미술, 책 읽기 및 만들기 등의 활동과 연관되어 융통성 있는 학습의 기회가 제공되도록 자료들을 제공한다.

⑦ 수은온도계나 전열기구, 위험이 있는 자료들은 필요시에만 교사가 제공한다.

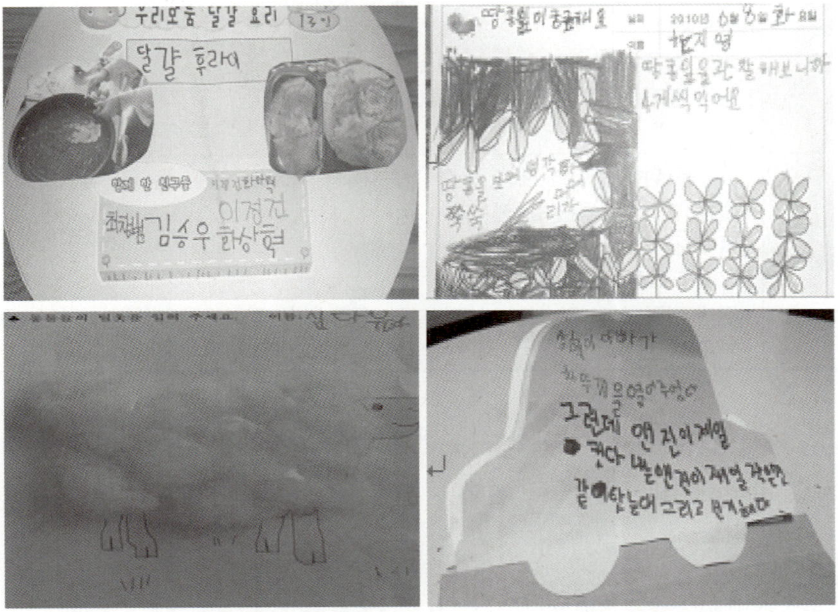

과학활동을 위해 흥미영역에 구비할 자료의 종류들을 자세히 살펴보면 다음과 같다.

| 과학활동 | 자료 |
|---|---|
| 관찰 | • 동물 · 식물 · 광물, 표본 또는 자연물(나뭇잎, 열매, 꽃, 나뭇가지, 감자, 양파, 토마토, 곡식이나 씨앗류, 새 깃털, 조개껍데기, 병아리, 햄스터, 개구리, 개미, 달팽이, 물고기 등)<br>• 확대경, 현미경, 망원경<br>• 자석(막대, 말굽, 원), 클립, 단추<br>• 양초, 풍선, 기름종이<br>• 스펀지, 면봉, 솜, 점안기<br>• 프리즘, 거울, 투명 플라스틱 함<br>• 화분, 어항, 테라리움 |
| 측정 | • 저울, 자, 줄자, 체중계, 온도계<br>• 계량스푼, 컵, 요리용 타이머, 수조<br>• 막대기, 끈, 리본<br>• 달력, 오목/볼록거울<br>• 시계, 메트로놈<br>• 물, 모래나 톱밥 |
| 비교<br>대조<br>실험 | • 볼트와 너트, 열쇠와 자물쇠, 유아용 망치<br>• 도르래, 지렛대<br>• 모종삽, 호미, 화분, 집게, 물뿌리개, 분무기, 주사기<br>• 양팔저울<br>• 크고 작은 플라스틱 용기, 안전유리<br>• 감각 상자, 색안경, 옷핀, 고무줄, 고무호스<br>• 팝콘기계 |
| 기타 | • 기록을 위한 종이와 쓰기 종류, 견출지, 자, 지우개, 가위 등 문구류<br>• 칠판, 자석판, 융판 등 전시대<br>• 플래시 라이트, 랜턴<br>• 요리도구 및 여러 용기<br>• 주제 관련 서적 및 화보, 사진, 그림, 동물/식물/광석도감, 아동백과사전, 동화책[8)]<br>• 녹음기, 컴퓨터, 프린터, 스캐너, 폴라로이드 카메라, 프로젝터 |

교실의 과학영역뿐만 아니라 복도나 현관 등을 활용하여 유아들이 관찰할 수 있는 환경을 마련하거나 유아들의 결과물 등을 전시하여 감상할 수 있도록 한다.

8) 과학활동을 촉진시켜 주는 3~5세 유아동 도서목록과 내용을 요약하여 〈부록 1〉에 소개하였다.

### (2) 실외환경

유아는 잘 갖추어진 실외환경 안에서 사물과 현상에 대해 탐색하고 새로운 것을 경험함으로써 유능한 존재로 성장해 간다. 인간은 자연의 일부로 그 안에서 생명을 유지하고 건강을 의존하므로 유아들은 자연 속에서 잘 성장할 수 있다. 유아가 주변 세상에 관심을 갖고 흥미를 느끼며 과학적 경험으로 확대할 수 있도록 조성되는 실외환경은 자연친화적 학습자원으로서의 역할을 한다. 바깥놀이를 통해 사물의 모양, 운동, 무게, 균형감, 중력, 부력 등 물리과학의 개념과 생물의 성장, 날씨, 지질 등 동식물을 포함하여 자연의 변화와 지구과학적 개념을 인식하게 되고 실제 세계를 경험하면서 감각의 통합을 이루게 된다. 이는 탐구적 학습능력의 기초가 된다. 물·모래영역과 동식물을 기르는 영역을 구비하여 다양한 과학적 경험을 하도록 하는 것이 좋다.

물·모래영역은 물과 모래(흙)를 활용하여 다양한 놀이를 할 수 있는 공간이다. 물과 모래(흙)를 담고, 쌓고, 쏟으면서 자연현상을 이해하고, 물체와 물질의 성질을 이해할 수 있도록 빈 페트병, 물통, 삽, 바구니나 그릇, 수저, 장난감 자동차, 여러 모양과 크기의 용기를 마련해 둔다. 유아들은 이 영역에서 다양한 그릇이나 병 등에 모래나 물을 담아 비교해 보거나 기본 측정도구를 이용하여 측정해 보고, 여러 가지 탐구활동과 구체적인 실험을 통해 창의력과 문제해결력, 수학적 개념과 과학적 지식을 습득한다. 물·모래영역은 수도시설이 가까운 곳에 배치하여 배수처리가 잘되어야 하며, 사람들의 통행이 빈번한 통로는 피하는 것이 좋다. 물놀이영역과 모래놀이영역은 가까운 곳에 두되 공간이 좁으면 통합하여 제공할 수 있다. 모래 대신 흙을 이용할 수도 있으며, 유아의 다양한 탐색과 놀이를 위해서 흙 산 등을 쌓아 주는 것도 다양한 과학활동을 유발할 수 있다.

동식물을 기르는 영역은 실내의 제한된 활동에서 벗어나 자연환경 및 동식물을 직접 탐색하고 관찰해 볼 기회를 제공하는 영역이다. 유아들은 식물과 동물을 길러 보는 경험을 통해 동식물의 성장과정을 이해할 수 있으며, 동식물의 성장에 필요한 환경과 변화의 모습, 동식물에서 얻은 수확의 기쁨, 생명의 소중함 등을 배울 수 있다. 동식물 기르기 영역은 유아가 쉽게 접근할 수 있는 곳에 텃밭이나 사육장을 마련해야 하고, 바람이 잘 통하고 햇빛이 잘 들고 배수가 잘 되는 장소에 배치해야 한다. 동물은 작은 새나 토끼, 닭 등을 키울 수 있는 사육장을 마련하는 것이 좋지만 여건이 안 될 때는 작은 새장을 매달아 두는 것도 좋은 방법이다. 유아의 건강과 위생을 위해 사육장은 항상 안전하고 청결하게 관리되어야 한다.

과학적 지식과 기술, 태도의 발달과 학습을 촉진시켜 주는 실외환경이 갖추어야 할 기본 원리는 다음과 같다.

① 무엇보다 안전해야 한다

유아가 안정감을 느끼고 탐색과 실험에 참여할 수 있어야 한다. 교사는 날카로운 모서리가 있는 시설·설비, 유독성 식물, 위험한 야생동물, 비탈진 경사로, 깊은 웅덩이 등 위험요소들을 배제해야 한다. 유아들이 한눈에 보이는지 항상 확인해야 한다. 갑작스런 위험에 대피할 수 있는 공간이 확보되어야 하며 휴식을 취할 수 있는 공간을 마련해야 한다.

② 아름답고 매력적인 장소이어야 한다

자연을 탐색하는 것뿐만 아니라 아름다움을 감상할 수 있도록 매력적으로 구성한다. 여러 종류의 과실수, 숲, 화단이나 채소밭, 나무로 만든 울타리나 관목, 잔디, 흙과 모래, 쉴 수 있는 그늘, 작은 시냇물이나 습지, 연못, 작은 바위와 분수 등 자연을 담고 있는 실외 공간을 조성한다.

③ 가능한 자연 그대로 조성한다

유아는 자유롭게 자연을 접하고 누리면서 즐길 수 있는 공간을 선호한다. 인공적인 장소보다 자연을 몸으로 느낄 수 있을 때 과학적 호기심이 증대되고 정보를 찾을 때까지 탐색을 계속하려는 내적 동기가 활발해진다. 인근에 낮은 둔턱이나 비탈길, 밭, 연못, 공원 등의 자연환경이 있다면 그것을 활용하여 지역사회 환경과 조화를 이루도록 실외환경을 조성한다.

④ 다양한 시설, 설비와 공간을 구성한다

동식물을 관찰하는 사육장과 숲, 물·모래놀이를 즐길 수 있는 물놀이터와 모래

사장, 다양한 신체활동에 참여할 수 있는 그네, 시소, 미끄럼틀의 종합놀이시설, 여러 가지 탈것을 이동할 수 있는 바닥이 딱딱한 길과 표면이 다른 바닥 등 다양한 시설과 설비들이 갖추어진 실외공간이 마련되어야 한다.

⑤ 보관창고와 장소를 마련한다

꽃을 심고 곤충이나 벌레를 관찰하고 나무 열매나 돌 등 자연물을 수집하며 모종삽이나 물뿌리개, 확대경과 집게, 플라스틱 용기 등이 필요할 때 바로 가져와 관찰과 탐색, 측정과 실험을 할 수 있는 설비와 소도구를 보관하는 별도의 창고나 함을 실외에 마련해 둔다.

### (3) 지역사회 자연과 문화적 환경

인간은 공기·물·햇빛 등을 누리며 생태환경 속에서 살아간다. 자연의 일부인 인간은 자연 속에서 살아가고 자연환경을 좋아하는 본성을 가지고 태어난다. 유아가 살고 있는 지역사회의 자연자원은 좋은 과학환경이다. 실제 세계에서의 경험은 생물, 물질과 에너지, 지구와 우주 등의 과학개념을 다루게 된다. 그러나 오늘날의 자연환경은 점점 줄어들고 인위적인 도시환경에서 생활하는 경우가 대부분이라 자연 속에서 자연스러운 과학 경험의 기회가 점점 줄어들고 있다. 유아교사는 실내 자유선택활동이나 특별한 주제 탐구, 바깥놀이 동안 탐색과 실험 등의 다양한 과학활동을 적극적으로 제공해 주어야 한다. 또한, 놀이와 학습을 자극해 주는 실제 세계를 경험하는 기회도 마련해 주어야 한다.

자연친화적인 환경 속에서는 동물과 식물을 포함하는 생명과학과 물체와 물질, 무게·운동·중력·부력·온도 등의 물리과학, 날씨·지리·지질·오염 등의 지구과학 등 풍부한 과학활동자료들을 제공해 준다. 이는 매우 중요하고 가치로운 학습자원이다. 따라서 교사는 다양한 자연환경과 계속 접촉할 수 있는 기회를 마련해 주어 유아가 건강하게 성장할 수 있는 힘을 기르고 과학적 탐구능력의 토대를 형성할 수 있도록 해야 한다. 각 지방자치단체마다 자연생태의 중요성을 인지하고 점점 도시화가 되어 가는 공간이라도 자연의 풍경을 자연 그대로 보전하도록 하는 자연친화적 환경 조성이 눈에 띈다. 도시공원에 연못, 개울, 작은 폭포, 바위, 잔디, 습지, 모래언덕, 흙길 조성, 나무 울타리, 도시 화단(예 순천시 한평 정원 가꾸기)과 채소밭, 과실수 가로수, 자연휴양림 조성 등 생태환경을 마련하기 위해 다각적인 노력을 기울이고 있다.

# 제5장 교육과정에서의 과학교육

유아는 타고난 과학자이므로 이 시기에 가장 적절한 교육내용은 과학이다. 표준보육과정 및 누리과정의 자연탐구영역에서 제안하는 과학교육내용을 보면 유아들이 일상생활을 해 나가는 가운데 직접 경험할 수 있는 여러 가지 자연현상이나 구체적인 사물에 대한 탐구를 그 성격에 따라 구분하여 이를 학문의 체계와 관련시켜 내용을 선정하였다.

이는 과학교육의 방향을 제안하는 내용으로 유아를 둘러싼 생활 가운데 유아가 직접 경험하는 것으로 구체적이며 흥미롭게 탐구할 수 있을 뿐 아니라 현재 생활은 물론 미래생활에도 도움이 되는 것을 중심으로 구성되었다.

## 1. 표준보육과정(0~2세)의 자연탐구영역

### 1) 자연탐구영역의 성격

자연탐구영역은 영아가 보고, 듣고, 만지면서 주변 환경에 관심을 가지고, 주변 세계에 대한 탐색을 시도하며, 주변에서 일어나는 수학적 상황을 지각하고, 감각과 조작을 통해 주변 사물과 자연환경에 대해 알아가며 일상생활 속에서 기초 수학적·과학적 탐구능력과 탐구태도를 기르기 위한 영역이다.

탐구하는 태도 기르기는 일상생활 속에서 호기심을 가지고 환경과 상호작용을 통해 탐색하면서 상황을 이해하고 문제를 해결해 나가는 기초가 된다. 영아는 호기심을 가지고 끊임없이 궁금해하고 알아보고자 하므로 발달 수준이나 흥미에 맞는 탐색활동을 성공적으로 경험하는 것이 필요하다. 이 시기의 영아는 자신이 궁금해하는 것을 직접 해 보고 감각을 통해 확인해 봄으로써 주변 사물에 대한 지속적인 탐색행동에 대해 긍정적인 태도를 갖게 된다. 이는 영아가 미래 지식산업기반사회에서 필수 요소인 논리-수학적 사고와 과학적으로 탐구하는 능력과 태도를 기르기 위한 기초가 된다.

자연탐구영역에서는 영아가 흥미를 가지고 호기심을 유지하며 탐구하는 태도를 가질 수 있도록 궁금한 것을 알아보고자 할 때 발달 수준에 맞게 적절하게 지원하도록 한다. 또한, 생활 속에서 접하는 여러 가지 상황 속에서 수학적·과학적인 내용을 이해하여 기초 수학적·과학적 지식을 구성해 갈 수 있도록 다양하게 상호작용을 한다. 이 과정에서 수학적·과학적 상황에 대한 경험이 단편적으로 이루어지기보다는 생활 속에서 자연스럽게 통합적으로 이루어지도록 하는 것이 중요하다.

## 2) 자연탐구영역의 목표 및 내용

### (1) 목표

| 연령 | 자연탐구영역 목표 | 과학 관련 세부목표 |
|---|---|---|
| 0~1세 | 보고, 듣고, 만지면서 주변 환경에 관심을 가진다. | • 주변 사물에 대한 탐색을 시도한다.<br>• 감각과 조작을 통해 주변 사물과 자연환경에 대해 지각한다. |
| 2세 | 주변 환경에 호기심을 갖고 탐색하기를 즐긴다. | • 호기심을 가지고 주변 세계에 대해 다양하게 탐색한다.<br>• 다양한 탐색을 통해 주변 사물과 자연환경을 인식한다. |

### (2) 내용

〈0－2세 자연탐구영역의 내용〉

<table>
<tr><th rowspan="2">내용 범주</th><th colspan="5">0~1세</th><th colspan="3">2세</th></tr>
<tr><th>수준 / 내용</th><th>I</th><th>II</th><th>III</th><th>IV</th><th>수준 / 내용</th><th>I</th><th>II</th></tr>
<tr><td rowspan="2">탐구하는 태도 기르기</td><td>사물에 관심 가지기</td><td></td><td colspan="3">주변 사물에 관심을 가진다.</td><td>호기심 가지기</td><td colspan="2">주변 사물과 자연 세계에 호기심을 가진다.</td></tr>
<tr><td>탐색 시도하기</td><td>나와 주변 사물을 감각으로 탐색한다.</td><td colspan="3">주변의 사물에 대해 의도적인 탐색을 시도한다.</td><td>반복적 탐색 즐기기</td><td colspan="2">관심 있는 사물을 반복하여 주도적으로 탐색하기를 즐긴다.</td></tr>
</table>

<table>
<tr><th rowspan="2">내용 범주</th><th colspan="5">0~1세</th><th colspan="3">2세</th></tr>
<tr><th>내용 \ 수준</th><th>I</th><th>II</th><th>III</th><th>IV</th><th>내용 \ 수준</th><th>I</th><th>II</th></tr>
<tr><td rowspan="5">과학적 탐구하기</td><td>물체와 물질 탐색하기</td><td colspan="4">일상생활 주변의 몇 가지 친숙한 것들을 양육자와 함께 탐색한다.</td><td>물체와 물질 탐색하기</td><td colspan="2">친숙한 물체와 물질을 능동적으로 탐색한다.</td></tr>
<tr><td>주변 동식물에 관심 가지기</td><td colspan="2"></td><td colspan="2">주변 동식물의 모양, 소리, 움직임에 관심을 가진다.</td><td>주변 동식물에 관심 가지기</td><td colspan="2">주변 동식물의 모양, 소리, 움직임에 관심을 가진다.</td></tr>
<tr><td rowspan="2">주변 자연에 관심 가지기</td><td></td><td colspan="3">생활 주변의 자연물을 감각으로 느껴 본다.</td><td rowspan="2">자연을 탐색하기</td><td colspan="2">돌・물・모래 등의 자연물을 탐색한다.</td></tr>
<tr><td></td><td colspan="3">바람, 햇빛, 비 등을 감각으로 느껴본다.</td><td colspan="2">날씨를 감각으로 느낀다.</td></tr>
<tr><td>생활도구 탐색하기</td><td colspan="2"></td><td colspan="2">도움을 받아 생활도구를 탐색한다.</td><td>생활도구 사용하기</td><td colspan="2">생활 속에서 간단한 도구에 관심을 가진다. 간단한 도구를 사용한다.</td></tr>
</table>

## 2. 누리과정(3~5세)의 자연탐구영역[9)]

### 1) 자연탐구영역의 성격

자연탐구영역은 유아가 자신을 둘러싸고 있는 주변 세계에 대해 호기심을 가지고 궁금한 것을 해소하기 위해 탐구하며, 일상생활에서 부딪치는 현상이나 문제해결을 통해 수학적・과학적으로 생각하는 기초능력과 태도를 기르기 위한 영역이다.

유아기는 무엇이든 알고 싶어 하는 지적 호기심과 탐구심이 왕성한 시기로, 무언가에 의문을 가지고 관찰하고 실험하면서 새로운 것을 알아가는 탐구활동은 유아가 세상을 이해하는 방법이다. 궁금한 것을 적극적으로 탐구하는 태도는 유아기부터 시작하여 평생 동안 지속되어야 할 중요한 삶의 태도이다. 유아는 일상 속의 의문과 경험에서 많은 수학적・과학적 탐구의 기회를 갖게 되며, 이를 통해 수학적・과학적 기초지식과 탐구과정을 익히게 된다. 수학적・과학적으로 탐구하는 과정은 유아의 논리적・합리적 사고력을 육성하는 데 중요하며, 이는 궁극적으로 일상의 문제를 논리적・합리적으로 해결하는 능력의 토대가 된다.

9) 교육과학기술부, 보건복지부(2012). 누리과정해설서.

## 2) 자연탐구영역의 목표 및 내용

### (1) 목표

| 연령 | 자연탐구영역 목표 | 과학 관련 목표 |
|---|---|---|
| 3~5세 | • 호기심을 가지고 주변 세계를 탐구하며, 일상생활에서 수학적·과학적으로 생각하는 능력과 태도를 기른다. | • 주변의 사물과 자연세계에 대해 알고자 하는 호기심을 가지고 탐구하는 태도를 기른다.<br>• 주변의 관심 있는 사물과 생명체 및 자연현상을 탐구하기 위한 기초능력을 기른다. |

### (2) 내용

〈3−5세 자연탐구영역의 과학 관련 내용〉

| 내용범주 | 내용 | 3세 | 4세 | 5세 |
|---|---|---|---|---|
| 탐구하는 태도 기르기 | 호기심을 유지하고 확장하기 | 주변 사물과 자연 세계에 대해 호기심을 갖는다. | 주변 사물과 자연 세계에 대해 지속적으로 호기심을 갖는다. | 주변 사물과 자연 세계에 대해 지속적으로 호기심을 갖고 알고자 한다. |
| | 탐구과정 즐기기 | 궁금한 점을 알아보는 과정에 흥미를 갖는다. | 궁금한 점을 알아보는 탐구과정에 관심을 가지고 참여한다. | 궁금한 점을 알아보는 탐구과정에 참여하고 즐긴다. |
| | | | | 탐구과정에서 서로 다른 생각에 관심을 갖는다. |
| | 탐구기술 활용하기 | | 일상생활의 문제를 해결하는 과정에서 탐색, 관찰 등의 방법을 활용해 본다. | 일상생활의 문제를 해결하는 과정에서 탐색, 관찰, 비교, 예측 등의 탐구기술을 활용해 본다. |

<table>
<tr><th>내용 범주</th><th>내용</th><th>3세</th><th>4세</th><th>5세</th></tr>
<tr><td rowspan="11">과학적 탐구하기</td><td rowspan="2">물체와 물질 알아보기</td><td>친숙한 물체와 물질의 특성에 관심을 갖는다.</td><td>친숙한 물체와 물질의 특성을 알아본다.</td><td>주변의 여러 가지 물체와 물질의 기본 특성을 알아본다.</td></tr>
<tr><td></td><td colspan="2">물체와 물질을 여러 가지 방법으로 변화시켜 본다.</td></tr>
<tr><td rowspan="4">생명체와 자연환경 알아보기</td><td colspan="2">나의 출생과 성장에 대해 관심을 갖는다.</td><td>나와 다른 사람의 출생과 성장에 대해 알아본다.</td></tr>
<tr><td>주변의 동식물에 관심을 가진다.</td><td>관심 있는 동식물의 특성을 알아본다.</td><td>관심 있는 동식물의 특성과 성장과정을 알아본다.</td></tr>
<tr><td colspan="3">생명체를 소중히 여기는 마음을 갖는다.</td></tr>
<tr><td></td><td>생명체가 살기 좋은 환경에 대해 관심을 갖는다.</td><td>생명체가 살기 좋은 환경과 녹색환경에 대해 알아본다.</td></tr>
<tr><td rowspan="3">자연현상 알아보기</td><td>돌・물・흙 등 자연물에 관심을 갖는다.</td><td colspan="2">돌・물・흙 등 자연물의 특성과 변화를 알아본다.</td></tr>
<tr><td></td><td></td><td>낮과 밤, 계절의 변화와 규칙성을 알아본다.</td></tr>
<tr><td>날씨에 관심을 갖는다.</td><td>날씨와 기후 변화에 관심을 갖는다.</td><td>날씨와 기후 변화 등 자연현상에 대해 관심을 갖는다.</td></tr>
<tr><td rowspan="2">간단한 도구와 기계 활용하기</td><td>생활 속에서 간단한 도구와 기계에 관심을 갖는다.</td><td colspan="2">생활 속에서 간단한 도구와 기계를 활용한다.</td></tr>
<tr><td colspan="2">도구와 기계의 편리함에 관심을 갖는다.</td><td>변화하는 새로운 도구와 기계에 관심을 갖고 장단점을 안다.</td></tr>
</table>

## 내용범주: 탐구하는 태도 기르기

탐구하는 태도 기르기의 내용은 호기심을 바탕으로 주변의 사물과 자연세계에 대한 탐구성향을 기르기 위한 것이다. '호기심을 유지하고 확장하기', '탐구과정 즐기기', '탐구기술 활용하기'가 포함되며 유아가 탐구과정을 즐겁게 경험하고 자신뿐만 아니라 환경에 대한 이해를 넓히고, 지식을 바르게 추구하는 태도를 기르기 위한 내용으로 구성되어 있다.

① 호기심을 유지하고 확장하기

| 3세 | 4세 | 5세 |
|---|---|---|
| 주변 사물과 자연세계에 대해 호기심을 갖는다. | 주변 사물과 자연세계에 대해 지속적으로 호기심을 갖는다. | 주변 사물과 자연세계에 대해 지속적으로 호기심을 갖고 알고자 한다. |

'호기심을 유지하고 확장하기'는 유아가 탐구하는 태도를 기르는 데 가장 기초적인 성향을 갖추도록 하는 내용이다. 유아가 자신과 주변 세계에 대해 호기심을 나타내고 유지하며 더욱 확장해 가는 것은 탐구하는 태도 형성에 매우 중요하다.

유아가 일상생활에서 경험하는 주변의 사물과 자연세계에 대해 신기하고 새롭게 느껴 호기심을 갖게 하는 것은 무엇인가에 흥미를 갖고 탐구하기 시작하는 태도를 형성하는 기초가 된다. 유아는 자신이 경험한 사물이나 현상에 대해 단순한 호기심에서 출발하여 끊임없이 궁금한 것을 찾아내고 해결하기 위해 알고자 하는 태도를 갖게 된다.

호기심에 그치지 않고 지속적으로 호기심을 가지고 사물이나 현상에 대해 끊임없이 궁금한 것을 찾아내도록 격려하는 것이 필요하다. 교사와 부모는 경청과 관찰, 적절한 환경 조성 등으로 유아의 관심이 무엇인지, 궁금한 것이 무엇인지 파악하여 흥미로운 탐색이 일어나도록 도와주어야 한다. 성장하면서 흥미에서 출발하고 궁금한 것을 해결해 가는 과정에서 다양한 방식으로 탐색하고 조사하고 관련된 활동들을 경험하면서 호기심을 유지하고 확장시켜 나갈 수 있다.

② 탐구과정 즐기기

| 3세 | 4세 | 5세 |
|---|---|---|
| 궁금한 점을 알아보는 과정에 흥미를 갖는다. | 궁금한 점을 알아보는 탐구과정에 관심을 가지고 참여한다. | 궁금한 점을 알아보는 탐구과정에 관심을 가지고 참여하고 즐긴다. |
| | | 탐구과정에서 서로 다른 생각에 관심을 갖는다. |

'탐구과정 즐기기'는 유아가 호기심을 느끼거나 궁금한 것을 알아보고 탐색을 통해 발견해 가는 과정을 즐기도록 하는 내용이다. 유아는 관찰하기, 비교하기, 분류하기 등 여러 가지 기초적인 방법을 사용하고 익힘으로써 탐구과정을 어떻게 전개할 수 있는지 알게 된다. 즉, 문제해결과정에 참여하여 전략을 습득해 가는 것이다. 또래나 교사와의 상호작용을 통해 탐구과정에 함께 참여하는 경험은 올바르게 분별하고 인식하고 학습하는 능력과 태도를 기르게 된다.

③ 탐구기술 활용하기

| 3세 | 4세 | 5세 |
|---|---|---|
| | 일상생활의 문제를 해결하는 과정에서 탐색·관찰 등의 방법을 활용해 본다. | 일상생활의 문제를 해결하는 과정에서 탐색·비교·예측 등의 탐구기술을 활용해본다. |

'탐구기술 활용하기'는 자신이 관찰한 사건이나 상황을 인식하고 일상생활 곳곳에서 마주치는 새로운 궁금증이나 문제의 해결을 모색하거나 결과를 예측하고 시도하고 적용해 봄으로써 다양한 탐구기술을 활용해 보는 내용이다. 유아가 관심을 가진 사물이나 상황에 대해 호기심을 느끼거나 의문점을 가질 때 우선 자신이 무엇을 알고 싶은지 자신의 수준에서 명료화하고 여러 방법을 시도해 볼 수 있도록 하는 것이다. 유아로 하여금 흥미로운 것에 관심을 갖고 관찰하거나 사물의 특성에 대해 서로 같은 점이나 다른 점을 비교해 보도록 격려할 수 있다. 모르는 것에 대한 답을 구하기 위해 여기저기 조사해 보는 활동, 어떠한 시도를 했을 때 결과를 예상해 보는 등의 여러 방식으로 탐구하도록 지원해 주어야 한다.

## 내용범주: 과학적 탐구하기

과학적 탐구하기의 내용은 '물체와 물질 알아보기', '생명체와 자연환경 알아보기', '자연현상 알아보기', '간단한 도구와 기계 활용하기' 로 구분되어 있는데 이를 구체적으로 살펴보면 다음과 같다.

### ① 물체와 물질 알아보기

| 3세 | 4세 | 5세 |
|---|---|---|
| 친숙한 물체와 물질의 특성에 관심을 갖는다. | 친숙한 물체와 물질의 특성을 알아본다. | 주변의 여러 가지 물체와 물질의 기본 특성을 알아본다. |
| | 물체와 물질을 여러 가지 방법으로 변화시켜 본다. | |

유아들은 일상생활에서 다양한 특성의 물체를 접하게 되며 이를 만져 보고, 냄새를 맡아 보고, 움직여 보는 등 다양한 탐색과정을 통해 물체의 특성을 이해하게 된다.

유아들은 주변의 친숙한 물체의 특성을 탐색하는 것을 즐긴다. 예를 들어, 여러 가지 서로 붙이는 물건에 관심을 가지고 풀, 찍찍이, 테이프, 스티커, 자석 등으로 '붙는 것'에 대한 다양한 방법을 적용시켜 가며 탐색해 볼 수 있다. 병과 마개를 끼우는 방법, 고리를 연결해서 붙이는 방법, 풀을 사용하여 붙는 방법 등 붙이는 형태가 다양함을 탐색할 수 있으며, '붙는 성질이나 특성'을 중심으로 탐색할 수 있도록 도와 지원해 주어야 한다. 교사는 단순히 '왜 붙는가'의 원인에 대한 지식의 습득만 강조하는 것이 아니라 유아들이 다양한 방법으로 주변의 친숙한 특성을 현상적인 수준에서 탐색하고 다양한 방법을 적용해 볼 수 있도록 도와주어야 한다.

유아들은 물체와 물질의 변화에 즐거움을 느낀다. 특히, 자신이 직접 가한 힘의 작용으로 인해 물체가 움직일 때 큰 흥미를 느끼고 더 적극적으로 활동에 참여한다. 예를 들어, 유아들은 공을 탐색하면 손으로 직접 만져 보기도 하고, 던지기, 굴리기, 바닥에 튕겨 보는 등 다양한 방법으로 변화시켜 보면서 공의 특성을 탐색할 수 있다. 이때 교사는 물체의 특성을 정확하게 이해할 수 있도록 돕기 위해 '무슨 모양인지', '어떻게 움직이는지' 등을 구체적으로 질문하고, '네가 공을 바닥에 튕기니까 공이 어떻게 움직였니?'와 같이 자신의 행위에 따라 물체의 움직임이 어떻게 변화하였는지를 연결하여 이해할 수 있도록 질문한다. 또한, 모양・무게・크기・촉감 등 특성이 다른 공들(럭비공이나 농구공, 야구공, 테니스공)을 함께 제공하여 여러 가지 변인에 따라 달라지는 움직임을 비교하면서 탐색해 볼 수 있도록 확장할 수 있다.

한 가지 물체에 대한 탐색이 충분히 이루어진 후 비교할 수 있는 다른 물체를 제공해 주는 것이 적절하다. 색, 크기와 같이 한 가지 변인을 중심으로 자료를 제공해 주고 나머지 변인은 통제해 줌으로써 물체의 특성을 구체적으로 이해할 수 있도록 도울 수 있다. 또한, 움직임이 없는 물체도 다양한 방법으로 그 특성을 탐색하고 활동을 확장할 수 있다. 주로 수 조작영역에서 제공되는 구슬 끼우기 자료의 경우, 단순히 구슬을 끼우는 방법이 아니라 색, 크기, 모양, 굴러가는 것과 굴러가지 않는 것 등으로 그 특성을 관찰하고 실험한 후 분류하여 끼워 보는 방식으로 확장시킬 수 있다. 이러한 과정을 통해 유아들은 물체의 특성과 변화를 이해하게 된다.

유아들이 일상적으로 경험하는 물체와 물질의 변화에 관심을 가지게 한다. 예를 들어, 초코 우유를 만드는 과정에서 우유색의 변화에 관심을 갖거나 미숫가루를 타면서 가루 물질의 변화과정에 관심을 갖는 등 일상생활 속에서 유아들이 물체와 물질의 변화를 경험할 수 있는 기회는 매우 다양하다.

물질의 변화과정은 일과활동 중 적목놀이, 물・모래놀이, 요리활동, 미술활동 등에서도 흔히 일어난다. 이때 교사는 적절한 질문과 상호작용을 통해 과학적 경험으로 확장시킬 수 있다. 미술활동의 경우 물감 섞기, 비눗방울 판화 찍기, 데칼코마니, 스크래치, 습자지 물들이기 등은 변화의 탐색을 격려해 주는 좋은 예이다. 밥 짓기 활동을 예로 들면 쌀 관찰하기, 쌀을 물에 불린 후 질감・크기・모양의 변화 관찰하기, 마른 쌀과 불린 쌀을 분쇄기에 갈아 보고, 가루로 변한 쌀로

죽 끓이기, 쌀로 밥 짓기, 밥을 말려서 누룽지 만들어 보기 등을 통해 같은 물질의 여러 가지 상태를 관찰하고 비교해 보면서 그 특성을 탐색해 보도록 도울 수 있다. 또한, 밀가루 점토놀이도 일회적인 놀이로 끝나는 것이 아니라 유아들이 직접 밀가루를 물에 섞어 보고, 저어 보고, 물의 양을 조절해 보고, 손으로 직접 주무르며 반죽을 만들고, 반죽으로 여러 가지 모양을 만들어 이것을 다시 햇빛에 말려 보고 색칠하는 과정에서 유아 스스로 다양한 변화과정을 탐색하는 동시에 새로운 방법으로 변화를 만들며 물질의 여러 가지 상태에 관심을 가질 수 있다. 적목놀이영역에서 같은 수의 블록으로 여러 가지 모양을 구성해 보고 다양한 모양으로 변형시켜 보는 활동이 가능하다.

② 생명체와 자연환경 알아보기

| 3세 | 4세 | 5세 |
|---|---|---|
| 나의 출생과 성장에 대해 관심을 갖는다. | | 나와 다른 사람의 출생과 성장에 대해 알아본다. |
| 주변의 동식물에 관심을 가진다. | 관심 있는 동식물의 특성을 알아본다. | 관심 있는 동식물의 특성과 성장과정을 알아본다. |
| 생명체를 소중히 여기는 마음을 갖는다. | | |
| | 생명체가 살기 좋은 환경에 대해 관심을 갖는다. | 생명체가 살기 좋은 환경과 녹색환경에 대해 알아본다. |

유아들은 자신의 신체와 출생과 성장에 대해 많은 호기심을 갖는다. 자신의 몸에 대한 탐색은 처음에는 신체 각 부분에 대한 이름과 위치 및 기능을 알아보는 것으로 자신을 더욱 잘 이해해 나가고 자신에 대해 긍정적으로 인식할 수 있게 된다. 자신이 아기였을 때부터의 모습이 담긴 사진들을 통해 현재의 자신과 비교해 보고, 지금의 나는 앞으로 어떻게 변할지에 대해 생각해 보고, 이야기해 보는 시간을 가져 봄으로써 자신의 출생과 성장에 대해 다루어 볼 수 있다.

유아들은 주변의 여러 가지 동물, 식물과 같은 생명체와 함께 생활하며, 서로 영향을 주고받으며 살고 있다. 유아들은 일상생활 속의 강아지, 고양이, 병아리,

달팽이 등과 같이 쉽게 접할 수 있는 동물들에 관심과 흥미를 갖고, 이미 여러 정보와 지식을 가지고 있는 경우도 많다. 유아가 직접 동물을 길러 봄으로써 관심 있는 동물의 특성에 대해 알게 되고, 동물의 성장과정을 지속적으로 관찰해 볼 수 있다. 유아들은 자신이 기르는 동물이 제대로 성장할 수 있는 최적의 조건(좋아하는 환경, 먹이, 습성 등)을 탐구해 볼 수 있다.

유아들의 발달특성상 빠른 시간 안에 큰 변화를 가시적으로 볼 수 있는 식물, 즉 콩 싹 틔우기, 무순 기르기, 양파 기르기와 같은 활동은 유아들의 관심과 호기심을 지속시키며 빠른 시간 안에 변화를 관찰할 수 있으므로 유아기에 적합한 활동이다. 동화, 도감, 화보의 제공, 인터넷 검색, 동·식물원 견학과 같은 관심 있는 동식물에 대한 특성과 정보를 알아보는 활동은 유아들이 그 동식물과 관련된 궁금했던 지식이나 직접 기르는 동식물의 생태조건에 관련된 다양한 정보를 알아볼 수 있도록 돕는다. 단순히 많은 동물의 이름을 알아보고, 분류하는 정보 수집 활동은 유아들에게 의미 있는 경험이 될 수 없다.

동식물 기르기 활동은 단순히 동식물을 길러 보는 경험만이 아니라 생명을 존중하는 마음과 태도를 형성할 수 있도록 해야 한다. 동식물 기르기는 유아들에게 동식물에 대한 지식을 알게 하는 것보다는 주변의 모든 생명체를 소중히 여기고 돌보는 마음을 갖게 하고 이들을 잘 보살펴야 한다는 생각을 갖도록 하는 것이 중요하다. 동물에게 먹이를 주고, 시들거나 병든 식물을 직접 가꾸어 성장하는 과정을 관찰해 보면서 생명체를 잘 보살펴 주고 보호하는 마음을 가지게 된다. 동물을 기르는 정과 책임감, 식물이 우리에게 제공해 주는 열매, 깨끗한 공기 등에 대한 소중함도 가지게 된다. 이를 바탕으로 생명체는 우리와 함께 더불어 살아가는 것임을 경험할 수 있다. 나무에 함께 살고 있는 새, 곤충과 벌레, 꽃과 열매, 사람에게 제공해 주는 그늘 등 관찰과 경험을 통해 생명체가 서로 더불어 살아가는 것임을 자연스럽게 알 수 있도록 지원해 준다.

이러한 일련의 과정을 통해 생명체가 살아가기 좋은 환경에 대한 유아들의 이해를 심화시킬 수 있다. 유치원 마당에 있는 나무나 잔디의 색깔, 잎사귀의 변화, 새

순의 변화, 나뭇가지의 변화과정을 1년 동안 절기를 중심으로 지속적으로 관찰해 보는 경험을 통해 생명체의 특성과 순환과정을 이해하도록 한다.[10] 꽃샘추위가 아직 기승을 부리는 3월 경칩에는 개나리꽃이 피기 시작한다. 개나리와 같은 노란색의 산수유꽃도 이때 만발한다. 춘분이 되면 목련이 피고 시장에는 여러 봄나물이 나온다. 봄기운이 맑고 밝은 청명이 되면 진달래와 벚꽃이 온 나라를 뒤덮는다. 이 시기에는 벚꽃 관찰하기, 봄 사진 찍기, 화전 만들기, 찰밥 먹기 등의 활동이 가능하다. 곡우가 되면 봄비가 잦고 개구리나 도롱뇽 찾아보기 활동을 할 수 있다. 여름이 일어서는 입하가 되면 산책을 하며 민들레 홀씨를 날리고 토끼풀로 화관과 반지 만들기 활동을 진행할 수 있다. 작은 풀꽃으로 가득한 소만이 되면 아카시아꽃이 핀다. 감꽃 목걸이 만들기나 딸기주스 만들기는 매우 흥미로운 활동이다. 6월 망종이 되면 모내기가 한창이다. 유채꽃밭 산책하기나 모내기 풍경, 단오놀이 등의 활동을 할 수 있다. 절기별 자연의 특성을 알고 이를 교육과정에서 실현하는 것은 자연의 변화 가운데 얻을 수 있는 탐구하는 태도, 탐구기술, 과학적 지식을 추구하는 바람직한 과학교육의 제안이 된다.

③ 자연현상 알아보기

| 3세 | 4세 | 5세 |
|---|---|---|
| 돌·물·흙 등<br>자연물에 관심을 갖는다. | 돌·물·흙 등 자연물의 특성과 변화를 알아본다. | |
| | | 낮과 밤, 계절의 변화와<br>규칙성을 알아본다. |
| 날씨에 관심을 갖는다. | 날씨와 기후 변화에<br>관심을 갖는다. | 날씨와 기후 변화 등<br>자연현상에 대해 관심을 갖는다. |

우리가 살고 있는 세상은 여러 생물체와 돌·물·흙과 같이 여러 자연물로 이루어져 있다. 유아들은 이러한 자연물들을 가지고 놀이와 활동을 하는 가운데 자연세계의 특성과 현상들을 이해해 나간다. 그러므로 일상생활 가운데 자연물의 특성

10) 절기를 중심으로 한 과학활동의 예를 〈부록 2〉에 소개하였다.

과 본질을 알고 상태와 변화를 느끼도록 해야 한다. 예를 들어, 주변에 있는 여러 모양과 크기의 돌을 수집하여 탐색해 보거나 흙이나 모래, 물을 이용하여 구성물을 만들어 보는 활동, 물을 여러 용기에 옮겨 담아 보는 활동 등은 자연물의 모양이나 질감, 특성을 알게 해 주고 변화에 관심을 가지게 해 준다.

자연물에 대한 단편적인 지식의 전달이 아니라 일상에서 쉽게 접하는 자연물의 상태와 현상을 관찰·탐색함으로써 특성을 비교해 보고 분류하거나 이야기 나누는 경험을 통해 자연현상에 대한 이해와 연결되도록 한다. 비가 온 후 물웅덩이나 모래장의 모래 관찰하기, 여러 크기·모양·무게·색깔별로 다른 나뭇잎 모으기, 나뭇잎과 꽃의 변화 관찰하기, 흙을 만져 보거나 밟아 보기, 물 섞어 보기, 돌 부딪혀 보기, 주워 온 낙엽을 확대경으로 관찰하고 밟아 보고 가루로 만들어 보기 등의 연관활동들은 직접 관찰과 탐색활동을 통해 여러 요인에 따라 달라지는 변화와 움직임을 알 수 있게 해 준다.

밤낮과 계절의 변화는 규칙성과 순환성을 가지고 일어나는 자연현상이다. 어두워지고 달이 뜨고 비가 오고 무지개가 생기는 자연현상을 이해하도록 한다는 명분으로 천체 모형으로 태양계 이름을 외우게 하거나 물 끓이기 실험을 하는 것에 초점을 두지 말고 일상적으로 접하는 여러 자연현상의 변화에 지속적인 호기심을 갖도록 지도해야 한다. 지속적인 호기심과 세심한 관찰은 변화의 규칙성을 알게 해 준다. 일상생활 속에서 일어나는 자연스러운 경험들을 여러 자연현상과 변화에 연결 지어 봄으로써 이해를 도울 수 있다. 낮과 밤에 보이는 동네의 풍경 차이, 하늘의 색과 구름 모양의 변화, 해와 달의 변화 등 관찰한 것을 이야기 나누어 보고 차이를 알아보는 경험은 과학적 호기심을 자극해 줄 뿐 아니라 좀 더 높은 수준의 과학적 지식을 탐구하고 정보를 찾도록 동기를 부여해 준다. 교사는 화보나 관련 책자, 도감, 인터넷, 동영상 자료들을 활용하여 구체적이고 정확한 지식과 정보를 찾도록 도와주어야 한다.

④ 간단한 도구와 기계 활용하기

| 3세 | 4세 | 5세 |
|---|---|---|
| 생활 속에서 간단한 도구와 기계에 관심을 갖는다. | 생활 속에서 간단한 도구와 기계를 활용한다. | |
| 도구와 기계의 편리함에 관심을 갖는다. | | 변화하는 새로운 도구와 기계에 관심을 갖고 장단점을 안다. |

자신에게 의미 있고 관심 있는 주변 세계를 현상학적·지각적 수준에서 이해하는 유아기는 과학적 지식을 수동적으로 받아들이기보다 자신의 탐구활동을 통해 지식을 구성하고 과학적 이해를 할 수 있도록 해야 한다. 과학교육을 통해 자연의 본질을 경험할 뿐 아니라 생활 속에서 간단한 도구와 기계를 활용하면서 공학의 발전으로 인한 편리성과 그 역기능에 대해서도 관심을 가지게 해야 한다.

주변에서 흔히 접하는 익숙한 도구와 기계뿐 아니라 다양한 공학기술을 접하고 있으며 더 많은 첨단과학기술의 발전으로 그 혜택을 누리며 살고 있다. 과학기술의 발달로 인간의 삶은 풍요로워졌지만 인위적인 자연환경의 개조, 지나친 사용 등은 역기능을 초래한다. 따라서 유아기부터 자연을 인간의 행복을 위한 통제의 대상이 아닌 존중과 보호하는 태도를 형성하는 것이 매우 중요하다. 유아에게 첨단기술 발달에 따른 도구와 기계의 변화 및 이로 인해 달라지는 생활의 변화에 관심을 갖도록 해 주어야 한다. 또한, 도구와 기계를 올바르게 사용하지 못하면 오히려 해가 될 수 있음을 알고 도구와 기계의 양면성을 인식하도록 지원해 주어야 한다.

다양한 실물자료와 여러 기구, 자연체험의 기회를 풍부하게 제공하여 형식적·비형식적 경험이 모두 제공되어야 한다. 간단한 놀잇감을 여러 가지 방법으로 만들어 사용해 보는 경험은 사람이 기계와 도구에 종속되는 것이 아니라 이끌어 가는 주체라는 생각을 갖게 해 준다. 조상들이 과거에 사용했던 도구와 기계의 편리함과 지혜로움을 경험해 보고 미래의 도구와 기계를 상상하며 만들어 보는 경험도 중요하다. 낫, 쟁기, 맷돌, 벼루 등의 도구들을 알아봄으로써 조상들의 지혜를 배울 수 있다. 옛것과 오늘날의 물건을 단순히 비교하는 데 그치지 말고 생활과의 관련성을 찾아 경험해 보게 하는 것이 중요하다. 또한, '만약 칼이나 자동차가 없다면?'과 같은 질문을 통해 편리함에 대해 생각해 보고 잘못 사용하게 되면 해로울 수 있다는 것도 이야기 나누어 본다. 미래의 우리 생활에 필요한 물건들을 상상해 보고 창안해 보는 경험을 통해 미래 인재 양성의 한 지표인 창의·인성발달을 도모할 수 있다. 기술은 더욱 발전되고 기술의 사용이 삶과 학습에 있어 중요한 가치를 지니므로 유아기부터 기술발달이 가져오는 순기능과 역기능에 대한 이해를 길러 주어 올바른 사용 습관이 형성되도록 도와주어야 한다.

# 제6장 유아과학의 통합적 접근방법 (유아과학–수학의 통합활동)[11)]

## 1. 유아과학과 수학 통합교육의 중요성

현대사회에서는 창의적으로 생각하고, 추론하며, 의사결정을 하고, 문제해결을 하는 능력이 요구되고 있으며, 이러한 능력은 과학과 수학교육에서 길러 주어야 할 주요 목표로 설정되고 있다(NCTM, 2000; NRC, 1996). 이러한 관점에서 볼 때 유아교육에서의 과학과 수학교육의 목표는 개념과 기술 획득보다는 탐구성향과 태도 형성에 중점을 두는 것이 바람직하다.

과학과 수학의 통합교육은 과학활동에 수학적 과정을, 수학활동에 과학적 기술을 통합하는 것을 의미하지만 과학이나 수학의 한 영역에만 포함된 것은 아니다(Berlin & White, 1995). 즉, 과학과 수학의 어느 한쪽 영역에만 편중된 것이 아닌 과학과 수학활동이 연속적으로 일어나는 활동이다.

이러한 과학과 수학 통합교육의 장점은 다음과 같다.

첫째, 유아들은 과학과 수학적 지식을 낱개로 받아들이지 않고 전체적인 맥락 속에서 자연스럽게 통합하여 받아들임으로써 개념을 더 잘 이해할 수 있다.

둘째, 과학과 수학을 다른 주제와 통합함으로써 과학적·수학적 목표뿐 아니라 다른 영역의 목표도 함께 달성할 수 있다.

셋째, 과학과 수학의 통합은 한 분야에서 학습한 지식이 어떻게 다른 분야의 지식과 연결되는가를 이해하도록 한다. 이를 통해 유아들은 여러 가지 상황에 직면할 때 자신이 학습한 기술과 지식을 이용하여 문제를 해결할 수 있게 된다(문연심, 이화영, 2009).

11) 김희정, 김희진, 윤은경(2009). 과학활동을 통한 수학적 탐색. 한국유아교육학회 광주전남지회 2009년 하계 워크숍, 129–164.

최근 유아교육 분야에서는 유아의 질 높은 과학과 수학교육을 위해서 학습과정적 측면에서 상호관련성이 많은 과학과 수학의 통합적 적용이 자주 제기되고 있고, 적용방안에 관한 연구도 다루어지기 시작하였으며(김숙자, 2001; 김숙자, 곽상신, 홍희주, 2002; Foster, 1999; Gallenstein, 2003) 그 중요성이 더욱 강조되고 있다.

## 2. 유아과학과 수학 통합교육에 있어 과학과 수학의 특성

수학은 문제를 효과적으로 해결하기 위해 다양한 수학적 방법을 사용할 뿐 아니라 탐색하고, 추측하고, 논리적으로 추론하는 능력이다(NRC, 1996). 과학은 세계를 이해하기 위해 시도하고 사고하는 방식이며(Lind, 1999), 과학적 소양은 일상의 경험에 대한 호기심으로부터 제기되는 질문에 답을 찾고 결과를 내릴 수 있는 것이라고 할 수 있으며, 자연현상을 기술하고, 설명하고, 추측할 수 있는 능력을 갖추는 것이다. 이와 같이 수학이 양적 관계성을 추구하는 것이라면, 과학은 자연적 세계에 관한 것을 추구하는 점만 다를 뿐 이들 양적 관계성과 자연적 세계를 탐색하고, 기술하며, 설명하고, 추론하여 지식을 구성하는 특성은 유사하다(홍혜경, 2005).

수학은 관찰 가능한 세계나 그의 관계성에 구속되지 않는 패턴이나 관계성을 찾는데 모델링, 논리적, 상징적 체계를 사용하여 예측하고 이를 입증하기 위해 추가적 관찰과 조작을 찾는 연역적 사고방식을 취한다. 과학은 주변 환경의 본질을 탐색하기 위해서 현상의 관찰과 조작을 통해 더 나은 지식을 추구하는 것이며, 자료로부터 나타나는 패턴이나 일반화를 찾아가는 귀납적 사고방식을 취한다. 따라서 수학에서 추론이나 예측을 입증하기 위해서는 귀납적 과정이 필요하며 과학의 패턴이나 일반화에는 연역적 과정이 필요하다(Berlin & White, 1995). 그러므로 지식의 생성 관점에서 볼 때 과학과 수학교육의 통합적 적용은 연역적－귀납적 과정의 순환적 경험을 제공하고, 사고과정의 상호보완적 연계를 통한 지식 형성 능력을 도울 수 있다는 측면에서 의미가 있다(홍혜경, 2005).

과학과 수학 통합교육의 근거에 대한 또 다른 측면은 〈표 6－1〉에서 보는 바와 같이 두 교과의 학습과정이 유사한 과정적 기술을 공유하고 있다는 점이다. 수학은 또 다른 언어로 주변 세계의 지식을 탐색하고 확장하기 위해 사용되는 의사소통 체계이다(Usiskin, 1996). 따라서 수학은 과학학습에서 이해되고 적용되어야 하는 의사소통 매체의 역할을 한다. 특히 분류하기, 비교하기, 순서 짓기, 의사소통하기, 측정하기, 자료 수집하기, 추론하기 등의 과정적 기술은 과학과 수학학습에 공통적으로 요구되는 것이며, 이러한 사고과정은 자연환경이나 사물을 다룰 때 자연스럽게 통합적으로 적용될 수 있으며(Berlin & White, 1995; Koch, 1996; Lind, 1999, Newman, 1972), 오히려 과학으로부터 수학을 분리하는 것은 자연적 사고과정에 역행한다는 지적이다(Basile, 1999).

이러한 관점에서 과학과 수학의 학문적 성격상 공통적으로 과정적 기술을 포함하고 있으며, '수학은 과학의 언어이다'라는 지적처럼(Foster, 1999) 수학학습을 위해서는 구체적인 환경적 맥락이 필요하고, 과학학습을 위해서는 수학적 기술이 요구되기 때문에 과학과 수학의 통합교육을 위한 근거가 된다.

이처럼 과학과 수학의 통합교육은 내용의 통합과 과정의 통합을 의미한다(Czemiak, 1999; Davision, 1999). 내용의 통합은 과학교육내용과 수학교육내용을 통합하는 것이다. 그리고 과정의 통합은 과학적 기술과 수학적 과정의 통합을 의미한다.

**표 6-1** 과학과 수학의 통합교육

| | |
|---|---|
| 내용의 통합 | • 과학교육내용: 물체와 물질, 도구와 기계, 생명체, 자연환경, 자연현상 등<br>• 수학교육내용: 분류, 수, 측정, 시간, 기하, 통계 등 |
| 과정의 통합 | • 과학적 과정: 관찰하기, 정의하기, 토의하기, 가설 세우기, 예측하기, 검증하기, 실험하기, 기록하기 등<br>• 수학적 과정: 분류하기, 비교하기, 측정하기, 수 세기, 그래프 그리기, 자료 해석하기, 패턴화하기 등 |

**《표 6-2》** 과학과 수학교육의 내용과 과정 및 공통된 과정적 기술

| | 수학내용과 과정 (NCTM, 2000) | 공통된 과정적 기술 | 과학내용과 과정 (NRC, 1996) |
|---|---|---|---|
| 내용 | 수와 연산<br>대수<br>기하<br>측정<br>자료 분석과 확률 | 관찰하기<br>비교하기<br>수 세기<br>측정하기<br>분류하기<br>자료 모으기<br>기록하기<br>규칙 찾기<br>결과 나타내기<br>의사소통하기 | 물리과학<br>생명과학<br>지구와 항공과학<br>과학과 기술 |
| 과정 | 문제해결<br>의사소통<br>추론<br>연결<br>표상 | | 〈탐구로서의 과학〉<br>질문하기<br>조사계획 수행하기<br>자료 수집하기<br>결과 설명하기<br>조사와 결과를 의사소통하기 |

**《표 6-3》** 누리과정 '자연탐구 영역'의 과학과 수학내용

| 내용 | 교육과정 하위내용 | 개념 | |
|---|---|---|---|
| 과학적 탐구하기 | 물체와 물질 알아보기 | 공기, 물, 자석, 힘, 소리, 빛과 그림자, 정전기, 열, 도구와 기계 등 | 물리과학 |
| | 간단한 도구와 기계 활용하기 | | |
| | 생명체와 자연환경 알아보기 | 동물, 식물 | 생명과학 |
| | 자연현상 알아보기 | 자연물(돌, 흙 등), 낮과 밤, 계절 | 지구과학 |
| 수학적 탐구하기 | 수와 연산의 기초개념 알아보기 | 수 세기, 순서 짓기, 부분과 전체, 더하기, 빼기 | |
| | 공간 및 도형의 기초개념 알아보기 | 공간, 도형 | |
| | 기초적인 측정하기 | 측정 | |
| | 규칙성 이해하기 | 패턴 | |
| | 기초적인 자료 수집과 결과 나타내기 | 분류, 통계 | |

## 3. 유아과학과 수학 통합교육의 유형

일반적으로 교육과정의 통합적 적용 정도에 따라 낮은 수준에서 높은 수준으로 구분될 수 있으며 Roberts & Kellough(2000)는 교육과정의 통합에 있어 수준별 통합유형을 세분화하여 〈표 6-4〉와 같이 제시하고 있다.

〈표 6-4〉 교육과정의 통합

| 구분 | 통합유형 | 특징 |
|---|---|---|
| 수준 1 | 이야기거리(topic) 중심의 통합 | 전통적 방식 |
| 수준 2 | 주제적 통합 | 주제나 문제중심의 간학문적 단원 접근 |
| 수준 3 | 공통적 주제의 대등적 접근 | 공통주제를 각 교과에서 각각 교수 |
| 수준 4 | 간학문적 팀 티칭 접근 | 각 교과별 지도교사가 협동으로 교수 |
| 수준 5 | 완전 통합 | 학문적 경계 없이 통합교사와 학생이 협동적으로 수행 |

과학과 수학의 통합교육을 고려할 때 유아교육에서는 교과별 지도교사가 분리되어 있지 않고 생활주제를 중심으로 다루므로 수준 2의 주제적 통합을 적용할 수 있다고 보여진다(홍혜경, 2005).

Berlin과 White(1995)는 과학과 수학 통합교육의 유형을 학습방법적 측면, 과정과 사고기술적 측면, 내용 지식적 측면, 태도와 인식적 측면, 지식 획득방법적 측면, 교수전략적 측면으로 구분하여 제시하였다(문연심, 이화영, 2009, 재인용).

첫째, 학습방법적 측면에서의 통합은 과학과 수학에 대한 유아의 사전 경험 정도를 파악하여 이에 맞춰 과학과 수학의 통합활동을 제시하는 것이다. 유아의 수·과학적 사전 경험은 개념을 이해하기 위한 맥락적 기초가 되기 때문이다.

둘째, 과정과 사고기술적 측면에서의 통합에서 과학적 과정과 수학적 과정의 통합적 과정은 조사하기, 탐구하기, 실험 또는 검증하기, 문제해결하기, 예측하기 등이 있다. 그리고 과학적 기술과 수학적 기술의 통합적 과정은 분류하기, 자료 수집 및 조직하기, 의사소통하기, 변인 통제하기, 그래프 활동하기 등이다. 이러한 과학적·수학적 과정과 기술은 통합적으로 운영되는 것이 바람직하다.

셋째, 내용 지식적 측면에서의 통합은 과학과 수학교육내용의 통합을 의미한다. 예를 들면, 균형·보존·평형·측정·패턴 등의 내용은 과학과 수학 두 영역의 내용이 될 수도 있고 통합될 수도 있다.

넷째, 태도와 인식적 측면에서의 통합은 과학적·수학적 사고의 방법·태도·가치 측면을 공유하면서 통합적으로 운영하자는 의미이다.

다섯째, 지식 획득방법적 측면에서의 통합은 유아들이 지식을 획득하는 방법이 통합적으로 적용되어야 함을 의미한다.

여섯째, 교수전략적 측면에서의 통합은 과학과 수학 교수전략의 통합을 의미하는 것으로 유아의 개별적인 탐구, 문제해결, 상호 의사소통의 기회와 다양한 표현의 기회를 제공한다.

## 4. 유아과학과 수학 통합교육에서의 교사 역할

유아과학과 수학 통합교육을 현장에서 적용하고 실제를 개선하는 데 있어 가장 결정적인 역할을 하는 것은 교사요인이다. 그러나 대부분의 유아교사들은 과학과 수학에 두려움을 가지고 있으며, 언어나 사회 관련 지도보다 자신감이 적고, 이들 교과내용체계에 관한 지식과 이해도 부족하다는 지적들이 있다(박은혜, 김소혜, 2003; 홍혜경, 2004b; Copley, 2004; Sarama & Dibiase, 2004). 이러한 요인들은 유아발달에 적합한 과학과 수학 통합교육에 장애가 되고 있다. 과학과 수학 통합교육을 위해서는 우선 각 교과의 내용체계 및 과정적 기술에 대한 지식과 이해를 갖추고 있어야 하며, 이를 적용하기 위한 효과적인 교수전략의 이해와 지도 경험이 필요하다.

Copley와 Padron(1999)은 유아과학과 수학 통합을 실행하는 유아교사의 전문성 기준을 다음과 같이 제시하였다.

**첫째, 과학과 수학에 대한 좋은 성향 개발하기:** 유아교사들은 과학과 수학에 대한 두려움을 갖기 때문에 과학과 수학학습에 의한 성공적 교육 경험을 통해 과학과 수학에 대한 자신감을 갖도록 한다.

**둘째, 과학과 수학에서의 좋은 교수 경험하기:** 탐구과정에서 생기게 되는 열정, 소집단과의 문제해결과정에서의 의사소통, 다른 추론전략이 토의될 때 공유된 지식 등이 경험될 수 있어야 한다.

**셋째, 유아에게 특별한 흥미의 수학, 과학내용과 유아에 대한 학습에 초점 맞추기:** 유아의 질문에 귀 기울이고, 유아의 이해와 능력을 평가하며 그들의 자연적 탐구성을 이해하고, 그들의 학습을 관리 모니터링하며, 유아의 학습에 참여하도록 교수를 설계하는 것이 포함되어야 한다.

**넷째, 통합적 교육과정을 수행할 능력을 시범교수하기:** 효과적으로 통합되어지는 적합한 교육과정에 대한 실습과 함께 지적인 성실함과 충분한 시간이 필요하다.

**다섯째, 가정과의 파트너십을 형성할 적절한 전략 활성화하기:** 가정과 유치원과의 파트너십은 유아과학과 수학의 통합교육에 따른 장애를 극복하는 데 필수적이다(홍혜경, 2005, 재인용).

# 활동 1 구슬자동차 굴리기

## 생활주제

- 교통기관

## 활동목표

- 물체의 무게에 따라 움직임이 다름을 안다(과학).
- 무게를 측정하여 비교한다(수학).

## 과정의 통합

- 예측하기, 관찰하기, 측정하기, 자료 모으기 및 기록하기, 비교하기, 결과 나타내기, 의사소통하기

## 활동자료

- 떠먹는 요구르트통 3개, 구슬(쇠, 유리, 고무), 양팔저울, 눈금저울, 떠먹는 요구르트통을 꾸밀 시트지나 색종이, 쓰기 도구 등

## 활동방법

① 사전에 떠먹는 요구르트통을 이용하여 자신이 좋아하는 자동차를 꾸민다.

② 유아들이 꾸민 자동차를 보며 이야기 나눈다.

- ○○는 어떤 자동차를 만들었니?
- 우리가 만든 자동차가 굴러가려면 무엇이 필요할까?
- 바퀴는 어떤 모양이니? 만약에 네모(세모)라면 굴러갈 수 있을까?

③ 교사가 준비한 다양한 구슬을 보며 이야기 나눈다.

- 이것은 무엇일까?
- 이 구슬은 무엇으로 만들었을까?
- 이것을 우리가 만든 자동차 안에 넣고 굴리면 어떻게 될까?
- 어떤 구슬이 가장 빨리 굴러갈까?

④ 유아들이 예측한 내용을 활동지에 함께 기록한다.

⑤ 구슬자동차 굴리기를 해 본다.

- 자기 자동차에 구슬을 넣어 굴려 보자.
- 어떤 구슬이 가장 잘 굴러가니?
- 친구들과 함께 굴려 보자.

⑥ 구슬자동차 굴리기를 하고 난 후 이야기 나눈다.

- 어떤 구슬이 가장 빨리 굴러갔는지 순서대로 말해 보겠니?
- 왜 쇠구슬이 가장 빨리 굴러갔을까?
- 어떤 구슬이 가장 무거운지(가장 가벼운지) 어떻게 알 수 있을까?
- 양손(임의 단위)을 이용해 재어 본다.
- 양팔저울을 이용해 무게를 재어 본다.
- 눈금저울을 이용해 무게를 재어 본다.

⑦ 유아들이 예측한 내용과 결과를 가지고 이야기 나눈다.

⑧ 구슬자동차 굴리기 게임을 해 본다.

♥ 어떤 구슬이 가장 빨리 굴러갈까요? ♥

6월 15일

| | | | |
|---|---|---|---|
| 8 | 김회승 | | |
| 7 | 신예슬 | 박가영 | |
| 6 | 박서혜 | 김동현 | |
| 5 | 허승효 | 이진아 | |
| 4 | 조예린 | 오하늘 | |
| 3 | 유수민 | 강소연 | 허예서 |
| 2 | 이은결 | 이성[illegible] | 홍연호 |
| 1 | 송진서 | 서주연 | 박지호 |
| | 쇠구슬 | 유리구슬 | 고무구슬 |

♠ 어떤 구슬이 가장 무거울까요? ♠

6월 15일 이름 : 예슬

| | | | |
|---|---|---|---|
| 무거운 순서 (양팔저울) | 1 | 2 | 3 |
| 1개씩 재었을 때 나타난 수 (눈금저울) | 30g | 10g | X |
| 5개씩 재었을 때 나타난 수 (눈금저울) | 140g | 30g | 5g |
| | 쇠구슬 | 유리구슬 | 고무구슬 |

※ 구슬은 무게 차이가 있으므로 유아가 양손이나 양팔저울로 재어 보는 것이 적합하다. 그러나 표준화된 측정도구(눈금저울)를 사용하기에는 구슬이 작아 적합하지 않다.

# 활동 2 높으면 더 멀리 굴러가요

## 생활주제

- 교통기관

## 활동목표

- 경사면의 기울기와 거리의 관계를 이해한다(과학).
- 거리의 길이를 측정하고 서열화한다(수학).

## 과정의 통합

- 예측하기, 관찰하기, 측정하기, 자료 모으기 및 기록하기, 비교하기, 수 세기, 결과 나타내기, 의사소통하기

## 활동자료

- 자동차, 나무블록 여러 개, 긴 널빤지, 색테이프, 활동지, 연필

## 활동방법

① 자전거를 타 본 경험에 대해 이야기 나눈다.

② 운동장에서 탔을 때와 내리막길에서 탔을 때의 속도 차이를 회상을 통해 유도한다.

- 운동장에서 자전거를 탔을 때 자전거가 어떻게 갔니?
- 내리막길에서 자전거를 탔을 때 자전거가 어떻게 갔니?

③ 각각 나무블록 1개, 2개, 3개를 쌓은 다음 이야기 나눈다.

- 가장 높은(낮은) 나무블록은 어떤 곳이니?
- 어느 쪽 나무블록 위에서 굴린 자동차가 가장 멀리 갈까?
- 자동차가 얼마큼 갔는지 알려면 어떻게 해야 할까?

④ 경사가 없는 교실 바닥에서 자동차를 굴려 본다.

- 출발 지점부터 자동차가 멈춘 지점까지 자른 후 색테이프를 붙인다.

⑤ 긴 널빤지를 올려 경사면을 만든 후 자동차를 굴려 본다.

- 나무블록 1개(2개, 3개)로 만든 경사면에서 자동차를 굴려 보자.
- 경사면이 끝나는 지점부터 자동차의 뒷바퀴까지 색테이프를 붙인다.

⑥ 바닥에 붙여진 색테이프를 각각 비교한다.

- 줄이 가장 긴 것(짧은 것)은 어느 쪽이니?
- 어떤 경사로에서 자동차가 가장 멀리 굴러갔니?

⑦ 각각의 색테이프를 임의의 단위로 측정하여 활동지에 기록한다.

⑧ 기록한 결과를 함께 공유한다.

### 확장활동

- 표준 단위에 관심이 있는 유아는 자를 이용해 재어 본다. 교사는 사용하는 자의 단위를 설명해 주고, 자 눈금의 숫자를 읽는 방법을 알려준다.
- 같은 높이의 경사면에 무게가 다른 구슬(쇠구슬, 유리구슬, 고무구슬, 스티로폼구슬)을 이용하여 거리를 측정하고 비교해 본다.
- 서로 다른 재료를 이용해 만든 경사면(나무판, 사포, 스펀지)에서 자동차를 굴려 본 후 거리를 측정해 본다.

■ 높이와 거리를 비교해 보았어요 ■

6 월 10 일 이름 : 허예서

| 높이 | 길이(손으로 잰 수) |
|---|---|
| 교실 바닥 | 6 |
| 나무 블록 1개 | 10 |
| 나무 블록 2개 | 13 |
| 나무 블록 3개 | 26 |
| 결과 | 높을수록자동차가멀리나갔다 |

※ 자동차를 굴릴 때 가해지는 힘이나 자동차의 종류가 같도록 하는 변인 통제가 필요하다.

# 활동 3 낙하산을 날려 보자

## 생활주제

- 교통기관

## 활동목표

- 무게에 따라 떨어지는 속도가 다름을 안다(과학).
- 무게에 따라 떨어지는 시간을 측정하고 비교한다(수학).

## 과정의 통합

- 예측하기, 관찰하기, 측정하기, 자료 모으기 및 기록하기, 비교하기, 수 세기, 결과 나타내기, 의사소통하기

## 활동자료

- 30×30㎝ 크기의 비닐, 유아들이 교실에서 찾아온 물건들, 색종이 비닐, 색실, 유리테이프, 양팔저울, 눈금저울, 활동지, 연필, 초시계

## 활동방법

① 물건을 떨어뜨려 본 경험에 대해 이야기 나눈다.

- 물건을 떨어뜨려 본 적 있니?

- 어떻게 떨어졌니?

② 종이와 색연필을 보여 주며 이야기 나눈다.

- 이것들을 동시에 떨어뜨리면 어떻게 될까?
- 종이와 색연필을 동시에 떨어뜨려 본다.
- 어떤 것이 더 빨리 떨어졌니?
- 왜 색연필이 더 빨리 떨어졌을까?
- 물건을 천천히 떨어지게 하는 방법에는 무엇이 있을까?

③ 낙하산을 보여 주며 이야기 나눈다.

- 이것은 무엇일까?
- 낙하산은 왜 필요할까?
- 가장 천천히 떨어지는 낙하산을 만들려면 어떻게 하면 될까?

④ 유아들이 재어 보고 싶어 하는 물건을 가져와서 무게를 측정한다.

- 양손(임의 단위)을 이용해 재어 본다.
- 양팔저울을 이용해 무게를 재어 본다.
- 눈금저울을 이용해 무게를 재어 본다.
- 여기에서 가장 무거운(가벼운) 물건은 어떤 것이니?
- 가벼운 순서대로 놓아 보자.
- ○○는 ○○보다 더 무겁구나(가볍구나).

⑤ 유아들이 재어 보고 싶어 하는 교실의 물건으로 낙하산을 만든다.

- 비닐의 4면에 색실로 유리테이프를 붙인다.
- 4개의 줄을 모아 클립에 끼운다.
- 유아들의 물건을 각각 색종이 비닐에 싼 후 유리테이프로 붙이고 클립에 끼워진 줄에 고정시킨다.

⑥ 무게에 따라 낙하산이 떨어지는 속도에 대해 예측하기를 한다.

- 너희들이 찾아온 물건을 낙하산에 달아서 떨어뜨리면 가장 먼저(늦게) 떨어지는 것은 어떤 낙하산일 것 같니?

- 왜 그렇게 생각하니?
- 가장 천천히 떨어지는 낙하산이 어떤 것인지 알아보려면 어떻게 하면 될까?

⑦ 의자 위에 올라가 유아들이 만든 낙하산을 차례대로 날린 후 각각 초시계를 잰다.

⑧ 낙하산이 떨어진 시간을 기록한 후 비교한다.

⑨ 유아들이 예측했던 내용과 결과내용을 비교한다.

### 확장활동

- 한 가지 무게의 낙하산을 다양한 높이에서 날린 후 속도를 비교해 본다.
- 여러 가지 재료(손수건, 종이)로 만든 낙하산을 날린 후 속도를 비교해 본다.
- 다양한 양의 점토와 색종이 비닐을 이용하여 만든 낙하산을 날린 후 속도를 비교해 본다.

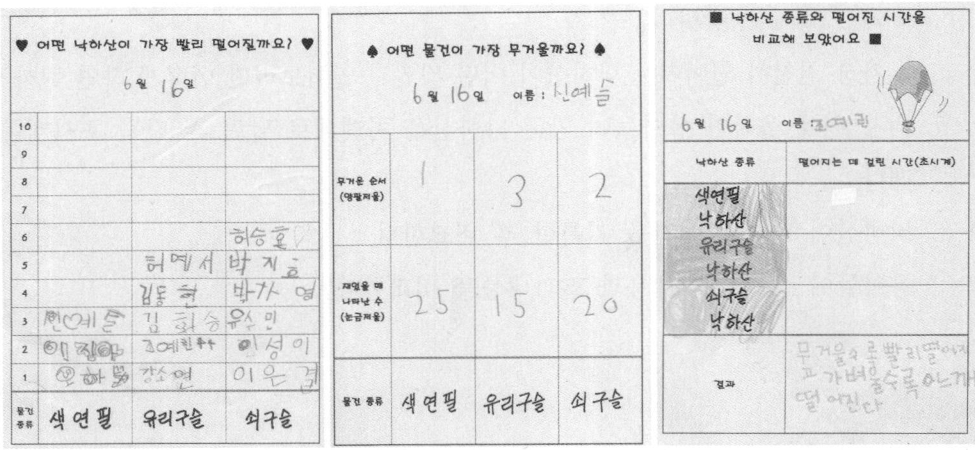


※ 낙하산의 무게 중심으로 사용할 물건의 변인 통제가 필요하다. 유아들의 의견을 존중해 색연필, 구슬 등을 사용했으나 구슬의 재질에 따라 또는 같은 재질의 구슬의 크기에 따라 비교하는 것이 더욱 효과적이다.

# 활동 4 친구의 그림자를 재어 보아요

## 생활주제

- 유치원과 친구, 환경과 생활

## 활동목표

- 빛이 있으면 그림자가 생김을 안다(과학 ).
- 해의 움직임에 따라 그림자의 방향과 길이가 다름을 안다(과학).
- 해의 움직임에 따른 그림자의 길이를 측정하고 비교한다(수학).

## 과정의 통합

- 예측하기, 관찰하기, 측정하기, 자료 모으기 및 기록하기, 비교하기, 수 세기, 결과 나타내기, 의사소통하기

## 활동자료

- 전지 3장(유아 크기만 한 종이), 연필이나 수성펜, 디지털카메라

## 활동방법

① 바깥으로 나가 햇빛을 받아 생긴 자신과 친구들의 그림자를 탐색한다.

② 몸으로 그림자 만들기 놀이를 한 후 그림자에 대해 이야기 나눈다.

- 그림자는 어디에 생기니?
- 그림자의 길이가 항상 똑같니?
- 언제 더 길게 보였니? 왜 그랬을까?
- 흐린 날이나 캄캄한 밤에도 그림자가 생기니? 왜 생기지 않을까?

③ 그림자 길이를 알아보는 방법에 대해 이야기 나눈다.

- 그림자의 길이를 알아보려면 어떻게 하면 될까?
- 시간에 따라 그림자 길이가 같은지, 다른지 알아보는 방법이 있을까?
- 언제 재는 그림자의 길이가 가장 길까(짧을까)?
- 아침, 낮, 오후에 그림자를 재어 보도록 하자. 그런데 잴 때마다 다른 친구를 잰다면 어떻게 될까? 잴 때마다 다른 장소에서 잰다면 어떻게 될까?

④ 한 모둠은 디지털카메라로 그림자 찍기 활동을 한다.

- 그림자를 만들 친구와 서 있을 자리를 정한다.
- 디지털카메라로 친구와 그림자를 찍는다.

⑤ 다른 모둠은 친구 그림자 그리기 활동을 한다.

- 그림자를 만들 친구와 서 있을 자리를 정한다.
- 협동하여 전지에 친구의 그림자를 그린다.

⑥ 같은 방법으로 점심시간과 오후에 바깥으로 나와 모둠별로 그림자 찍기와 그리기 활동을 한다.

⑦ 디지털카메라로 찍기 활동을 한 모둠은 사진을 보여 주며 관찰결과를 설명한다.

⑧ 전지에 그림자 그리기 활동을 한 모둠은 가위로 그림자를 자른 후 그림자 길이를 보여 주며 관찰결과를 설명한다.

⑨ 유아들이 예측했던 내용과 결과내용을 비교한다.

## 확장활동

- 손전등, 인형극 틀, 손인형, 도화지를 이용하여 그림자 만들기를 해 본다.
  - 종이에 손전등을 비추어 보고, 몸을 이용해서 그림자를 만든다.
  - 손전등과 손인형, 몸을 움직여 거리를 조절하면서 그림자 크기를 재어 본다.
- 손전등, 다양한 물건(인형, 블록, 악기 등)을 이용하여 벽에 그림자 그림 그리기를 해 본다.
  - 손전등으로 빛을 만들어 본다.
  - 큰 손전등과 벽 사이에 물체를 두어 그림자를 만든다.
  - 그림자를 이용해 종이에 그림을 그린다.
- 해시계 활동을 해 본다.
  - 상자를 이용해서 해시계를 만들고 나무막대를 끼운다.
  - 해시계를 바닥에 놓고 그림자를 찾아본다.
  - 아침과 낮에 해시계를 관찰하고 비교해 본다.

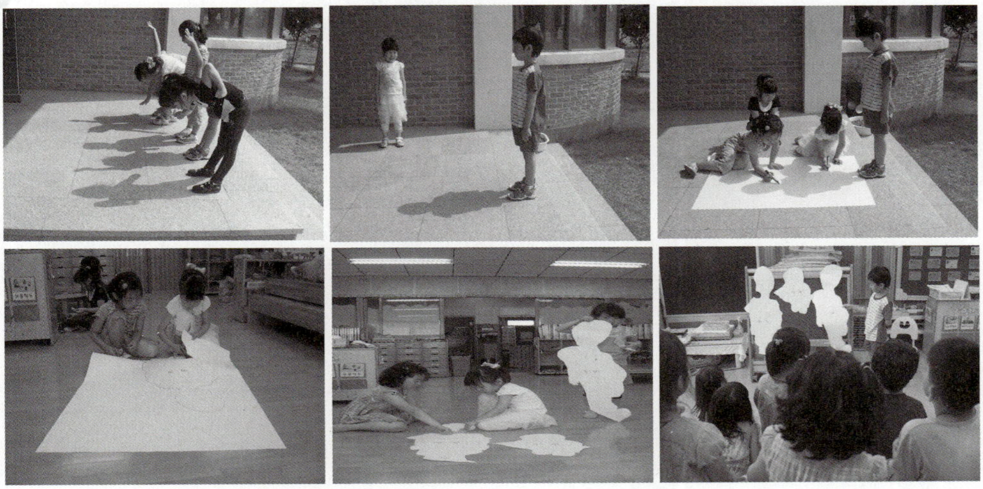

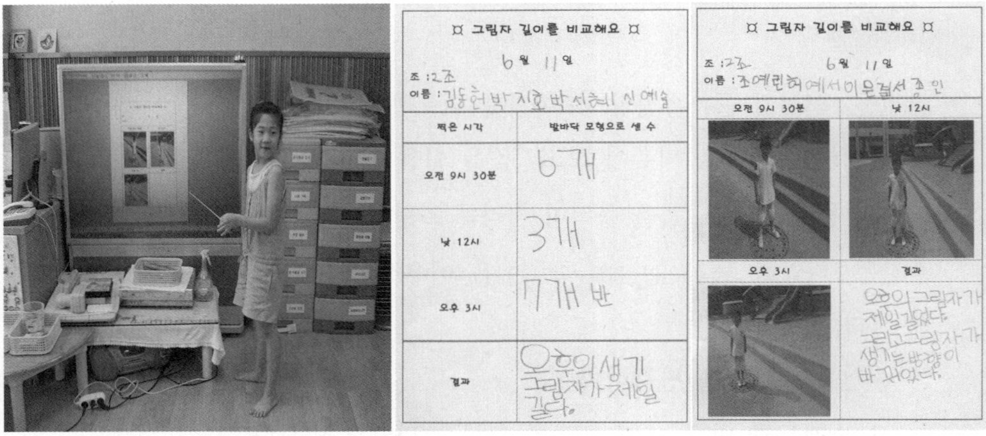


※ 그림자 모양을 오려 길이 비교를 위해 붙일 때는 유아가 아래보다는 위에 더 집중하게 되므로 벽 쪽 바닥에 붙여 크기를 비교하는 것이 더욱 효과적이며, 유아들에게 디지털카메라 사용법을 알려 주면 과학 영역에서 다양하게 활용할 수 있다.

# 활동 5 어떤 색이 더울까?

## 생활주제

- 봄, 여름, 가을, 겨울

## 활동목표

- 색에 따라 빛의 흡수 정도가 다름을 안다(과학).
- 빛에 따라 물의 온도가 변화함을 이해한다(과학).

## 과정의 통합

- 예측하기, 관찰하기, 측정하기, 자료 모으기 및 기록하기, 비교하기, 결과 나타내기, 의사소통하기

## 활동자료

- 부직포(빨간색, 검은색, 흰색), 온도계 3개, 빈 깡통 3개, 관찰지

## 활동방법

① 여름의 시원한 옷 색에 대해 이야기 나눈다.
- 지금 입고 있는 옷은 무슨 색이니?
- 여름에는 어떤 색의 옷이 더 시원할까(더울까)?

② 여러 색의 부직포를 보여 주며 예측하기를 한다.

- 어떤 부직포의 색이 가장 시원하게(덥게) 보이니?

③ 준비한 자료를 보여 주며 이야기 나눈다.

- (부직포로 싼 깡통을 보여 주며) 이것은 뭘까?
- (온도계를 보여 주며) 이것을 본 적 있니?
- 이 온도계는 언제 사용하는 것일까(이 온도계로 무엇을 알 수 있을까)?
- 여기에 있는 것들로 무엇을 할 수 있을까?

④ '어떤 색이 더 더울까?'에 대한 활동을 한다.

- 부직포(빨간색, 흰색, 검은색)로 싼 깡통에 똑같은 양의 물을 넣는다.
- 손으로 깡통의 물을 만져서 온도를 느껴 본다.
- 3개의 온도계 눈금을 확인한 후 깡통에 각각 온도계를 꽂는다.
- 햇빛이 잘 드는 곳에 놓아 둔다.
- 모둠별로 20분마다(4회) 깡통에 있는 물을 만져 본 후 온도계의 눈금을 관찰한다.
- 관찰지에 그려져 있는 온도계에 그래프로 표시한다.
- 색에 따른 온도의 차이를 비교한다.

⑤ 햇빛을 받았을 때 색에 따른 물의 온도 변화에 대해 이야기 나눈다.

- 가장 온도가 높은 색(낮은 색)은 어떤 색이니?
- 유아들이 예측한 그래프와 비교해 본다.

⑥ 여름에는 어떤 색의 옷이 더 시원한지 이야기 나눈다.

- 어떤 색의 옷이 여름에 더 시원할까?
- 겨울에는 어떤 색의 옷을 입는 것이 더 따뜻할까?

## 확장활동

- 표준 단위에 관심 있는 유아는 온도계의 눈금을 관찰한 후 수로 표시해 본다.
- 돋보기를 이용해 색종이 태우기를 하거나 색종이에 도형 만들기를 해 본다.
- 물의 온도 비교하기나 얼음 녹이기(냉장고, 그늘, 햇빛 등)

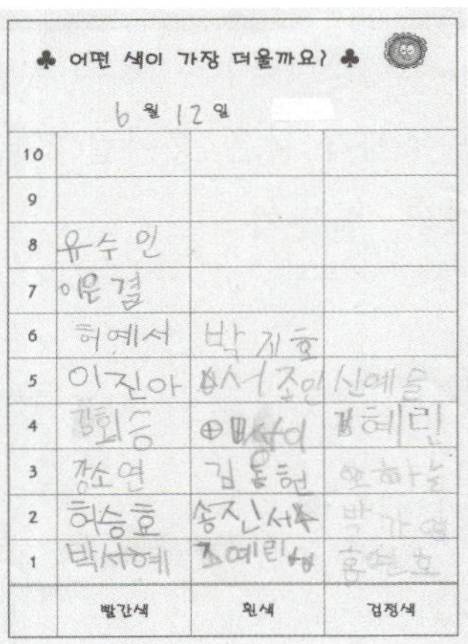

♣ 어떤 색이 가장 더울까요? ♣

6월 12일

| | | | |
|---|---|---|---|
| 10 | | | |
| 9 | | | |
| 8 | 유수민 | | |
| 7 | 이윤결 | | |
| 6 | 허예서 | 박지호 | |
| 5 | 이진아 | 서조인 | 신예슬 |
| 4 | 김희승 | [illegible] | 김혜린 |
| 3 | 강소연 | 김홍현 | 오하늘 |
| 2 | 허승효 | 송진서 | 박가영 |
| 1 | 박서혜 | 조예린 | 홍연호 |
| | 빨간색 | 흰색 | 검정색 |

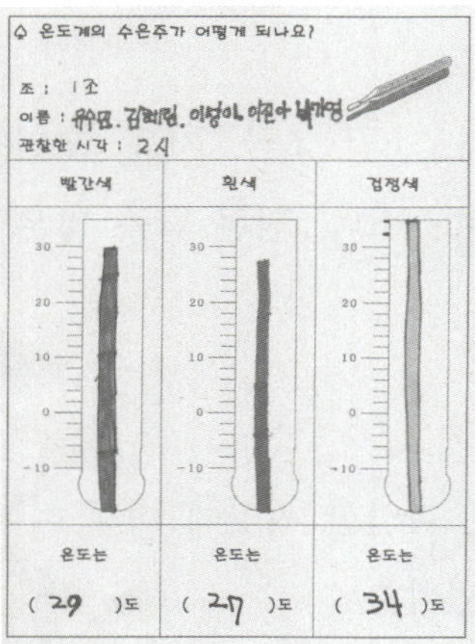

♤ 온도계의 수은주가 어떻게 되나요?

조 : 1조

이름 : 유수민, 김혜린, 이섬이, 이진아, 박가영

관찰한 시각 : 2시

| 빨간색 | 흰색 | 검정색 |
|---|---|---|
| 온도는 (29)도 | 온도는 (27)도 | 온도는 (34)도 |

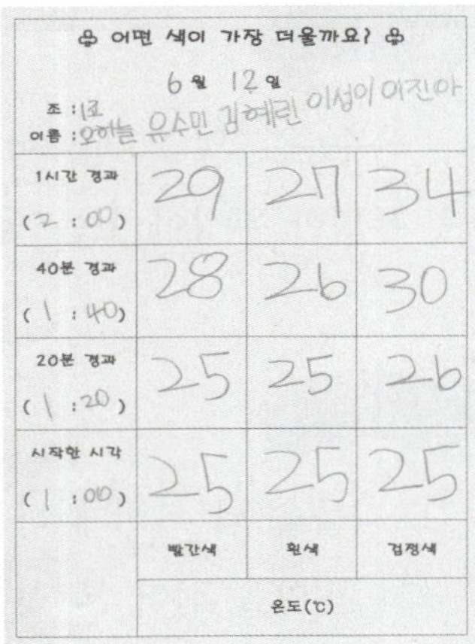

♧ 어떤 색이 가장 더울까요? ♧

6월 12일

조 : 1조

이름 : 오하늘 유수민 김혜린 이섬이 이진아

| | | | |
|---|---|---|---|
| 1시간 경과 (2 : 00) | 29 | 27 | 34 |
| 40분 경과 (1 : 40) | 28 | 26 | 30 |
| 20분 경과 (1 : 20) | 25 | 25 | 26 |
| 시작한 시각 (1 : 00) | 25 | 25 | 25 |
| | 빨간색 | 흰색 | 검정색 |
| | 온도(℃) | | |

# 활동 6 옥수수가 어떻게 변했을까?

## 생활주제

- 봄, 여름, 가을, 겨울

## 활동목표

- 열에 의해 씨앗이 변화함을 이해한다(과학).
- 열을 가하기 전과 후의 양과 무게를 측정하고 비교한다(수학).

## 과정의 통합

- 예측하기, 관찰하기, 측정하기, 자료 모으기 및 기록하기, 비교하기, 수 세기, 결과 나타내기, 의사소통하기

## 활동자료

- 옥수수 씨앗 250g, 버터, 소금 조금, 저울, 크기와 무게가 같은 종이컵 2개, 투명한 뚜껑이 있는 냄비, 버너, 팝콘 담을 넓은 그릇, 활동지

## 활동방법

① 식물을 싹 트이게 하는 다양한 씨앗에 대해 이야기 나눈다.

- 씨앗을 심어 본 적 있니?

- 어떤 씨앗을 심어 보았니?
- 씨앗을 심었더니 어떻게 되었니?

② 옥수수 씨앗에 대해 이야기 나눈다.

- 이것은 어떤 씨앗일까?
- 이 씨앗을 심으면 어떤 식물이 자랄까?
- 하나의 옥수수에는 옥수수 씨앗이 얼마나 있을까?
- 옥수수를 먹어 본 적 있니?
- 옥수수를 어떻게 요리해서 먹었니?
- 옥수수를 요리할 수 있는 방법에는 어떤 것이 있을까?

③ 팝콘 만들기 재료를 보며 이야기 나눈다.

- 옥수수 씨앗으로 무엇을 만들어 보면 좋겠니?
- 옥수수 씨앗 몇 개로 팝콘을 만들어 볼까?
- 10개의 옥수수 씨앗은 팝콘이 되면 몇 개가 될까?
- 옥수수 씨앗 1컵을 팝콘으로 만든다면 몇 개의 컵이 될 것 같니?
- 옥수수 1컵의 무게와 팝콘 1컵의 무게는 같을까? 얼마나 다를까?

④ 옥수수 1컵으로 팝콘 만들기를 한다.

- 옥수수에서 어떤 소리가 들리니?
- 팝콘이 되는 소리를 흉내 내어 보자.
- 팝콘이 완성되면 넓은 바구니에 담는다.

⑤ 옥수수 씨앗과 완성된 팝콘으로 측정하기를 한다.

- 옥수수 씨앗과 팝콘의 양을 알아보려면 어떻게 하면 될까?
- 종이컵을 이용하여 옥수수 씨앗과 팝콘의 양을 재어 본다.
- 옥수수 1컵을 팝콘으로 만들었을 때 몇 개의 컵이 되었니?
- 옥수수 씨앗과 팝콘의 무게를 알아보려면 어떻게 하면 될까?
- 양손을 이용해 옥수수 1컵과 팝콘 1컵의 무게를 재어 보자.
- 양손으로 들어보니 무게가 어떻게 느껴지니?

- 저울을 이용해 옥수수 1컵과 팝콘 1컵의 무게를 재어 보자.

⑥ 유아들이 예측한 내용과 결과를 가지고 이야기 나눈다.

⑦ 옥수수와 팝콘의 생김새와 색깔, 모양 등을 비교해 본다.

- 옥수수와 팝콘의 같은 점(다른 점)을 찾아보자.
- 옥수수와 팝콘의 모양(크기)은 어떠니?
- 옥수수와 팝콘의 색깔은 어떠니?
- 그 밖에 너희가 발견한 것은 무엇이니?

※ 팝콘 요리의 연계활동으로 신체표현, 음률, 미술활동이 주로 이루어지나 수학과 통합하는 활동은 자주 이루어지지 않는다. 1컵의 옥수수가 몇 컵의 팝콘이 될지 예상하여 직접 측정해 볼 수 있다.

# 활동 7 패턴 옷 만들기

## 생활주제

- 봄, 여름, 가을, 겨울

## 활동목표

- 여러 가지 채소를 탐색하고 비교한다(과학).
- 채소의 겉과 속을 관찰하고 반복되는 규칙을 찾아본다(수학).

## 과정의 통합

- 예측하기, 관찰하기, 측정하기, 자료 모으기 및 기록하기, 비교하기, 결과 나타내기, 의사소통하기, 규칙 찾기

## 활동자료

- 연근, 양파, 피망, 고추, 통마늘, 고구마, 오이, 당근, 전지, 도화지, 헌 옷(흰색 와이셔츠나 흰색 티셔츠), 아크릴물감, 붓, 활동지, 쓰기 도구

## 활동방법

① 채소에 대해 이야기 나눈다.

- 채소에는 어떤 것들이 있을까?

- (준비된 채소를 보여 주며) 이 채소의 이름은 뭘까?
- 이 채소 중에서 어떤 것을 좋아하니?
- 이 채소 중에서 처음 본 것이 있니?
- 여기 있는 채소 중에서 땅속에 있었던 부분을 먹는 채소는 어떤 것일까?
- 줄기에서 열리는 채소는 어떤 것일까?
- 물에 있었던 채소는 어떤 것일까?

② 채소를 관찰하고 예측해 본다.

- 이 채소는 무슨 색(모양)이니?
- 채소의 속은 어떻게 생겼을까?
- 채소는 겉과 속의 색(모양)이 같을까?
- 채소의 속에는 무엇이 들어 있을까?
- 채소 속에 씨가 들어있는 것은 어떤 것일까?
- (예측하기 활동지를 보여 주며) 채소를 잘랐을 때 어떤 모양일지 생각해서 그려 볼 수 있을까?

③ 채소의 단면을 보며 이야기 나눈다.

- (단면으로 자른 채소를 보여 주며) 어떤 모양이니? 너희가 그린 그림과 같니(다르니)?
- 자른 채소들의 모양이 어떻게 다르니?
- 구멍이 뚫려(선, 모양, 씨, 꽉 채워져) 있는 것은 어떤 것이니?
- 같은 모양이나 선이 반복된 채소는 어떤 것이니?

④ 채소를 이용하여 규칙(패턴)을 만들어 본다.

- (연근, 피망, 연근, 피망을 놓으며) 어떻게 놓았는지 말해 볼까? 다음에는 어떤 채소를 놓아야 할까?
- 이것처럼 규칙이 있게 채소를 놓아 볼 수 있을까?(반복해 봄으로써 규칙을 이해하도록 한다.)

⑤ 채소를 이용해 패턴 만들기 활동을 해 본다.

- 채소를 찍어 보자. 어떤 모양이니?

- 자기가 만들고 싶은 규칙을 만들어서 도화지에 찍어 보자.
- 자기가 만든 규칙에 대해 이야기해 볼 수 있니?
- 친구들이 만든 규칙을 찾아볼 수 있니? 서로 규칙을 비교해 볼까?

⑥ 흰색 와이셔츠나 티셔츠를 이용해 패턴 옷을 만들어 본다.

- 어떤 패턴 옷을 만들어 보고 싶니?
- 자신이 생각한 규칙대로 옷에 찍어 볼까?(색과 채소를 고려하도록 안내한다.)

⑦ 완성된 패턴 옷을 소개한다.

- 어떤 규칙으로 만들었는지 이야기해 볼 수 있니?
- 나와 친구가 만든 것이 어떻게 다른지 이야기해 볼 수 있니?

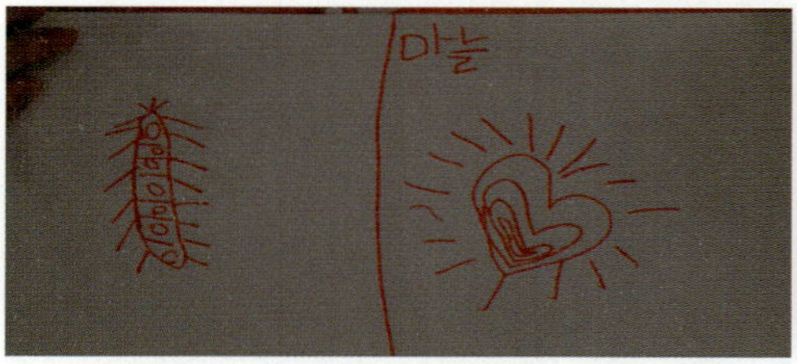

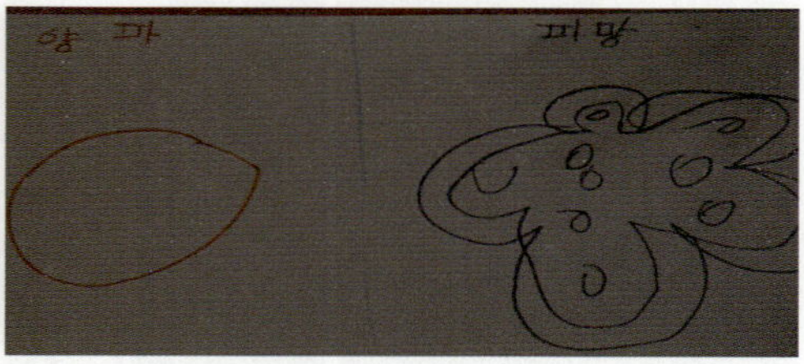

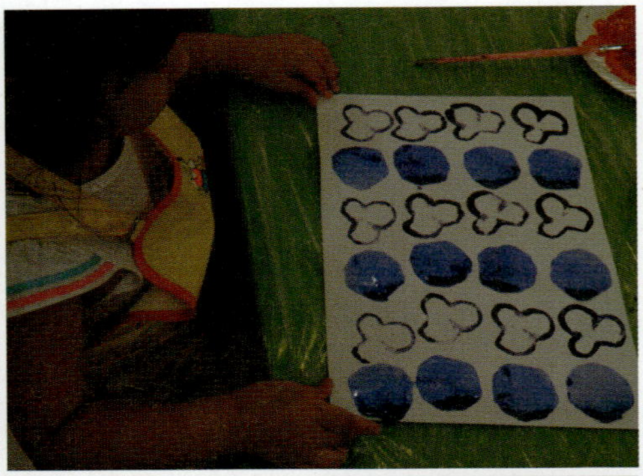

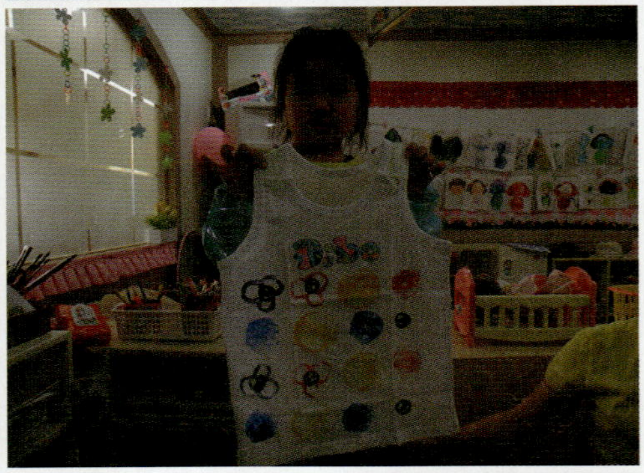

# 제 2 부

## 활 동 편

# 나의 몸

생활주제 나와 가족

# 우리 몸의 구멍

## 활동목표

- 사람이 가지고 있는 다양한 구멍에 대해 안다.
- 음식이 소화되는 과정에 대해 안다.

## 활동자료

- 동화책, 소화과정 그림판, 여러 색의 자석, 여러 가지 음식그림

## 활동방법

① '나는 누구일까요?' 퀴즈로 동기유발을 한다.
  - 나는 동글해요.
  - 나는 작은 것도 있고 큰 것도 있어요.
  - 내 몸 안에 있어요. 나는 누구일까요?

② 구멍이 어떤 것인지 알아본다.
  - 동그라미 원을 그린다. (왼쪽 → 오른쪽) 그리고 중앙에 구멍이라고 적고 선을 그린다.
  - 구멍하면 생각나는 것을 적는다.

③ 동화책 『우리 몸의 구멍』을 읽어 주고 이야기 나눈다.
  - 우리 몸에는 어떤 구멍들이 있었니?
  - 구멍은 어떤 일을 했니?

④ 우리 몸에 구멍이 없다면 어떻게 되는지에 대해 이야기 나눈다.

- 만약에 눈(코・입・귀)이 없다면 어떻게 될까?

⑤ 구멍의 중요성과 소중함에 대해 말해 준다.

## 연관활동

- 소화과정 알아보기: 자석으로 음식이 소화되는 순서를 말하며 따라가 본다. 음식이 소화될 때 지나가는 구멍들의 이름과 하는 일에 대해 이야기 나눈다.

> 음식을 꼭꼭 씹어서 꿀꺽 삼키면! 좁다란 식도를 지나서 동그란 위에 잠시 머물다
> 꼬불꼬불 장을 지나서 찌꺼기가 쌓이고 쌓이고 끄응 힘을 주면 똥이 나오네!

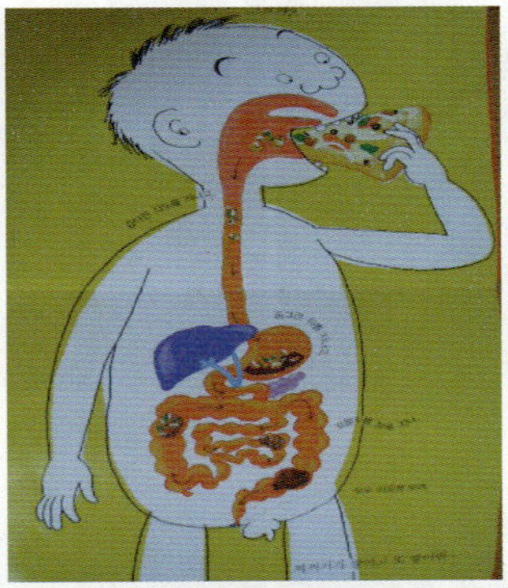

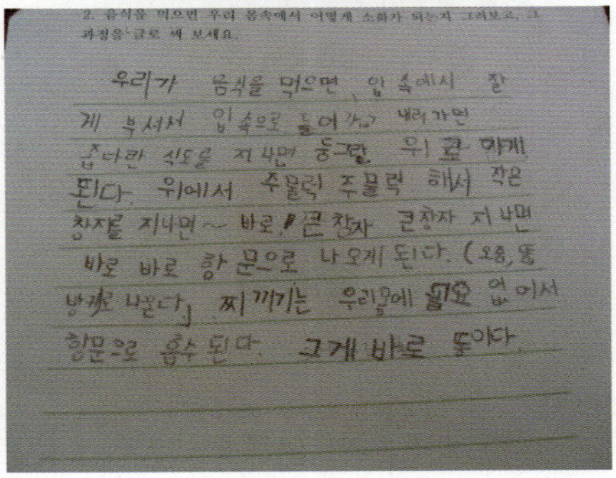

- 엄마 배 속에 있는 아기: 엄마 배 속의 태아 모습에 관한 사진자료를 통해 아기가 태어나기 위해서는 어디에서 자라는지에 대해 생각해 보고 알아본다.

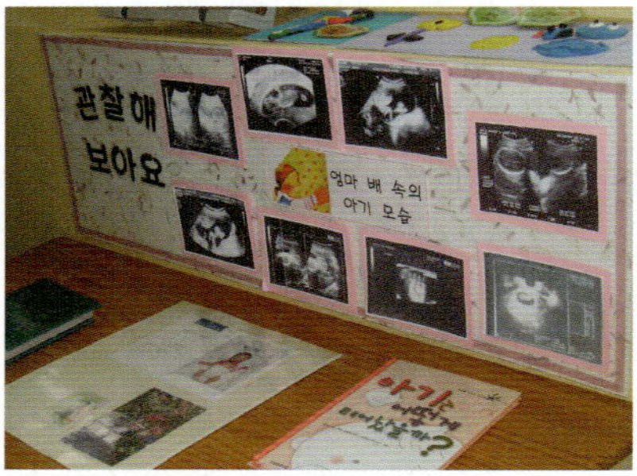


- 코와 입으로 알 수 있어요: 냄새를 맡아 볼 수 있는 다양한 종류의 음식(식초, 참기름, 레몬 등), 맛을 볼 수 있는 다양한 종류의 과일 등을 준비하여 냄새를 맡아 보고, 맛을 보면서 음식을 맞추어 보고 이야기 나눈다.

### 여기서 잠깐

**코는 냄새를 어떻게 맡을까요?**

코의 겉모양은 뭉툭하지만 4천여 가지나 되는 냄새를 판명할 만큼 예민하고 섬세하며 일정 수준의 자극이 닿아야 냄새를 맡게 된다. 냄새를 맡게 되는 과정을 살펴보면 공기 중에 퍼져 있는 냄새 분자가 콧속으로 들어와서 콧속 점막의 수용체와 결합되면 자극이 후각신경을 통해 뇌에 도달하여 냄새 분자를 감지하여 구별할 수 있는 것이다. 냄새를 맡는 섬모는 점막에 길게 나와 있다. 이 섬모의 끝에는 지방이 뭉쳐져 있다. 섬모가 직접 냄새를 맡는 것은 아니다. 공기 중에 있는 냄새는 기체로서 공기 중에 떠돌아다닌다. 공기 중에 떠돌아다니는 냄새 분자가 섬모에 닿아서 지방층과 접촉하게 된다. 조금 더 정확히 말하면 냄새 분자가 지방층에 녹아서 점막에 있는 신경세포가 이를 감지하게 되는 것이다. 당연히 물속에서 사람들은 냄새를 맡지 못한다. 이 신경세포가 감지한 정보는 뇌에서 판독되어 냄새를 지각하게 된다.

생활주제
나와 가족

# 여러 가지 모양의 입술

## 활동목표

- 사람의 입술은 다양한 모양이 있다는 것을 안다.
- 입술 모양에 따라 소리가 달라진다는 것을 안다.

## 활동자료

- 도화지, 립스틱, 확대경, 손거울

## 활동방법

① 손거울을 보면서 여러 가지 입 모양을 만들어 본다.

② 립스틱을 바르고 입술을 찍어 본 후 종이에 찍힌 입술 모양을 관찰해 본다.

- 입술 모양이 어떠니?
- 크기는 어떠니?

③ 입 모양에 따라 말을 해 보게 한다.

- 아, 에, 이, 오, 우 등

④ 입 모양에 따라 말이 다르게 나온다는 것을 알게 한 후 여러 가지 입 모양을 종이에 찍어 보게 한다.

- '아' 하고 입술을 찍어 보자. 입술 모양이 어떠니?
- 입술의 주름을 살펴볼까?

⑤ 친구들끼리 입술 모양을 관찰하고 어떻게 다른지 이야기 나눈다.

- 친구 입술 모양과 어떻게 다르니?

## 유의점

- 립스틱이 옷이나 몸에 묻지 않도록 한다.

## 연관활동

- 입술 꽃: 종이에 찍힌 입술에 크레파스로 줄기와 잎을 그려 주어 다양한 꽃을 표현하게 한다.

### 여기서 잠깐

**입술에는 왜 주름이 많을까?**

우리 몸에서 주름이 가장 많은 곳은 어디일까? 주름이 가장 많은 곳은 손도 아니고 눈가도 아닌 바로 입술이다. 어린아이도 입술에는 주름이 많다. 태어날 때부터 갖고 있는 우리 몸의 주름은 몸의 움직임을 편하게 해 주는 역할을 한다. 손가락이나 팔꿈치처럼 움직임이 많은 부위에 주름이 많이 생기는 것도 이와 같은 이유이다. 마찬가지로 입은 음식을 먹고, 말을 말하며 숨 쉬는 등 쉴 새 없이 움직이기 때문에 입의 바깥 부분인 입술도 많은 일을 하게 된다. 따라서 입의 움직임을 편하게 하기 위해서 입술의 주름이 가장 많은 것이다. 만약 입술에 주름이 없다면 하품도 제대로 할 수 없을 것이며, 손가락처럼 움직임이 많은 부위도 주름이 없다면 무척 불편할 것이다.

생활주제 나와 가족

# 손 지문

## 활동목표

- 사람의 손가락에 지문이 있다는 것을 안다.
- 지문은 사람마다 다르다는 것을 안다.

## 활동자료

- 흰색 종이, 스탬프 또는 포스터컬러, 사인펜, 확대경, 스카치테이프

## 활동방법

① 우리의 신체 부위 중 손에 대해 이야기 나눈 후 자신의 손의 생김새, 움직임들을 관찰하게 한다.

- 손등은 어떻게 생겼니?
- 손바닥은 어떻게 생겼니?

② 확대경으로 손바닥과 지문을 살펴본다.

- 손바닥과 손가락에 무엇이 보이니?

③ 손 지문이 잘 나타날 수 있도록 손가락에 스탬프잉크 또는 포스터컬러를 묻혀 흰색 종이에 찍는다.

④ 확대경으로 지문을 관찰하면서 비교해 본다.

- 손가락 지문은 어떻게 생겼니?
- 같은 지문의 모양을 찾아볼 수 있니?
- 다른 친구의 지문과 모양이 같을까?

⑤ 지문이 없다면 어떻게 될지 이야기 나눈 후 스카치테이프로 손가락을 감고 물건을 집어 본다.
- 지문을 없앤 후 물건을 집었을 때 어땠니? 물건이 잘 집어졌니?
- 지문이 없다면 어떤 불편함이 있을까?

⑥ 지문은 사람마다 다른 특징을 가지고 있기 때문에 이런 특징을 실생활에 이용하기도 한다.
- 사람을 찾을 때, 지문인식기를 이용한 현금 인출 등

⑦ 찍어 놓은 지문에 사인펜을 이용해 여러 가지 모양을 그린다.
- 개미, 새, 태양, 쥐 등

### 유의점

- 물감을 사용할 경우 지문이 잘 나올 수 있도록 물감의 농도를 잘 조절한다.
- 활동 후 반드시 손을 씻게 한다.

## 연관활동

- 손(발)바닥 찍기: 손(발)을 자세히 관찰한다. 물감을 묻혀 손바닥 찍기를 한 후 친구의 모양과 비교해 본다. 또한, 손(발)바닥 찍은 것을 여러 가지(예 공작새, 나무, 물고기, 꽃 등) 모양으로 꾸며 볼 수 있다.

### 여기서 잠깐

**왜 지문이 있을까?**

지문은 손가락 끝의 손바닥 쪽에 융기되어 생긴 선(융선)에 의해 형성된 줄무늬다. 이는 피부층 중 표피 밑층인 진피에서 만들어진 것으로 진피 부분이 손상되지 않으면 평생 동안 변하지 않는 특성을 갖는다. 또한, 사람마다 생긴 모양이 달라서 우리나라의 경우 주민등록증을 만들 때 지장을 등록하므로 죄를 지으면 지문으로 범인이 누구인지 쉽게 파악할 수도 있다. 지문은 물건을 쥐었을 때 물건이 미끄러지지 않게 해 주는 역할도 하고, 지문이 있기 때문에 무엇을 만졌을 때 느낌을 알 수 있다. 컴컴한 곳에서 손으로 물건을 더듬었을 때 그것이 무엇인지 감지할 수 있는 것도 지문 때문이다.

생활주제 건강과 안전

# 건강한 이를 가지려면 어떻게 해야 할까?

## 활동목표

- 이가 하는 역할을 안다.
- 이에 좋은 음식과 나쁜 음식에 대해 안다.

## 활동자료

- 주스, 콜라, 우유, 컵

## 활동방법

① 이가 하는 일에 대해 이야기 나눈다.
- 이는 어떤 일을 할까?
- 만약 이가 없으면 어떻게 될까?

② 이를 상하게 하는 음식에 대해 이야기 나눈다.
- 이를 상하게 하는 음식에는 어떤 것들이 있을까?

③ 이를 상하게 하는 음식을 알아보기 위해 콜라, 주스, 우유 속에 이를 담가 놓는다.

④ 이가 어떻게 변할지 예측해 본다.
- 어떤 음식이 이를 가장 빨리 변하게 할까?
- 어떻게 변할까?

⑤ 3~4일후 어떻게 변했는지 이를 꺼내 관찰한 후 이야기 나눈다.
- 이가 왜 변했을까?

⑥ 이를 튼튼하게 하는 음식을 알아보고 건강한 이를 가지려면 어떻게 해야 되는지 이야기 나눈다.

### 유의점

- 이가 없는 경우, 이처럼 칼슘으로 구성되어 있는 달걀껍질을 이용할 수 있다.

### 여기서 잠깐

**콜라에 이를 담그면 왜 부식될까?**

콜라는 이에 안 좋은 성분을 많이 가지고 있는 음료이다. 콜라의 주성분은 설탕, 캐러멜, 카페인, 인산, 라임주스, 바닐라, 에센스인데 콜라의 상큼한 맛은 원래 시트르산(구연산: 감귤류 과일에 많이 함유) 때문이었으나 뒤에 값이 더 싼 인산으로 대치되었다. 콜라의 성분 중에 탄산이나 인산은 산성이다. 이러한 산성 물질은 이를 부식시키는 역할을 한다. 또한, 설탕이나 캐러멜 등은 충치를 유발하는 단 것이다. 그러므로 콜라는 이에 매우 안 좋은 음료이다. 콜라회사에서는 2~3년에 한 번씩 콜라가 가공되는 생산라인의 쇠로 된 파이프를 교체한다. 콜라가 쇠도 녹인다는 증거이다.

생활주제 나와 가족

# 만약 뼈가 없다면?

## 활동목표

- 우리 몸의 구조에 대해 안다.
- 뼈의 중요성과 기능에 대해 안다.

## 활동자료

- 철사 또는 모루, 밀가루 반죽, 가위, 뼈 구조에 관한 그림자료

## 활동방법

① 우리 몸을 만져 본 후 무엇이 만져지는지 이야기 나눈다.
- 손으로 우리 몸을 만져 보자.
- 딱딱하게 만져지는 것은 무엇일까?

② 뼈 구조에 관한 그림자료를 보고 관찰하게 한다.
- 사람들이 오징어, 문어와는 달리 꼿꼿하게 서 있을 수 있는 이유는 무엇 때문일까?

③ 철사나 모루를 이용해 사람의 뼈대를 만들어 밀가루 반죽을 붙인 것과 뼈대 없이 밀가루 반죽만으로 사람을 만든 후 그 결과를 이야기 나눈다.
- 어떤 일이 벌어졌니?
- 뼈대가 없는 사람 모양의 반죽은 왜 쓰러졌을까?
- 만약 사람 몸속에 뼈가 없다면 어떻게 될까?

④ 뼈를 구부릴 수 있는 곳은 어디인지 살펴보고 이야기해 본다.

연관활동

- 우리 몸이 움직이려면 근육이 필요해요: 2개의 인형 중 1개는 막대기에 끼우고, 1개는 교사의 손에 끼워 인형을 손가락으로 움직여 봄으로써 근육이 있어 인형을 움직일 수 있다는 것을 알게 한다. 두 손을 가만히 책상 위에 올려놓고 손목을 바닥에서 떼지 말고 손가락을 세워 보게 하고, 헌 잡지에서 근육을 사용하고 있는 그림을 찾아본다.

여기서 잠깐

**뼈의 역할**

사람이나 동물의 뼈는 몸을 지탱하고 살아갈 수 있게 하는 역할을 한다. 사람의 뼈가 하나로만 되어 있다면 나무처럼 뻣뻣하게 서 있어야 하며 제대로 움직일 수 없다. 그러나 206개나 되는 뼈가 서로 연결이 되어 있기 때문에 물건을 잡거나 운동을 할 수 있다. 뼈와 뼈가 근육으로 연결된 부분을 관절이라고 하는데 관절은 뼈들이 잘 움직일 수 있도록 도와준다. 만약 관절이 없다면 뼈와 뼈가 부딪치면서 몹시 아파 움직일 수 없다. 또한, 몸에 있는 중요한 기관들을 딱딱한 뼈로 보호하는 역할도 한다. 머리를 이루는 머리뼈는 뇌를 보호하고 몸통뼈는 심장이나 폐, 소화기관 등을 보호하는 역할을 한다.

# 동식물

생활주제 동식물과 자연

# 바깥에서 볼 수 있는 곤충과 벌레

## 활동목표

- 곤충과 벌레의 특징에 대해 안다.
- 생명을 소중히 다루는 경험을 한다.

## 활동자료

- 돋보기, 투명 플라스틱통

## 활동방법

① 실외놀이나 야외활동에서 곤충이나 벌레를 발견했을 때 관심을 갖고 이야기 나눈다.
- 이것은 뭘까?
- 어떻게 움직이고 있니?
- 지금 무엇을 하고 있을까?

② 곤충과 벌레의 여러 가지 모습을 돋보기를 이용해 살펴보도록 하며 유아들이 곤충과 벌레들을 해치지 않도록 한다.
- 이 벌레는 머리에 긴 더듬이가 있네?
- 이 곤충은 다리가 몇 개일까?
- 개미는 먹이를 가지고 어디로 갈까?

③ 관찰한 벌레나 곤충을 투명 플라스틱통에 담아 관찰한 후 잠시 후에 놓아 준다.
- 벌레를 관찰하고 나서 어떻게 하면 좋을까?
- 곤충을 놓아 주지 않으면 어떻게 될까?

## 유의점

- 벌레를 발견하면 해로운 곤충인지, 아닌지를 판별하여 반드시 유아에게 주의를 준다.
- 유아들과 함께 곤충과 벌레를 볼 때는 유아들이 손으로 직접 잡지 않도록 주의를 주고 놀이 후에는 반드시 손을 깨끗이 씻도록 한다.

## 연관활동

- 초충도 꾸미기: 초충도를 감상한 후 사전에 식물과 곤충을 관찰하고 채집해 온 식물을 이용하여 모둠별로 꾸민 초충도로 병풍을 만들어 본다.

생활주제
동식물과 자연

# 올챙이 기르기

## 활동목표

- 개구리의 한살이에 대해 안다.
- 생물을 소중하게 다루고 보살피는 마음을 갖는다.

## 활동자료

- 어항, 개구리 알 또는 올챙이, 큰 돌, 물풀, 먹이, 그림자료(개구리 성장단계)

## 활동방법

① 어항이나 투명 수조에 물을 받아 놓고, 하루가 지난 후 어항 속에 물과 돌, 물풀을 넣는다.

② 개구리 알이나 올챙이를 넣는다.

③ 올챙이의 생김새를 자세히 관찰한다.

- 올챙이는 어떻게 생겼니?
- 어떻게 헤엄치니?
- 앞으로 올챙이는 어떻게 변할까?

④ 올챙이 키우는 방법을 유아와 함께 알아본다.

- 올챙이는 무엇을 먹고 살까?
- 먹이 당번은 어떻게 정할까?

⑤ 올챙이의 성장과정을 관찰한다.(성장과정을 디지털카메라로 찍어 활동지에 사진을 붙이거나 그림, 글씨로 기록한다.)

## 유의점

- 올챙이에게 먹이를 줄 때는 잘게 부수어 주고, 너무 많은 양의 먹이를 주면 먹이가 남아서 물이 썩을 수 있으므로 적당한 양의 먹이를 준다.
- 올챙이는 아가미로 숨을 쉬기 때문에 물속에서 살 수 있지만 개구리가 되면 허파로 숨을 쉬므로 물을 줄이고 큰 돌을 넣어 기어오를 곳을 만들어 주어야 한다.

## 연관활동

- 개구리 성장과정을 신체로 표현해 보기: 올챙이가 어떻게 헤엄치는지, 개구리가 어떻게 뛰는지, 어떤 몸짓을 자주 하는지 이야기 나눈 후 음악에 맞추어 신체로 표현해 본다.

• 고슴도치 관찰하기: 고슴도치를 관찰해 보고 고슴도치의 특징과 기르는 방법에 대해 알아본다.

• 이구아나 관찰하기: 이구아나를 관찰해 보고 미술영역에서 이구아나를 그려 보거나 찰흙으로 만들어 본다.

**여기서 잠깐**

**개구리는 어떻게 물속에서 숨을 쉴까?**

개구리는 어릴 때(올챙이)는 물속에서 살고 나중에 크면(개구리) 육지로 올라와서 사는 양서류이다. 올챙이 시절에는 물속에서만 살 수 있어 아가미로 호흡을 한다. 그 후 올챙이는 개구리가 되기 위해 변태를 한다. 변태를 한 후 허파호흡을 하게 되면서 비늘이 없어진 피부는 연하고 항상 물기가 있다. 물기가 있는 피부는 호흡하는데 도움이 되고 개구리 같은 양서류는 피부호흡만으로는 육지에서 살 수 없다. 계속 피부호흡을 하게 되면 피부가 건조해져서 피부가 타기 때문에 피부에 물을 자주 적셔 주어 피부가 건조해지지 않게 해야 한다. 따라서 개구리는 물과 떨어져 살 수 없다.

생활주제 동식물과 자연

# 꽃으로 물들일 수 있어요



## 활동목표

- 식물을 이용해 물들이는 것을 경험한다.

## 활동자료

- 여러 가지 꽃잎, 면 헝겊, 종이

## 활동방법

① 여러 가지 색의 꽃을 준비한다.

- 어떤 꽃들이 있니?
- 우리가 볼 수 있는 꽃의 색깔에는 어떤 색들이 있을까?
- 만져 본 느낌은 어떠니?
- 꽃의 냄새는?

② 준비한 꽃들을 종이나 헝겊에 물들여 본다.

- 이 꽃은 무슨 색의 물이 들까?

③ 옛날 조상들은 식물(풋감, 치자 등)을 이용해 물들여 옷을 만들어 입었다고 이야기해 준다.

**연관활동**

- 봉선화 물들이기: 우리나라 전통 관습 중의 하나인 손톱에 봉선화 물들이기의 전설이나 유래를 들려준 후 손톱에 봉선화 물들이기를 해 본다.

- 나이테 관찰하기: 나무의 나이를 어떻게 알 수 있는지 이야기 나눈 후 통나무의 나이테를 관찰하도록 한다.

- 꽃 관찰: 봄에 피는 꽃의 종류에 대해 알아보고, 밖에 나가 꽃의 색 · 냄새 · 모양 · 느낌 등 꽃의 특징을 관찰기록표에 기록해 보고, 꽃을 그려 봄으로써 꽃을 관찰하기 전후의 그림을 비교해 본다.

생활주제 가을

# 낙엽의 변화

## 활동목표

- 다양한 나뭇잎을 관찰한다.
- 나뭇잎의 변화에 대해 안다.

## 활동자료

- 낙엽, 실 또는 긴 종이, 테이프, 핀

## 활동방법

① 낙엽을 줍기 위해 산책을 나가 교실에 가져갈 낙엽을 줍는다.

② 유아들이 각자 주워 온 낙엽을 서로 보여 주고 그들이 가지고 있는 낙엽과 똑같은 종류가 얼마나 되는지 세어 본다.

- 비슷한 낙엽끼리 나누어 볼까?
- 왜 이렇게 나누었지?

③ 다양한 잎의 질감 · 색 · 크기 · 모양의 다양성에 대해 탐색하고 이야기 나눈다.

- 나뭇잎의 모양이 어떻게 생겼니?
- 만져 본 느낌은 어떠니?
- 무슨 색이니?

④ 교실에 천이나 큰 종이를 걸고 그 위에 실을 매달고 낙엽을 건다.

⑤ 낙엽이 어떻게 변화하는지 매일 관찰하도록 한다.

⑥ 시간이 지나면서 낙엽이 어떻게 변화하는지 이야기 나눈다.

- 낙엽의 색깔이 어떻게 달라졌지?
- 만져 본 느낌은 어떻게 달라졌지?

⑦ 유아들과 함께 며칠 동안 또는 더 이상 변화하지 않을 때까지 관찰을 지속한다.

### 연관활동

- 나무 그늘의 고마움 알기: 산책활동에서 나무 그늘이 우리에게 주는 고마움을 알아보고 시원한 그늘에서 뛰어놀거나 쉬어 보도록 한다.

- 나뭇잎으로 꾸미기: 가을 동산을 둘러보면서 주워 온 나뭇잎이나 가지를 이용해 꾸미기를 해 본다.

- 식물을 이용한 놀잇감 만들기: 식물을 이용해 다양한 놀잇감(토끼풀 반지, 도토리 팽이, 억새풀 비행기, 아카시아잎 따기, 식물 줄기 끊기, 식물 브로치, 나뭇잎 바람개비, 식물로 꾸미기 등)을 만들어 본다.

## 여기서 잠깐

**낙엽은 왜 질까?**

가을이 되면 기온이 내려가서 나뭇잎 속의 초록색 색소(엽록소)가 파괴되어 엽록소가 줄어들고 숨어 있던 노란색이나 주황색 색소가 나타나면서 단풍이 만들어진다. 엽록소가 줄어들면 나뭇잎 속에 들어 있던 영양분은 줄기나 뿌리로 옮겨지고 영양분이 없는 잎은 떨어진다. 그리고 겨울이 되면 땅이 얼어서 뿌리가 물을 흡수하기 어려워지는데 이때 잎을 통해 잃어버린 수분(물)을 줄이기 위해서 잎을 떨어뜨린다. 따라서 낙엽이 지는 것은 영양분과 수분이 부족한 계절에 나무들이 살아남기 위한 지혜이다.

**나뭇잎의 색깔이 변하는 이유는 무엇일까?**

가을이 되면 햇빛은 점점 약해지고, 기온은 내려가서 식물의 활동도 점차 둔해진다. 따라서 뿌리에서 물과 양분을 공급받지 못하게 된 나무는 잎 속에 있는 잎 파장이 다 부서지면서 나무의 종류에 따라 초록빛에서 점차 빨간색, 노란색의 단풍이 드는 것이다.

- 노란색으로 변하는 것: 은행나무잎, 미루나무잎, 뽕나무잎 등
- 빨간색으로 변하는 것: 감나무잎, 단풍나무잎, 담쟁이덩굴 등

생활주제 동식물과 자연

# 식물을 키워 보아요

## 활동목표

- 식물의 성장과정을 안다.

## 활동자료

- 수경 재배할 식물(고구마, 당근, 양파, 무, 씨앗 등), 유리병, 접시

## 활동방법

① 준비된 식물을 살펴보고 식물의 이름, 모양, 색, 냄새, 맛 등을 탐색한다.

② 각 식물의 수경 재배하는 방법을 알아본다.

- 양파
  - 양파는 뿌리 부분이 물에 잠길 정도로 컵에 걸쳐 놓는다.
- 당근
  - 당근의 윗부분을 잘라서 접시에 놓고 작은 돌을 깐 후 물을 부어 놓는다.
- 무
  - 무의 밑동을 잘라내서 숟가락으로 속을 파낸다.
  - 무의 양쪽에 구멍을 뚫은 후 끈을 만들어 천정에 매단다.
  - 속을 파낸 구멍에 물을 붓는다.
- 물잔디
  - 솜에 물을 적셔 병이나 접시에 담아 물잔디 씨앗을 솜 위에 놓는다.
  - 솜은 촉촉한 상태를 계속 유지시킨다.

③ 각 식물을 햇볕이 잘 드는 곳에 두고 성장과정을 관찰한다.

④ 각 식물의 잎과 뿌리의 차이점에 대해 이야기 나눈다.

- 잎 모양은 어떻게 생겼니?
- 뿌리는 어떻게 다르니?

⑤ 식물의 성장과정을 그림이나 글로 표현해 볼 수 있도록 관찰용지를 준비한다.

## 유의점

- 키우는 데 너무 오랜 시간이 걸리는 것은 유아에게 적절하지 않으므로 단기간에 관찰 가능한 것으로 선정한다.

## 연관활동

- 텃밭 가꾸기: 텃밭에 상추, 고구마, 옥수수, 감자, 땅콩 등을 직접 키워 보는 과정을 통해 각 식물들의 성장과정을 이해하고, 활동지에 관찰기록을 하기도 하며, 수확한 식물을 먹어 보기도 한다.

- 새싹 기르기: 씨앗을 물에 5~6시간 정도 담가서 불리고, 키친타월이나 화장솜 등을 깔고 그 위에 불린 씨앗을 골고루 펴 놓는다. 처음 2~3일은 검정 수건을 덮어 햇빛을 차단하다가 싹이 트면 검은색 천을 제거하고 밝은 곳으로 옮긴다. 싹이 마르지 않도록 물을 자주 뿌려 준다.

## 여기서 잠깐

**싹은 왜 날까?**

식물이 싹트는 현상을 발아라고 한다. 발아에는 적당한 온도가 필요하다. 추운 겨울이 지난 다음 따뜻한 봄날이 되어 싹이 튼 것은 발아에 필요한 온도가 되어 씨앗에 싹이 난 것이다. 또한, 수분이 있으면 싹이 난다. 따뜻한 봄날이라도 비가 오지 않으면 발아가 되지 않는다. 그렇다고 물에 계속 담가두면 산소가 없어 싹은 자라지 못하고 썩는다.

**식물이 잘 자라려면 무엇이 필요할까?**

우리 주변의 꽃과 나무는 모두 식물이다. 식물이 잘 자라기 위해서 꼭 필요한 것은 무엇일까? 첫째, 적당한 햇빛이 필요하다. 식물마다 필요한 햇빛의 양은 조금씩 다르다. 둘째, 식물은 공기를 이용해서 필요한 영양분을 만든다. 셋째, 식물마다 필요한 온도는 조금씩 다르다. 적당한 온도가 유지되어야 한다. 넷째, 식물은 대부분 물로 이루어져 있기 때문에 수분이 꼭 필요하다.

# 공기

생활주제
건강과 안전

# 비눗방울놀이

## 활동목표

- 다양한 크기의 모양 틀로 비눗방울을 불어도 비눗방울 모양이 둥글게 됨을 안다.
- 빛의 반사에 의해 비눗방울에 여러 가지 색이 생긴다는 것을 이해한다.

## 활동자료

- 물비누(주방세제), 글리세린, 틀을 만들 다양한 도구(옷걸이, 국자, 빨대, 철사, 파리채, 우유팩, 페트병, 나무젓가락, 요구르트병, 모루 등), 본드, 비닐테이프 등

## 제작방법

① 옷걸이를 동그랗게 만든 후 비닐테이프로 감는다.

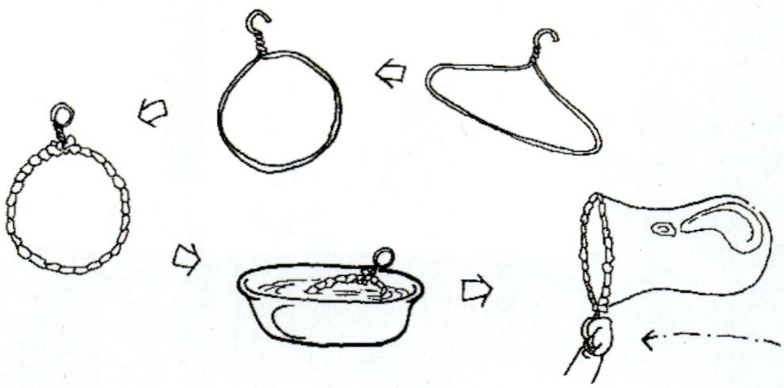

② 우유팩 윗부분의 양쪽에 사각형으로 구멍을 낸다.

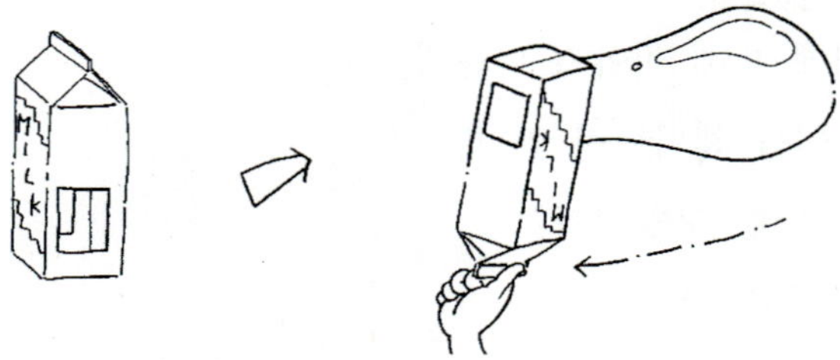

③ 헌 플라스틱 국자에 송곳을 뜨겁게 달구어 구멍을 뚫는다(파리채를 이용할 수도 있다).

④ 빨대 4개를 붙인 후 한쪽 부분에 십자 모양으로 잘라서 편다.

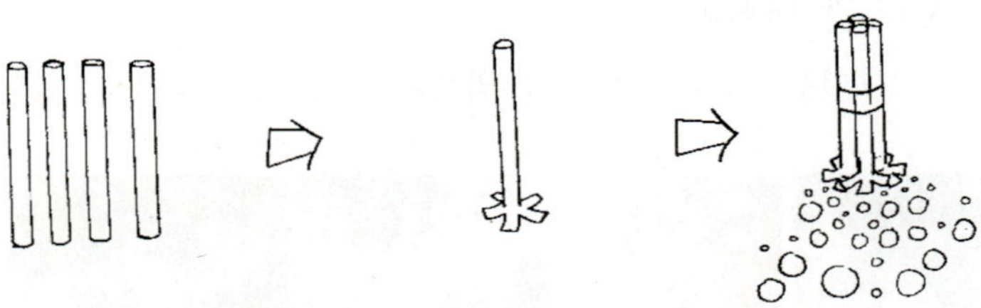

⑤ 페트병 밑부분을 자르거나 두꺼운 종이를 이용해 깔때기 모양으로 만든다.

## 활동방법

① 비눗방울놀이에 대해 이야기 나눈다.
- 비눗방울놀이를 해 본 적 있니?
- 비눗방울은 어떤 모양일까?
- 비눗방울은 무슨 색일까?
- 비눗방울에는 왜 색이 있을까?

② 어떤 도구를 이용해서 비눗방울놀이를 할 수 있는지에 대해 이야기 나눈다.

③ 교사가 준비한 자료들을 보여 주며 이야기 나눈다.

④ 비눗방울놀이를 해 본다.

⑤ 비눗방울놀이를 하고 난 후 이야기 나눈다.
- 어떤 모양을 만들어 보았니?
- 비눗방울이 어떻게 날아갔니?
- 무슨 색이었니?
- 멀리 날아가게 하려고 어떻게 했니?
- 비눗방울 크기를 크게(작게) 하기 위해서 어떤 도구들을 사용했니?

## 유의점

- 실외영역에서 활동하는 것이 좋다.(습도가 높으면 비눗방울이 오랫동안 터지지 않기 때문에 지나치게 덥고 건조한 날은 피하는 것이 좋다.)
- 미술시간을 이용해서 여러 가지 종류의 비눗방울 놀이도구를 만든다.(유아들이 만들기 어렵거나 위험한 것들은 교사가 만들어 제시한다.)
- 물과 글리세린에 물엿을 섞어 비눗물을 만들면 막이 두꺼워지고 표면의 색깔도 더 잘 나타난다.

## 연관활동

- 비눗방울 되어 보기: 비눗방울이 어떻게 공중에 날아다니는지, 어떻게 터지는지, 어떤 모양이었는지, 공중에서 바닥으로 어떻게 떨어졌는지 등을 신체로 표현해 보게 한다.
- 뭉게구름 만들기: 종이컵에 비눗방울 용액을 조금 부어 빨대로 불어 보게 하거나 탁자나 플라스틱판 위에 비눗방울 용액을 부어 주어 유아들이 함께 빨대로 비누거품을 일으켜 보게 한다.(비눗방울 용액에 색소를 섞어 주면 더욱 흥미를 끌 수 있다.)

• 비누 거품 그림: 비눗방울 용액에 다양한 색깔의 물감을 섞어 빨대로 비누 거품 그림을 그려 본다.

## 여기서 잠깐

### 비눗방울은 어떻게 만들어지는가?

비눗물을 손으로 젓거나 바람을 불어 넣으면, 비눗물에 공기가 갇혀서 비눗방울이 생기게 된다. 비눗방울은 10초 정도가 지나면 수분이 증발하여 터진다.

### 비눗방울 표면에는 왜 여러 가지 색이 생길까?

색은 사람의 눈으로 볼 수 있고 모든 색깔의 조합으로 이루어진 백색 빛으로 통해 만들어진다. 빛은 파장의 형태로 주기적으로 움직이며, 모든 파장은 서로 다른 길이를 가지고 있다. 만약 한 빛 파장이 비눗방울 표면에 부딪히게 되면 대부분의 빛은 비눗방울을 통과하게 된다. 그리고 빛의 일부분만 거울에 반사되는 것과 같이 비눗방울 표면을 통과하지 못하고 되돌아온다. 이때 비눗방울 표면의 앞쪽과 뒤쪽의 빛 파장이 서로 겹치게 되어 다양한 색을 관찰할 수 있다.

### 비눗방울은 왜 둥근 모양일까?

고체처럼 형태가 고정된 것이 아닌 유동성이 있는 모든 물체는 표면적을 최소화하려는 경향이 있다. 이것을 '최소 면적의 법칙'이라고 하며 표면적이 가장 작은 둥근 모양이 생긴다. 비눗방울의 표면은 가능한 최소의 표면으로 많은 공기를 포함하려는 경향이 있다.

생활주제 건강과 안전

# 풍선매트놀이

## 활동목표

- 공기의 힘을 이용한 놀잇감에 대해 이해한다.
- 공기의 힘을 이용한 놀잇감으로 놀이해 본다.

## 활동자료

- 풍선, 비닐봉투(대, 소), 비닐봉투(대)를 구하기 어려울 때는 이불커버, 끈 등

## 제작방법

① 여러 개의 풍선에 공기를 넣는다.

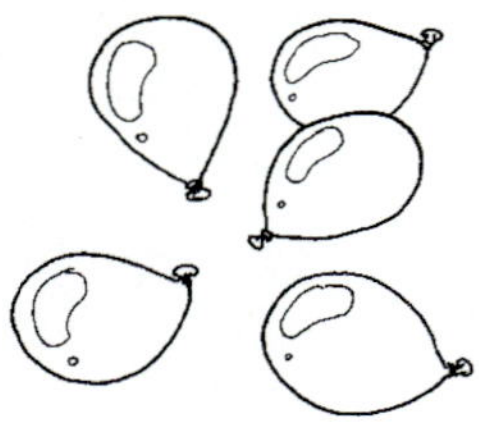

② 작은 비닐봉투에 4~5개 정도의 풍선을 넣은 후 묶는다.

③ 풍선을 담은 작은 비닐봉투들을 큰 비닐봉투(또는 이불커버)에 넣어 풍선매트를 만든다.(비닐봉투가 없을 경우, 헌 이불커버를 이용할 수 있다.)

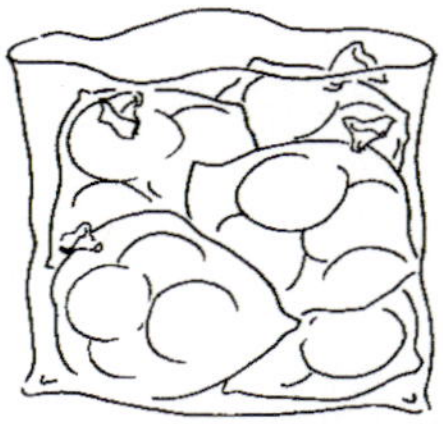

## 활동방법

① 풍선매트에 대해 이야기 나눈다.

- 이 매트는 무엇으로 만들었을까?
- 매트 위에 올라가면 어떻게 될까?
- 매트 위에 여러 명이 올라가면 어떻게 될까?

② 풍선매트를 이용해서 놀이해 보도록 한다.

③ 놀이 후 느낌에 대해 이야기 나눈다.

- 매트 위에 올라갔을 때 기분이 어땠니?
- 매트 위에 몇 명이 올라갈 수 있었니?
- 매트가 어떻게 되었니?
- 풍선매트가 왜 터지지 않았을까?

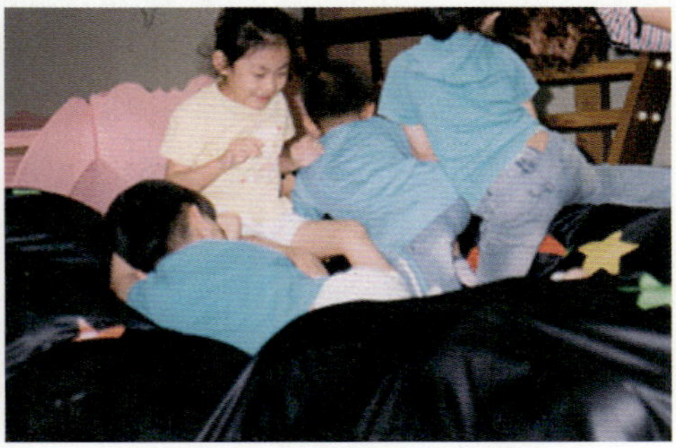

## 유의점

- 풍선에 공기를 가득 채우면 터지기 쉬우므로 너무 팽팽하게 불지 않도록 한다.

## 연관활동

- 공기 모으기: 여러 가지 종류의 비닐봉투를 이용하여 다양한 방법으로 공기를 모아 보도록 한다.

- 공기에도 무게가 있어요: 옷걸이의 양 끝에 풍선을 매달아 고정시킨 후 한쪽 풍선을 터트려 봄으로써 공기에도 무게가 있음을 알도록 한다.

- 공기를 이용한 물건 찾아보기: 공기를 이용한 주위의 물건들을 찾아보게 함으로써 공기가 우리 생활에 주는 유익한 점을 알도록 한다. 미술활동과 연계하여 잡지책 등에서 공기를 이용한 물건을 찾아 꾸며 본다.

〈공기를 이용한 물건〉

공기를 이용한 물건은 어떤 것들이 있나요?

**여기서 잠깐**

### 공기는 어떻게 이용되나?

공기는 튜브, 바퀴, 부서지기 쉬운 과자를 담는 비닐봉투 등 일상생활에서 다양하게 이용되고 있다. 구체적으로 기체의 부피 탄성을 이용한 것에는 공기 스프링, 공기총, 에어 카, 공기해머 등 여러 가지 공기기계가 있다. 공기가 연소를 돕는 작용을 하는 것은 성분 중 산소에 의한 것이며, 아조토박터 등의 미생물이 암모니아나 질산 등 직소화합물을 만드는 것에는 공기에 질소가 있기 때문이다. 공기의 각 성분은 분리되어 여러 방면에 이용되는데 산소는 금속의 제련, 로켓연료, 화학공업의 원료로 사용되며 질소는 산화 방지를 위해 고압전선, 대형 변압기에 쓰이며, 암모니아 등의 화합물로도 이용된다.

생활주제 건강과 안전

# 탁구공 집 찾기

## 활동목표

- 바람은 움직이는 공기라는 것을 안다.
- 바람의 세기에 따라 물체의 움직임이 다르다는 것을 안다.

## 활동자료

- 부채, 탁구공(스티로폼 공), 1리터 우유팩 3~4개, 우드락(하드보드지), 백업 등

## 제작방법

① 우유팩의 점선 부분 자른 것을 3개 준비한다.

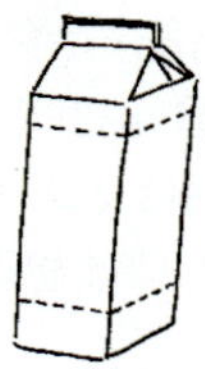

② 우유팩 3개를 연결하여 터널을 만든다.

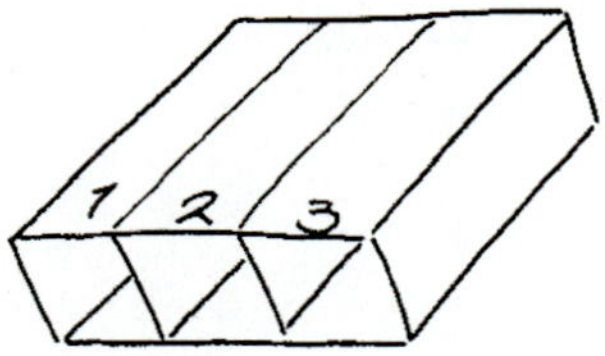

③ 우드락이나 하드보드지에 길을 표시한 후 시트지로 씌운다.

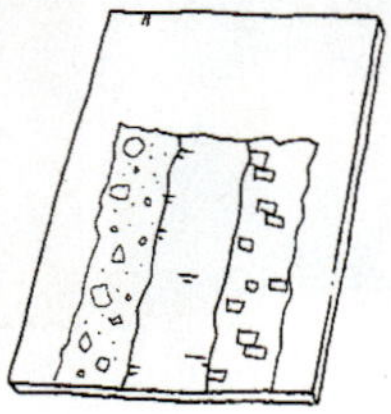

④ 판 위에 ②의 우유팩 터널을 붙인다.

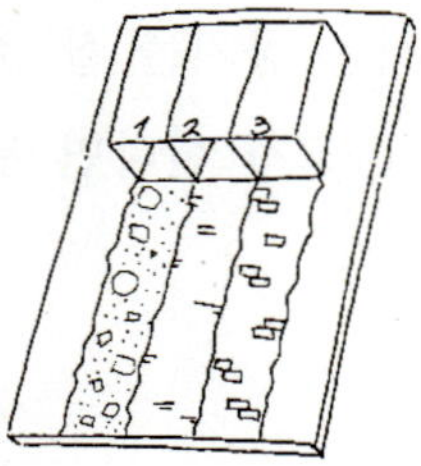


**활동방법**

① '탁구공 집 찾기' 놀이방법에 대해 이야기 나눈다.
- 무슨 놀이를 할 수 있을까?
- 부채를 세게 부치면 공이 어떻게 될까?
- 공을 터널 안으로 잘 통과하게 하려면 어떻게 하면 좋을까?

② 놀이를 해 본다.

③ 놀이 후 느낌에 대해 이야기 나눈다.
- 공이 왜 굴러갔을까?
- 어떻게 했을 때 공이 터널로 잘 들어갔니?
- 공기로 움직일 수 있는 것들은 무엇이 있을까?

## 유의점

- 탁구공이 잘 굴러가기 위해서는 공기를 잘 조절해야 함을 알도록 한다.
- 교구를 좀 더 간편하게 제공하고자 한다면 우유팩 터널만 준비할 수 있다.

## 연관활동

- 빨대로 공 굴리기: 두 사람이 빨대로 탁구공(스티로폼 공)을 움직여 도착지점까지 빨리 가는 게임을 해 본다.

- 로켓 발사: 면봉을 넣은 빨대를 마요네즈 용기에 넣고, 고무찰흙으로 고정시킨다. 마요네즈 용기를 누르면 면봉이 밖으로 튀어 나가는 원리를 이용해 로켓 발사 놀이를 해 본다.

- 통통 튀는 공: 빈 마요네즈 용기나 페트병 입구 부분에(탁구공이 들어갈 정도의 크기) 깔때기 모양을 만들어 연결한다. 그 위에 탁구공을 올려놓고 마요네즈 용기를 눌러서 공이 튀어 오르는 놀이를 해 본다.

생활주제
교통기관

# 풍선보트놀이

## 활동목표

- 공기의 힘을 이용하여 물제를 움직여 본다.

## 활동자료

- 컵라면 용기(스티로폼 재질), 풍선, 꺾인 빨대, 송곳, 튜브(아기 욕조), 테이프 등

## 제작방법

① 꺾인 빨대의 짧은 쪽에 풍선을 끼우고 고정시킨 후 테이프로 붙인다.

② 송곳으로 컵라면 용기 아랫부분에 구멍을 뚫고 용기 안쪽에서 밖으로 빨대를 밀어낸다.

③ 꺾인 빨대를 적당한 길이로 자른다.

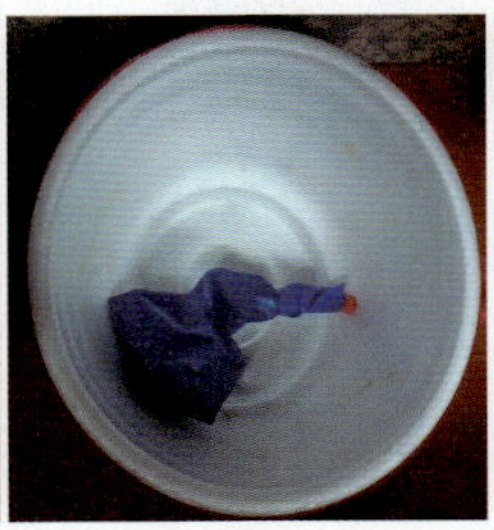

## 활동방법

① 풍선보트에 대해 이야기 나눈다.

- 배를 타 본 적 있니?
- 어떻게 하면 풍선 배가 움직일 수 있을까?
- 풍선을 불어서 손을 놓으면 풍선이 어떻게 될까?

② 풍선보트를 띄워 놀이해 본다.

- 풍선보트를 물위에 띄우면 어떻게 될까?
- 보트를 움직이려면 어떻게 해야 할까?

③ 놀이 후 느낌에 대해 이야기 나눈다.

- 풍선보트가 잘 움직였을까?
- 왜 움직였을까?
- 빨대를 아래로 구부렸더니 통통 소리가 났는데 왜 그랬을까?

## 유의점

- 공기의 힘과 관련된 다른 활동과 연계하여 지도할 수 있다.
- 미술활동시간에 시트지, 유성펜 등을 이용하여 컵라면 용기를 교통기관으로 미리 꾸며 보도록 한다.

## 연관활동

- 풍선튜브놀이: 큰 비닐 안에 풍선을 가지런히 한 줄로 붙여 매트 모양을 만든 후 여름철 물놀이 활동에 이용한다.

- 종이컵 보트: 스티로폼 접시(우드락)가 움직이도록 위에 빨대를 끼운 종이컵을 붙인 후 종이컵에 물을 담아 보트가 움직이도록 해 본다. 공기의 힘에 의해 물체가 움직이는 원리와 마찬가지로 물의 힘으로 종이컵 보트가 움직임을 이해할 수 있도록 한다.

생활주제 환경과 생활

# 공기펌프

## 활동목표

- 공기의 힘에 의해 물체가 움직일 수 있다는 것을 안다.
- 공기에 부피가 있다는 것을 이해한다.

## 활동자료

- 페트병, 크기가 다른 여러 종류의 빨대, 고무찰흙, 테이프 등

## 제작방법

① 페트병의 뚜껑에 빨대가 들어갈 정도의 구멍(2개)을 뚫는다.

② 구부러지는 빨대 2개를 연결하여 공기가 새지 않도록 테이프로 붙인다(하나는 길게, 하나는 짧게).

③ 2개의 빨대를 구멍에 끼우고 고무찰흙으로 고정시킨 후 긴 빨대는 또 다른 페트병에 끼운다.

## 활동방법

① 에어포트나 기름 넣는 펌프를 준비하여 이야기 나눈다.
- 이런 물건을 본 적 있니?
- 무엇을 할 때 사용할까?
- 어떻게 이 에어포트에서 물이 나올까?
- 어떻게 이 펌프를 통해서 기름이 옮겨질까?

② 준비한 페트병 공기펌프를 보며 이야기 나눈다.

③ 직접 빨대를 불어 본다.

④ 물이 어떻게 나오게 되었는지 이야기 나눈다.
- 빨대를 불면 왜 물이 나올까?
- 세게 불때와 약하게 불 때는 어떤 차이가 있니?

## 유의점

- 짧은 빨대를 불면 긴 빨대에서 물이 나오며, 반대로 긴 빨대를 불면 물이 밖으로 나오지 않는다는 것과 긴 빨대가 물에 잠겨 있지 않으면 물이 나오지 않음을 알도록 한다.
- 식용색소를 넣은 물을 이용하여 물의 움직임을 쉽게 관찰할 수 있도록 한다.

## 연관활동

- 화장지가 젖지 않아요: 컵 속의 화장지를 젖지 않게 하려면 어떻게 해야 하는지 실험해 본다. 물을 담은 수조에 화장지를 넣은 유리컵을 직선으로 넣으면, 공기가 차지하는 부피만큼 물의 높이가 위로 올라오기 때문에 화장지가 젖지 않는다는 것을 알도록 한다.

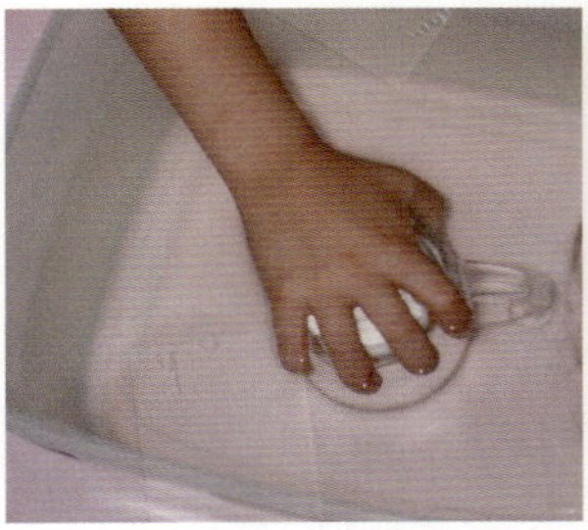

- 고무장갑이 힘이 세요: 페트병 안에 고무장갑을 넣고 테이프로 고정하여 유아들에게 고무장갑을 밖으로 꺼내 보도록 하거나 페트병에 고무장갑을 씌워 고정시킨 후 넣어 보도록 하여 공기가 차지하는 부피(공간)가 있음을 알도록 한다.

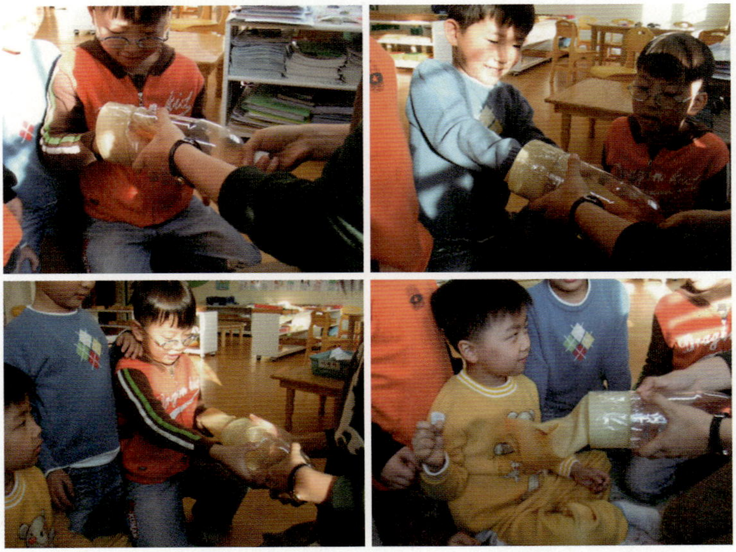

여기서 잠깐

**에어포트의 원리**

공기펌프에서 알아본 것처럼 에어포트는 공기가 들어가면 물이 나온다. 이러한 원리를 이용한 것에는 기름을 넣는 펌프가 있다. 에어포트는 공기에 힘이 가해지고, 공기가 차지하는 부피가 있기 때문에 그 부피만큼의 물이 밖으로 밀려 나오게 되는 것이다.

생활주제
교통기관

# 풍선자동차 경주

## 활동목표

- 풍선 속 공기압에 의해 물체가 움직일 수 있다는 것을 이해한다.
- 공기의 힘을 이용하여 물체를 움직여 본다.

## 활동자료

- 풍선, 자동차 모형(우드락 또는 골판지), 빨대 3개, 대꼬치 2개, 테이프 등

## 제작방법

① 자동차 모형이 될 수 있도록 우드락(골판지)을 적당히 자르고 바퀴 모양 4개를 둥글게 자른다.

② 우드락(골판지) 아랫부분에 빨대 2개를 붙인다.

③ 대꼬치에 바퀴 모양 하나를 끼워 빨대에 끼운 후 바퀴 모양 하나를 끼운다. 다른 쪽도 같은 방법으로 바퀴를 완성한다.

④ 풍선에 빨대를 꽂아 테이프로 고정시킨 후 자동차에 고정시킨다.

## 활동방법

① 게임규칙에 대해 이야기 나눈다.

② 풍선자동차에 바람을 넣어 출발선에 놓고 출발시켜 본다.

③ 놀이 후 느낌에 대해 이야기 나눈다.

- 풍선자동차가 왜 앞으로 나갔을까?
- 공기(바람)로 또 다른 물건을 움직일 수 있을까?

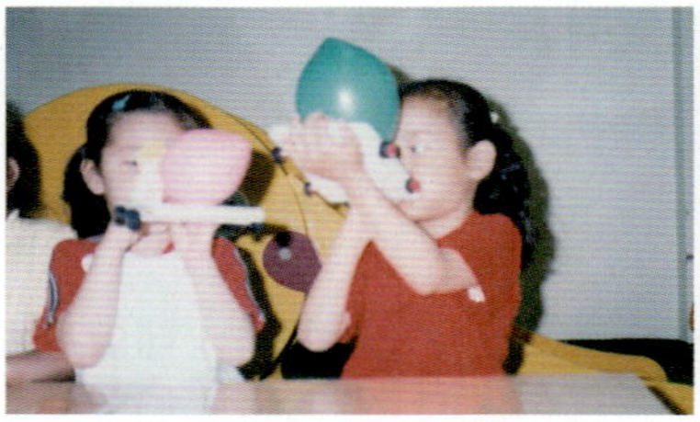

## 유의점

- 미술활동시간을 이용해 풍선자동차를 만들어 둔다.

## 연관활동

- 풍선이 빙글빙글: 풍선을 불어 묶지 않은 상태에서 손을 놓으면 바람이 빠지면서 날아간다. 바람의 힘에 의해 날아가는 풍선놀이를 해 본다.

- 풍선폭죽놀이: 풍선 속에 작은 색종이를 넣고 두꺼운 빨대를 끼워 고정시킨 후 풍선을 불었다 바람을 빼면 공기의 힘에 의해 안에 있던 색종이 조각들이 퍼져 나간다.

## 여기서 잠깐

**풍선자동차가 왜 움직일까?**

뉴턴의 '운동의 법칙', 즉 힘과 운동에 의해 물체가 앞으로 나가게 되는데 풍선을 크게 불어 막았다가 놓으면 풍선 안의 공기가 밖으로 빠져나오면서 그 공기의 힘이 풍선을 밀어내어 자동차가 앞으로 나가게 된다.

생활주제 나와 가족

# 가족을 소개해요

## 활동목표

- 공기가 차지하는 부피에 대해 이해한다.
- 비닐장갑을 활용하여 가족 구성원을 꾸며 본다.

## 활동자료

- 비닐장갑, 꺾인 빨대, 종이컵, 색종이, 매직, 풀, 송곳 등

## 제작방법

① 종이컵에 자신의 집을 꾸미고, 비닐장갑의 손가락 끝부분에 매직으로 가족 수만큼 그린다.

② 비닐장갑에 꺾인 빨대를 넣고 공기가 통하지 않도록 테이프로 붙인다.

③ 송곳으로 종이컵 아랫부분에 빨대가 들어갈 만큼 구멍을 뚫는다.

④ 종이컵 안쪽에서 빨대를 밖으로 꺼낸다.

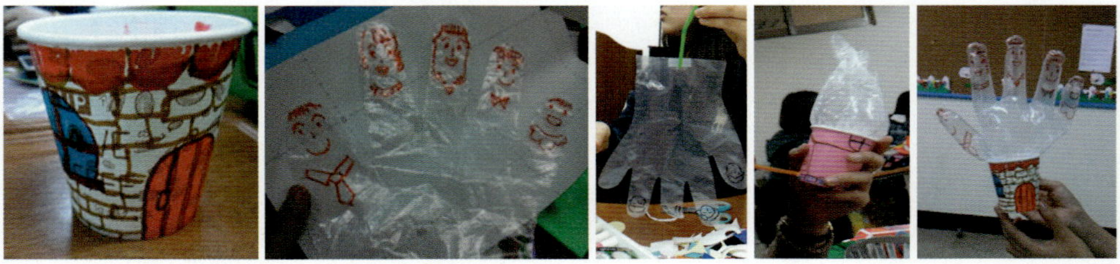

## 활동방법

① 자신이 만든 자료를 보며 이야기 나눈다.

- 어떤 집을 그렸니?
- 컵(집) 안에는 무엇이 들어 있니?
- 빨대를 불면 어떻게 될까?

② 함께 놀이해 본다.

- ○○ 가족은 몇 명이니?
- 친구에게 가족을 소개해 줄 수 있을까?

③ 놀이 후 느낌에 대해 이야기 나눈다.

- 친구들에게 가족을 소개해 주었니?
- 컵 속에 비닐은 어떻게 밖으로 나올 수 있었니?
- 비닐 안에는 무엇이 들어 있을까?

## 유의점

- 공기는 물체의 모양에 따라 달라진다는 것을 알 수 있도록 한다.
- 우리 가족을 소개할 때 유아들의 호기심을 유발할 수 있도록 활용한다.

## 연관활동

- 상자에는 무엇이 있을까?: 긴 비닐에 그림을 그리고 빨대를 끼워 붙인 후 상자에 비닐을 넣어 빨대를 불어 보도록 한다. 비닐에는 동물(악어, 뱀 등)을 그려 보게 하거나 상자 대신 큰 종이컵을 사용할 수도 있다.

- 빨대로 그려요: 몇 가지 색의 물감을 종이 위에 붓고 빨대로 불어 다양한 모양으로 표현해 보도록 한다.

생활주제 생활도구

# 촛불이 숨을 쉬어요

## 활동목표

- 촛불이 타기 위해서는 공기가 필요하다는 것을 이해한다.
- 공기의 소중함을 이해한다.

## 활동자료

- 접시, 초, 색 물, 페트병이나 컵 등

## 활동방법

① 사람이 숨을 쉬기 위해서는 무엇이 필요한지에 대해 이야기 나눈다.

- 입을 다물고 코를 잡아 볼까?
- 코를 계속 잡고 있으면 어떻게 될까?

② 준비한 자료를 보고 이야기 나눈다.

- (접시에 색 물을 넣고 초를 고정하여 불을 붙이며) 왜 초가 잘 타고 있을까?
- 만약 촛불에 페트병(유리컵)을 씌우면 어떻게 될까?

③ 실험해 본다.

④ 실험한 후 느낌에 대해 이야기 나눈다.

- 촛불에 페트병(유리컵)을 씌웠더니 어떻게 되었니?
- 왜 색 물이 빨려 올라갔을까?
- 공기가 없다면 어떻게 될까?

⑤ 공기의 소중함에 대해 이야기 나눈다.

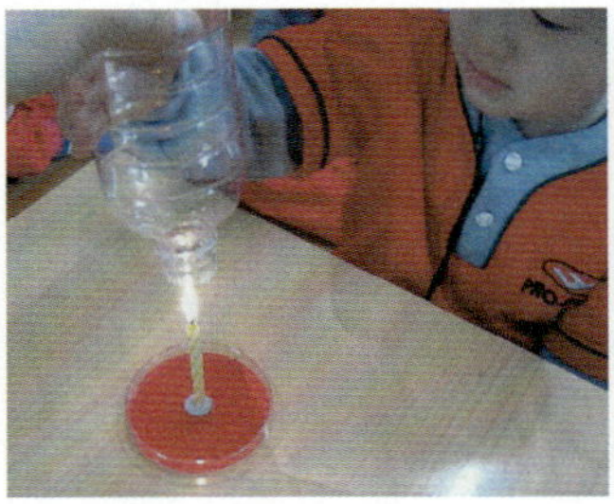

## 유의점

- 공기의 소중함을 이해할 수 있도록 한다.
- 촛불을 사용할 때는 화재 안전도 함께 지도한다.
- 생일잔치에서 촛불을 사용할 때 연계하여 지도할 수 있다.

## 연관활동

- 만약 공기가 없다면?: 공기에 대한 활동을 한 후 유아들에게 공기가 없다면 어떻게 될지 상상하여 이야기해 보도록 한다.

| 만약 공기가 없다면? |
|---|
| 1. |
| 2. |
| 3. |
| 4. |
| 5. |
| 6. |
| 7. |

여기서 잠깐

**촛불에 페트병을 씌우면 왜 물이 위로 올라갈까?**

우리 주변에 존재하는 공기는 눈에 보이지 않지만 일정한 공간을 차지하고 있는 부피가 있다. 촛불을 피우면 산소를 태우게 되는데 촛불이 타면서 산소의 양이 줄어들고 줄어든 양만큼 물이 빨려 올라가게 되는 것이다. 따라서 방 안에서 문을 닫고 난로를 오래 켜 두면 방 안의 산소 양이 줄어들기 때문에 생명에 영향을 줄 수 있다.

생활주제
환경과 생활

# 바람개비로 놀아요

## 활동목표

- 움직이는 공기가 바람이라는 것을 이해한다.
- 바람은 물체를 움직이는 힘이 있다는 것을 이해한다.

## 활동자료

- 색종이, 수수깡, 가위, 핀 등

## 제작방법

① 색종이(1cm 정도) 3조각을 준비한다.

② 각 색종이를 반으로 접는다.

③ 3개를 서로 끼운다.

④ 3개의 색종이가 잘 엮어지도록 잡아당긴 후 무게중심이 아래로 가도록 한다.

⑤ 색종이와 수수깡을 이용한 바람개비도 함께 만든다.

## 활동방법

① 바람개비를 보며 이야기 나눈다.

- 어떻게 하면 바람개비가 돌아갈까?
- 바람개비가 돌아가려면 무엇이 필요할까?

② 바람개비를 움직일 수 있는 다양한 방법에 대해 이야기 나눈다.

- 어떻게 하면 바람개비를 움직이게 할 수 있을까 ?
- 다양한 방법을 생각해 보자(입으로 불기, 선풍기, 에어컨, 헤어드라이어, 달리기, 위에서 아래로 떨어뜨리기 등).

③ 다양한 방법으로 바람개비를 움직여 본다.

④ 놀이 후 느낌에 대해 이야기 나눈다.

- 여러 가지 방법으로 바람개비를 움직여 보았니?
- 어떻게 했을 때 가장 빠르게 돌아갔니?

### 유의점

- 다양한 방법을 시도해 보도록 격려한다.

### 연관활동

- 프로펠러를 날려요: 색종이를 3등분하여 한쪽을 오려내고, 아랫부분을 삼각접기한 후 가운데 선을 자른다. 잘라진 부분을 양쪽으로 접고 끝부분에 클립을 끼운다. 클립 부분을 잡고 떨어뜨리면 프로펠러처럼 돌면서 내려온다. 어떻게 떨어뜨리면 잘 돌아가며 떨어지는지 탐색해 보고 놀이하도록 한다.

- 빙글빙글 비행접시: 두꺼운 마닐라지를 반으로 접고 아랫부분을 양쪽 밖으로 향하도록 1cm 정도 접는다. 가위로 접힌 부분까지 적당한 간격으로 자르고 양 끝을 테이프로 연결한다. 양손으로 잡고 자신을 향해 둥글게 말아 날려 보거나 다양한 방법으로 비행접시를 날려 보도록 한다.

생활주제
동식물과 자연

# 병 속에 달걀이 들어갈 수 있을까?

## 활동목표

- 뜨거운 공기는 위로 올라가려는 성질이 있다는 것을 이해한다.
- 물체의 움직임을 이해한다.

## 활동자료

- 병, 삶은 달걀(물을 넣은 풍선), 헤어드라이어, 뜨거운 물, 그릇 등

## 활동방법

① 준비된 자료를 보며 이야기 나눈다.
- 이것으로 무엇을 할 수 있을까?

② 실험해 본다.
- (병 입구에 삶은 달걀을 올려놓고) 달걀이 어떻게 될까? 병 안에 달걀이 들어갈 수 있을까?
- (헤어드라이어로 병 속을 뜨겁게 달군 후 달걀을 올려놓고) 이번에는 달걀이 어떻게 될까? 병 안으로 들어갈 수 있을까?
- (뜨거운 물 위에 병을 놓은 후 달걀을 올려놓고) 이번에는 달걀이 어떻게 될까?

③ 실험한 후 느낌에 대해 이야기 나눈다.
- 어떻게 했을 때 달걀이 병 속으로 들어갔니?
- 어떻게 들어갈 수 있었을까?

## 유의점

- 수증기와 연계하여 지도할 수 있다.
- 헤어드라이어나 뜨거운 물 사용에 주의한다.

## 연관활동

- 동전이 혼자 움직여요: 병에 찬물을 넣었다 쏟아낸 후 병 입구에 물을 묻힌 동전을 올려놓고 두 손으로 병을 감싸고 잠시 기다리면 동전이 혼자 움직인다.

(따뜻한 공기의 팽창으로 움직이게 됨을 이해할 수 있도록 한다.)

- 병이 풍선을 불어요: 병 속에 식초를 20ml 정도 넣은 후 소다(탄산수소나트륨)를 병 속에 넣고 병에 풍선을 끼우면 저절로 부풀어 오른다.

여기서 잠깐

**더운 공기는 왜 위로 올라갈까?**

더운 공기가 위로 올라가는 이유를 분자운동으로 설명하면, 공기분자가 그릇에 담겨 있을 때 중력에 의해 기체분자들이 그릇의 위쪽 보다는 아래쪽에 많이 있게 된다. 같은 온도일 경우 기체분자들은 같은 운동에너지를 가지고 운동하고 있다. 여기에 뜨거운 공기분자가 들어가면 다른 분자들과 충돌하면서 서로 에너지가 같아질 때까지 움직인다. 이때 뜨거운 공기분자가 위로 움직이기 시작하면 다른 공기분자들과 충돌하는 확률이 적어 더 많이 이동될 수 있게 된다. 따라서 빨리 움직이는 분자는 위쪽으로 움직이려는 경향이 생기기 때문에 더운 공기가 위로 상승한다.

# 물

생활주제 여름

# 샤워놀이

## 활동목표

- 구멍 위치에 따라 물의 압력에 차이가 있다는 것을 이해한다.
- 물과 공기의 부피에 대해 이해한다.

## 활동자료

- 페트병, 우유팩, 마요네즈병, 색 시트지, 철사, 노끈, 비닐테이프, 송곳, 본드, 유성펜 등

## 제작방법

① 여러 개의 페트병을 적당한 크기로 잘라 송곳으로 구멍을 낸 후 손잡이를 만든다. 페트병을 색 시트지나 유성펜으로 꾸민다.

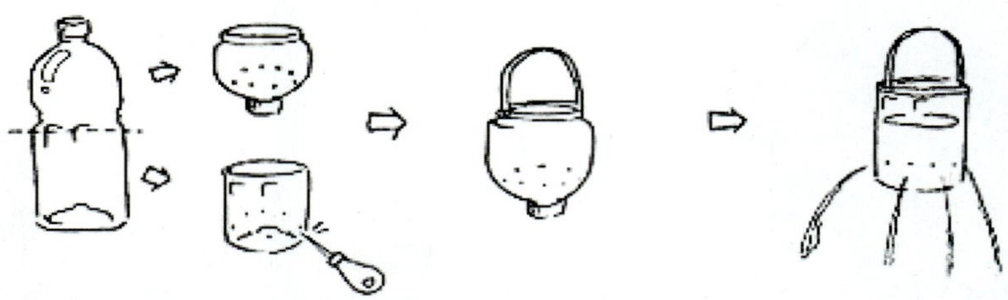

② 우유팩으로 조리를 만들거나 빨대를 연결해 여러 가지 모양을 만든다.

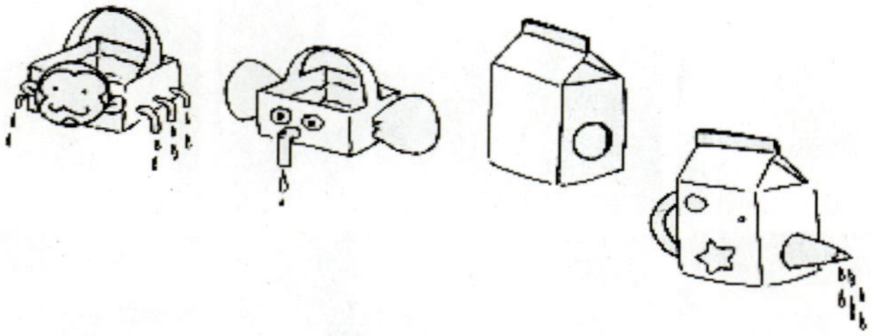

③ 뚜껑이 있는 페트병이나 마요네즈병에 구멍을 낸 후 꾸민다.

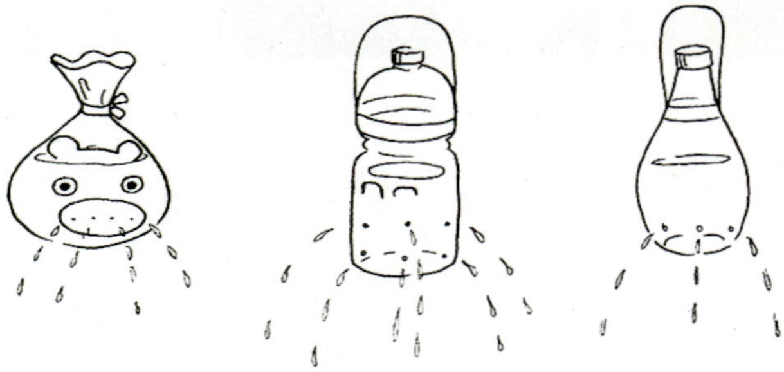

## 활동방법

① 여러 가지 샤워놀이 도구들을 보며 이야기 나눈다.

- 무슨 놀이를 할 수 있을까?
- 여기에 물을 담으면 어떻게 될까?
- 페트병에 물을 담고 뚜껑을 닫으면 어떻게 될까?

② 실외영역에서 샤워놀이를 해 본다.

- 나무나 꽃을 샤워시켜 줄까?
- 페트병의 뚜껑을 열었다 닫았다 해 볼까?

③ 놀이 후 느낌에 대해 이야기 나눈다.

## 유의점

- 페트병의 자른 부분이 날카롭지 않도록 주변을 색테이프로 감싼다.
- 여름 물놀이를 할 때 샤워놀이를 해 보도록 한다.
- 물과 공기를 연계하여 지도할 수 있다.

## 연관활동

- 신나는 샤워놀이: 실외에서 여름 물놀이를 할 때 샤워놀이 도구를 이용하여 놀이해 보거나 우유갑을 연결하여 구름다리 위에 올려놓아 물을 부어 주면서 샤워놀이를 할 수 있도록 한다.

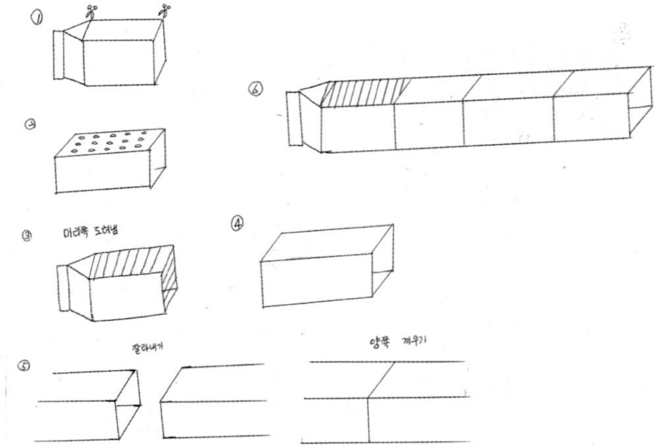
①
②
③
머리쪽
④
⑤
잘라내기
양쪽 끼우기
⑥

생활주제 생활도구

# 물레방아

## 활동목표

- 물에는 힘이 있다는 것을 안다.
- 물의 힘으로 물체를 움직여 본다.

## 활동자료

- 재활용 CD, 파이프, 아크릴 판, 글루 건, 빈 병(우유팩), 칼 등

## 제작방법

① 파이프를 지름 8cm, 길이 8cm 크기로 자른다.

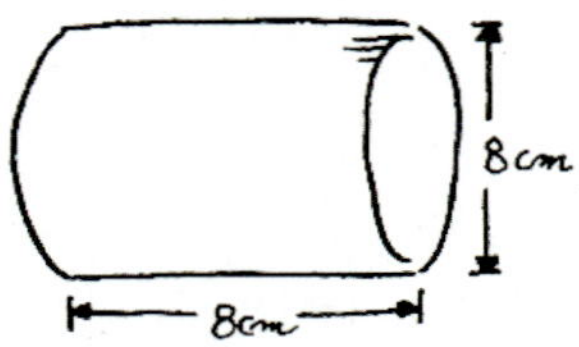


② 재활용 CD를 파이프의 양쪽에 붙인다.

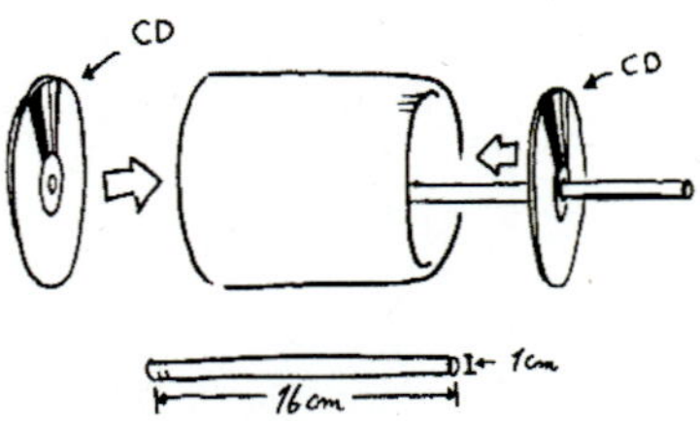

③ 8×6cm 크기의 아크릴 판 6개를 잘라 ②에 붙인다.

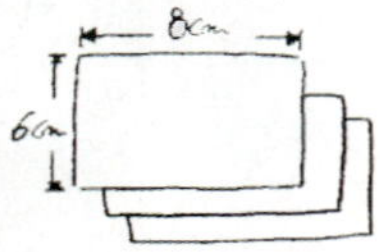


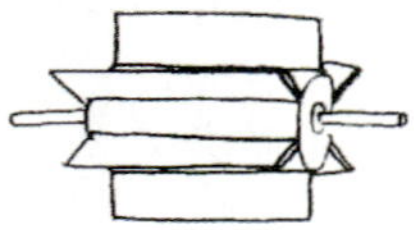

④ 2개의 유리병에 물을 넣어 ③을 붙이거나 우유팩을 몇 개 연결하여 물레방아 고정판을 만든다.

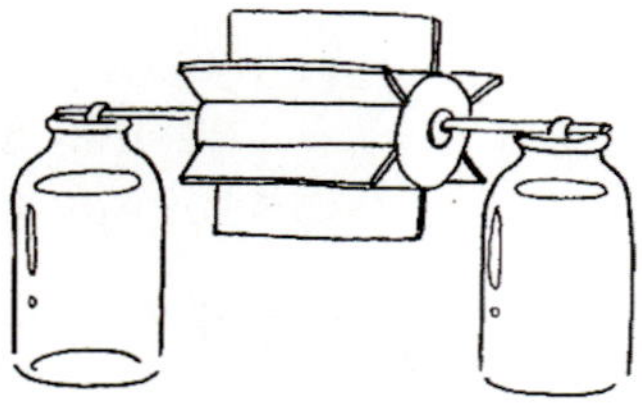

⑤ 튜브나 아기 욕조에 물을 담고 ④를 넣는다.

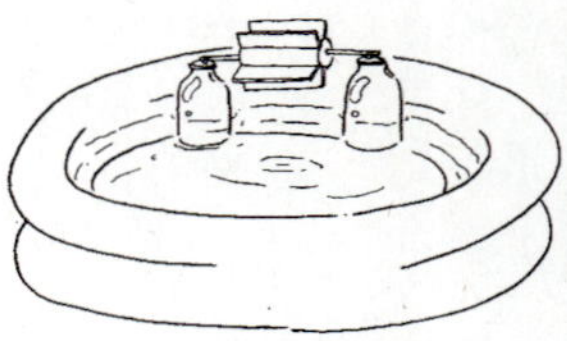

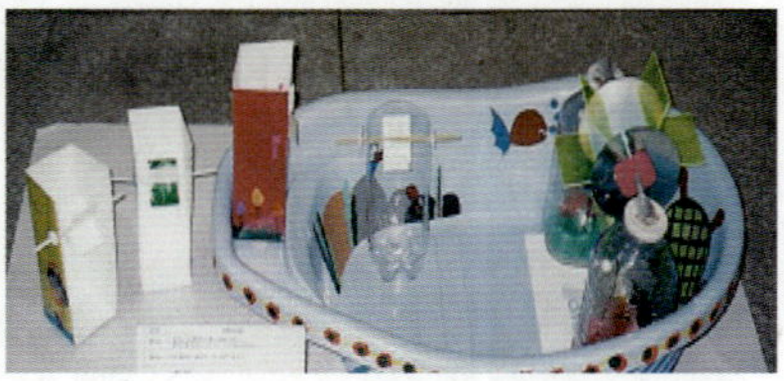

## 활동방법

① 물레방아 그림자료를 보며 이야기 나눈다(방앗간 물레방아, 염전 물레방아 등).

② 컵에 물을 담아 물레방아를 돌려 본다.

③ 물레방아에 높게, 낮게 물을 부어봄으로써 차이점을 관찰하게 한다.

④ 물의 흐름과 경사의 정도에 따라 물의 힘이 다르다는 것에 대해 이야기 나눈다.

## 유의점

- 바람의 힘을 이용한 풍차나 바람개비 활동과 연계하여 지도할 수 있다.
- 모래의 힘에 의해서도 물레방아가 돌아갈 수 있음을 연계하여 지도한다.

## 연관활동

- 물속에서 핀 종이꽃: 종이꽃을 그린 후 종이 꽃잎을 차례대로 안쪽을 향해 접은 후 종이꽃을 물 위에 띄워 보고 어떻게 되는지 살펴본다.

생활주제 여름

# 물에 뜨는 것, 가라앉는 것

## 활동목표

- 물에 뜨는 물체와 가라앉는 물체를 안다.
- 물에 뜨는 것과 가라앉는 것을 분류해 본다.

## 활동자료

- 수족관, 바구니 3개, 물, 나무토막, 돌, 못, 코르크, 탁구공, 지우개, 클립, 스펀지, 종이, 구슬 등 여러 가지 물체

## 활동방법

① 준비한 여러 가지 물체를 탐색해 본다.
- 이 물체는 무엇이니?

② 준비한 물체를 물에 넣었을 때 뜰지 가라앉을지 예측해 본 후 분류해 본다.
- 물에 넣었을 때 어떤 것이 뜰까?
- 물에 넣었을 때 어떤 것이 가라앉을까?

③ 물에 직접 넣어 보고 예측한 대로 되었는지 관찰한다.
- 물에 뜨는 물체에는 어떤 것들이 있니?
- 물에 가라앉는 물체에는 어떤 것들이 있니?
- 물에 떴다 가라앉는 물체에는 어떤 것이 있니?

④ 물에 뜨는 것과 가라앉는 물체의 특성을 비교해 본다.

- 어떤 특성을 가진 물체들이 떴을까?(가라앉을까?)

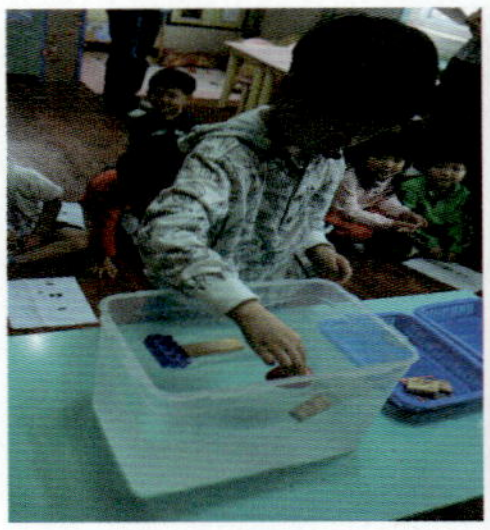

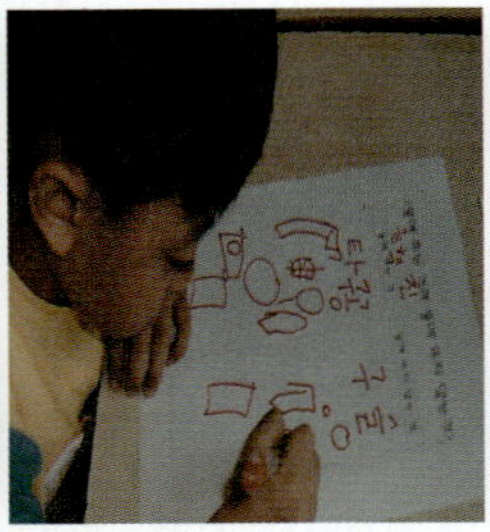
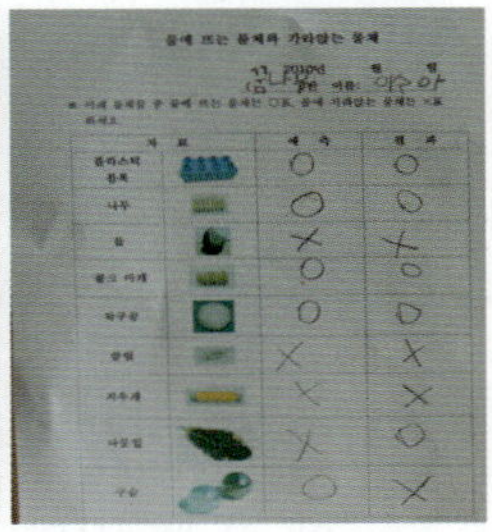

## 유의점

- 바닥에 물이 흘러서는 안 된다는 점을 지나치게 강조하기보다는 바닥에 수건을 깔아 주어 물을 흘리면 유아 스스로 닦아 보도록 지도한다.

## 연관활동

- 고무찰흙 배: 어떻게 하면 물 위에 고무찰흙을 띄울 수 있을지 시도해 보고, 찰흙을 평평하게 배처럼 만들어 띄어 본다.

## 여기서 잠깐

### 물에 뜨는 것과 물에 뜨지 않는 것

| 물에 뜨는 것 | 물에 뜨기도 하고 가라앉기도 하는 것 | 물에 뜨지 않는 것 |
| --- | --- | --- |
| | | |

### 부력

물은 물체를 밀어내는 힘 또는 물체가 들어오지 못하도록 방해하는 힘을 가지고 있는데 이것이 부력이다. 따라서 모든 물체는 물속에서 부력을 갖는다. 물이 가득 담긴 통 속에 어떤 물체를 담그면 그 물체의 부피만큼 물이 넘친다. 이 넘친 물의 무게와 그 물체의 무게를 비교하여 물의 무게가 무거우면 그 물체는 뜨고(양성 부력), 물의 무게가 가벼우면 그 물체는 가라앉는다(음성 부력).

부력은 물체가 얼마만큼 물을 밀어내는가에 따라 정해지며, 이것은 B.C. 220년경 아르키메데스가 발견하였다. 물속에 있는 물체가 실제의 무게보다 가볍게 느껴지는 것은 이 원리에 의해 설명된다. 이 원리는 물질의 비중을 측정하는 기초가 되며, 물체의 부피를 계산하는 데도 응용되었다. 전설에 의하면 아르키메데스가 시라쿠사의 왕 히에론의 명에 따라 왕관이 순금제인지를 조사하느라고 고심하던 중 우연히 목욕탕에 들어가게 되었을 때 자신의 몸이 가볍게 느껴짐을 깨닫고 이 원리를 발견하였다. 이 원리를 이용하여 왕관의 비중을 재어 은이 섞여 있음을 알아냈다고 한다.

※ 다양한 사고를 이끌어 내기 위해 물에 뜨기도 하고 가라앉기도 하는 것은 가운데 놓을 수 있도록 배려한다.(예 유아가 종이나 찰흙, 페트병, 콜라병 뚜껑 등을 뜨게도 하고 가라앉게도 한다면 유아들의 사고를 존중하여 가운데 놓아 보게 한다.)

생활주제 여름

# 물총놀이

## 활동목표

- 가해지는 힘과 구멍의 크기에 따라 물의 압력이 다르다는 것을 이해한다.
- 물의 압력을 이용하여 놀이해 본다.

## 활동자료

- 주사기, 마요네즈병, 샴푸, 린스병, 분무기, 유성펜, 비닐테이프 등

## 제작방법

- 누르면 물이 뻗어 나갈 수 있는 병(마요네즈병, 샴푸, 린스병, 약병 등)과 분무기, 주사기 등을 꾸민다.

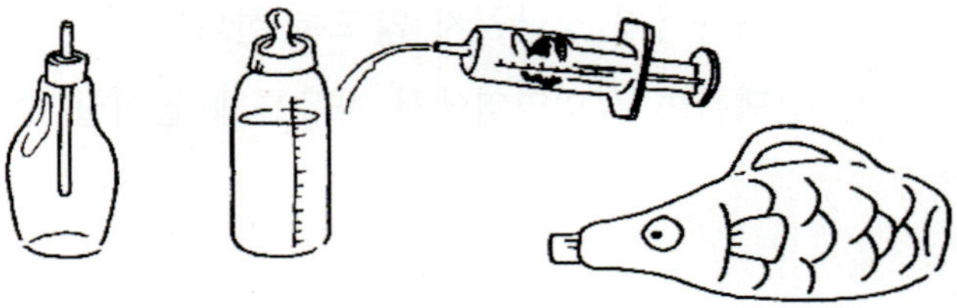

## 활동방법

① 물총놀이에 대해 이야기 나눈다.

- 물총놀이를 해 본 적 있니?

- 어떻게 하면 물총의 물이 밖으로 나갈까?

② 재활용병으로 만든 물총들을 보며 이야기 나눈다.

- 어떤 도구의 물이 세게 나갈까?
- 어떤 도구의 물이 가장 굵게(가늘게) 나갈까?
- 어떻게 하면 물이 멀리(가까이) 나갈까?

③ 놀이 후 느낌에 대해 이야기 나눈다.

- 물총놀이를 했을 때 기분이 어땠니?
- 어떤 도구의 물이 가장 세게(굵게, 가늘게) 나갔니?
- 어떻게 했을 때 물이 가장 멀리(가까이) 나갔니?

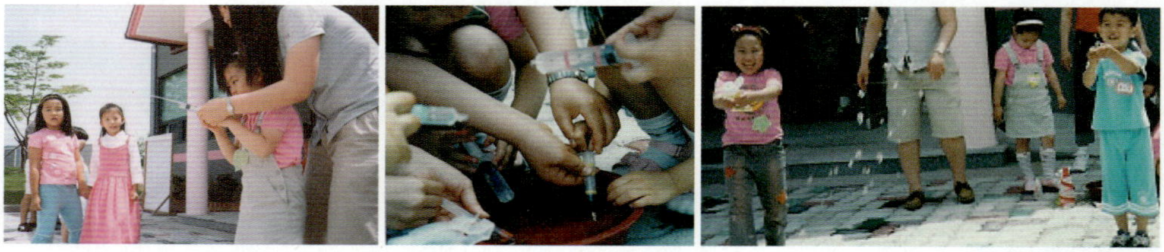

## 유의점

- 친구를 향해 쏘거나 지나치게 장난치지 않도록 한다.
- 날씨가 좋은 날을 선택하여 실외영역에서 자유롭게 놀이할 수 있도록 한다.

## 연관활동

- 색 물 섞기: 여러 종류의 색 물을 넣은 분무기를 이용하여 흰 종이 위에 색 물을 뿌려 봄으로써 색을 혼합해 보는 활동을 해 본다.

생활주제
환경과 생활

# 물의 흐름

## 활동목표

- 물은 위에서 아래로 흐른다는 것을 안다.

## 활동자료

- PVC 파이프, 호스, 물통, 상자, 화장지, 컵, 톱 등

## 제작방법

① PVC 파이프를 적당한 크기의 반원형으로 자르고, 상자 등으로 계단을 만들어 PVC 파이프를 올려놓는다.

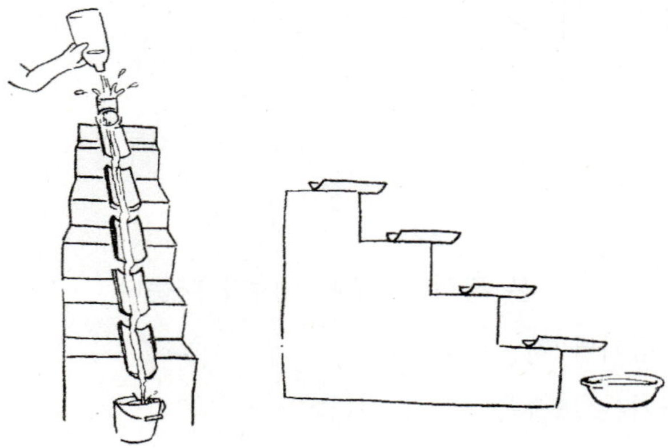

② 물통 2개의 높낮이를 다르게 하여 높은 쪽의 물통에 물을 담은 후 호스로 연결한다.

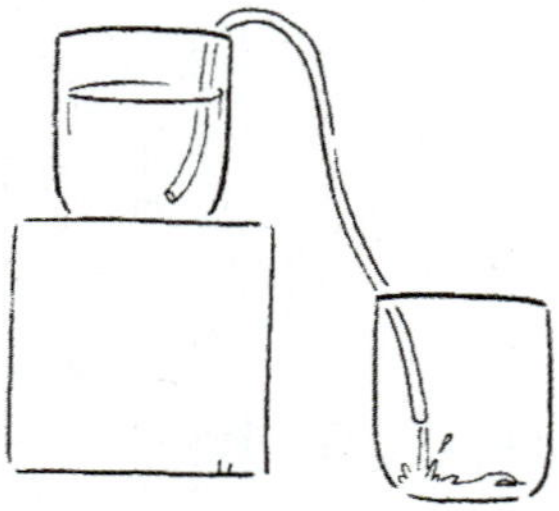

③ 컵 2개의 높낮이를 다르게 하고 높은 쪽의 컵에 색이 확실한 물감 물을 담은 후 두루마리 화장지를 꽂아 둔다.

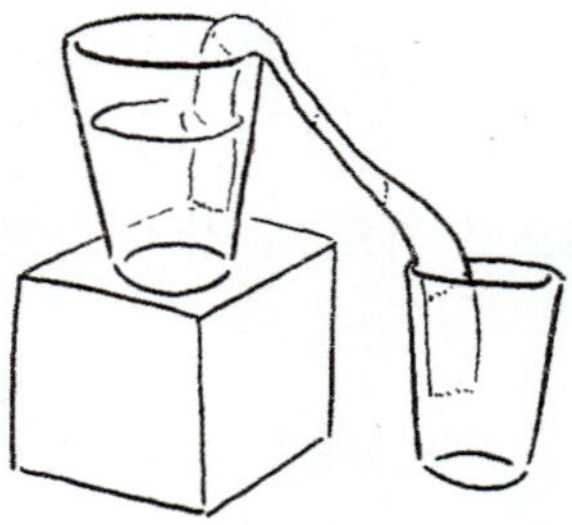

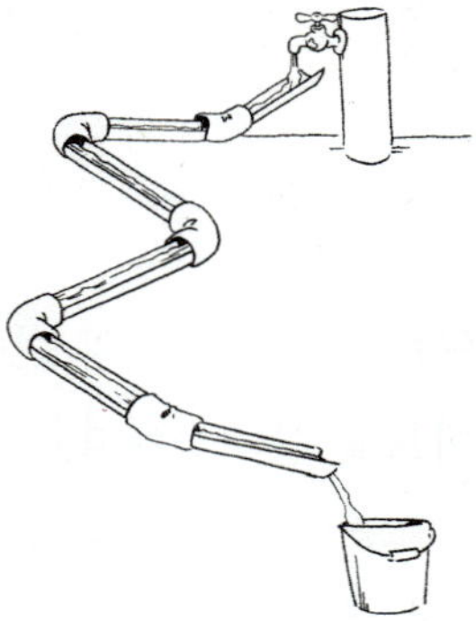

### 활동방법

① 시냇가나 강가에 가 본 경험에 대해 이야기 나눈다.

- 시냇가나 강가에 가 본 적 있니?
- 물이 흘러가는 모습을 본 적 있니?
- 물이 어떻게 흘러갔니?

② 계단 위의 PVC 파이프에 물을 부으면(물통 속에 호스를 꽂으면) 어떻게 될지 이야기 나눈다.

③ 컵 속에 화장지를 꽂아 두면 어떻게 될지 이야기 나눈다.

④ 물의 흐름에 대해 관찰해 보고, 놀이해 본다.

⑤ 물은 위에서 아래로 흐른다는 것을 알게 한다.

## 유의점

- 물이 흐르는 PVC 파이프 아랫부분에 물레방아를 놓고 활동할 수 있다.
- 상자 대신 실외 계단을 이용할 수 있다.

## 연관활동

- 물과 섞으면: 물에 기름, 알코올, 가루비누 등을 서로 섞고 어떻게 되는지 관찰해 본다.

생활주제 생활도구

# 물 돋보기

## 활동목표

- 물에 의해 물체가 확대되어 보인다는 것을 안다.

## 활동자료

- 유리컵, 코팅한 종이를 붙인 컵 3개, 코팅된 그림, 블록, 구슬, 물 등

## 활동방법

① 준비한 자료를 보며 이야기 나눈다.

- 물건을 크게 보려면 어떻게 해야 할까?
- 물속에서는 물건이 크게 보일까?
- 목욕탕에 들어갔을 때 몸이 크게 보인 적 있었니?

② 컵에 물을 붓고 실험해 본다.

- 여기에 손가락(그림, 블록)을 넣으면 어떻게 될까?
- (종이를 붙인 컵 3개) 여기에 물을 부으면 종이가 어떻게 보일까?
- 물을 붓지 않았을 때는 어떻게 보였니?
- 물을 부을 때와 어떤 차이가 있니?

③ 물체를 크게 보이게 하는 방법을 주변에서 찾아본다.

- 물체를 크게 보이게 하는 것에는 또 어떤 것들이 있을까?

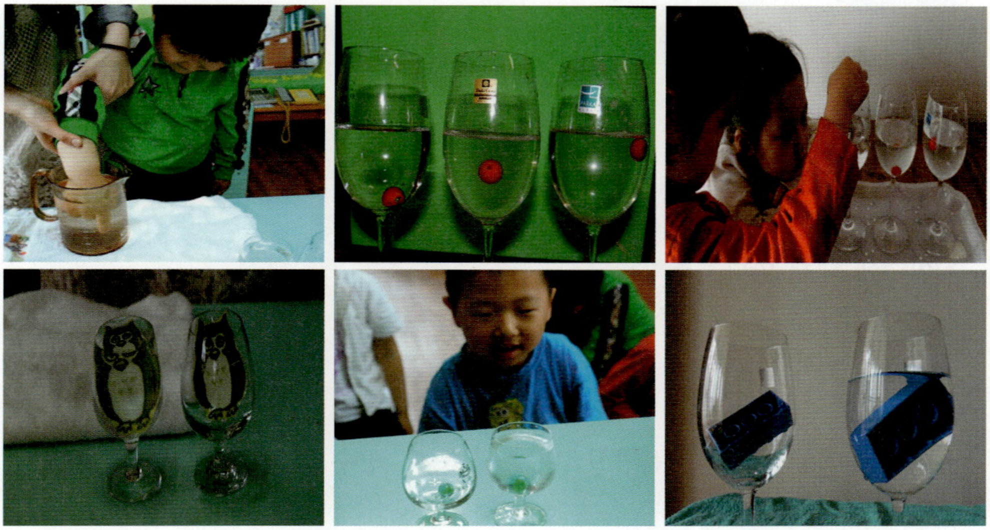

### 유의점

- 둥근 컵에 그림을 붙이는 것이 네모난 컵에 붙이는 것보다 확대의 효과가 크다는 것을 알도록 한다.
- 빛의 굴절과 연계하여 지도한다.

생활주제 봄

# 물에 젖지 않아요

## 활동목표

- 물을 흡수하는 물질과 흡수하지 않는 물질을 안다.
- 방수에 대해 안다.

## 활동자료

- 색 물, 어항, 화장지, 은박지, 비닐, 신문지, 방수 물건(우산, 장화, 우의 등)

## 활동방법

① (비 오는 날이나 물놀이한 후) 젖은 옷이나 양말 등을 보며 이야기 나눈다.
- 옷이나 양말이 왜 젖었을까?
- 비 오는 날 옷을 젖지 않게 하려면 어떻게 해야 할까?

② 준비한 자료를 보며 이야기 나눈다.
- 물에 젖지 않은 것(물에 젖는 것)은 어떤 것이 있니?
- 어떤 것이 물에 젖는지(젖지 않는지) 색 물에 넣어서 알아볼까?

③ 방수 물건에 대해 이야기 나눈다.
- 방수(물을 흡수하지 않는 것)가 되는 물건에는 어떤 것들이 있을까?
- 비가 오는 날 옷을 젖지 않게 하려면 어떻게 해야 할까?

④ 신문지 우산과 우산을 비교해 본다.

## 연관활동

- 젖지 않는 그림: 화선지에 양초로 그림을 그린 후 색 물로 칠하면, 양초로 그린 부분은 물에 젖지 않고 그림이 나타난다.

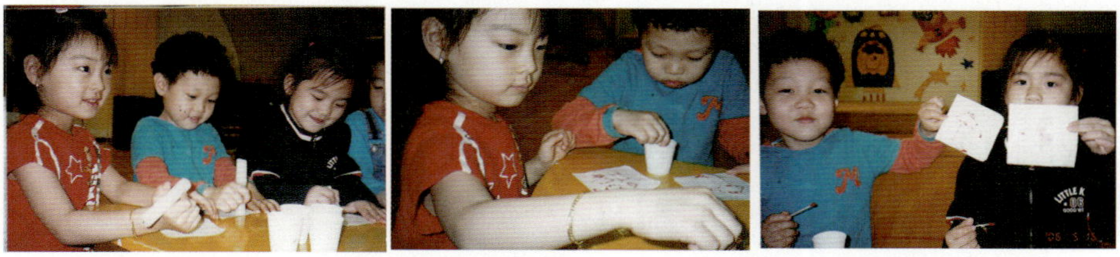

### 여기서 잠깐

**물을 잘 흡수하는 물질**

흡수란 종이나 천과 같은 고체가 물과 같은 액체를 빨아들이는 현상이다. 물을 흡수하는 물체에는 물 알갱이들이 비집고 들어갈 수 있는 작은 틈이 있다. 따라서 이 틈 사이로 물 알갱이들이 들어가게 되면 물체가 물을 흡수했다고 한다.

생활주제 환경과 생활

# 물이 쏟아지지 않아요

## 활동목표

- 물의 특성에 대해 안다.
- 표면장력에 의해 물이 쏟아지지 않는다는 것을 이해한다.

## 활동자료

- 컵, 종이, 접시

## 활동방법

① 컵에 물을 넣고 종이로 덮는다.

② 종이가 덮인 컵을 손바닥으로 막고 거꾸로 세운다.

③ 컵에서 손바닥을 천천히 떼면서 컵 속의 물이 어떻게 되는지 살펴본다.

- 손바닥을 떼면 물이 어떻게 될까?
- 물이 왜 쏟아지지 않을까?

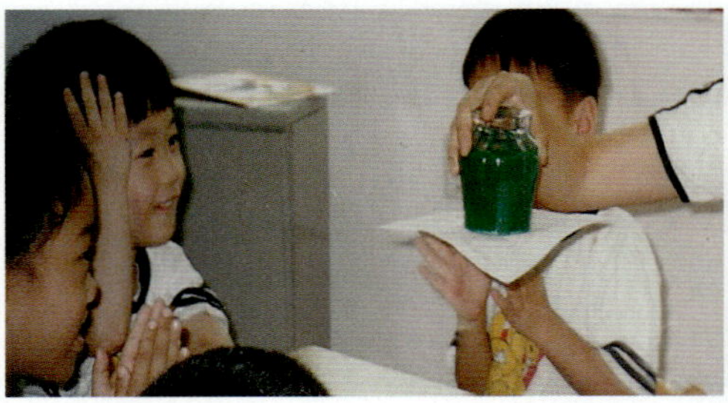

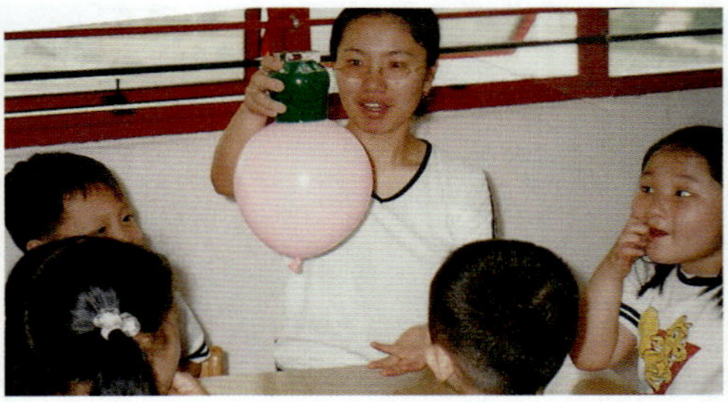

## 유의점

- 실외에서 놀이하면서 물이 쏟아지지 않게 하려면 어떻게 해야 하는지 자유롭게 탐구해 보도록 한다.

## 여기서 잠깐

### 물이 쏟아지지 않는 이유

컵을 뒤집었을 때 물을 쏟아지지 않게 하는 방법이 있을까? 표면장력원리를 이용하면 종이로도 물이 쏟아지지 않게 막을 수 있다. 컵 속에 물을 가득 넣고 컵의 입구를 종이로 막은 후 컵을 거꾸로 뒤집어 놓으면 신기하게도 컵 속에 있는 물은 쏟아지지 않고 그대로 있다. 그 이유는 표면장력에 의해 물이 쏟아지려는 것을 막고 있기 때문이다.

### 표면장력으로 나타나는 현상

표면장력은 표면적을 작게 유지하려는 본질적인 성질이다. 표면장력이 나타나는 현상으로는 나뭇잎 위에 있는 이슬방울이 둥근 모양으로 맺혀 있는 경우, 둥근 물방울에 갇힌 개미가 밖으로 빠져 나올 수 없을 때, 비눗방울이나 액체 속의 기포, 물방울 등이 둥근 모양일 때 쉽게 볼 수 있다.

생활주제 여름

# 물은 어디로 갔을까?

## 활동목표

- 햇빛에 의해 수분이 증발됨을 안다.
- 물로 다양한 그림을 그려 본다.

## 활동자료

- 물, 물 그림을 그릴 도구(분무기, 롤러, 붓 등), 벽

## 활동방법

① 햇볕이 강하고 맑은 날에 벽에 물로 그림을 그리면 어떻게 될지 이야기 나눈다.

② 다양한 도구를 이용해 물 그림을 그려 본다.
- 벽에 그림을 그려 볼까?
- 벽에 글씨를 써 볼까?

③ 어느 정도 시간이 지난 뒤 물로 그렸던 그림이나 글씨가 어떻게 되었는지 관찰해 본다.
- 조금 전에 그렸던 그림(글씨)이 어떻게 되었니?

④ 물로 그린 그림이 없어진 이유에 대해 이야기 나눈다.

⑤ 우리 주변에서 쉽게 경험할 수 있는 물의 증발에 대해 이야기 나눈다.
- 우리 주변에서 물이 증발하는 것을 본 적 있니?
- 어디에서 보았니?(요리할 때 음식에서 나오는 김, 물을 끓일 때 주전자, 목욕탕 등)

## 유의점

- 햇볕이 좋은 날 놀이하면 즉각적인 변화를 볼 수 있어 효과적이다.
- 물 그림을 사진으로 찍어 두었다가 놀이가 끝난 후 사라진 그림에 대해 사진을 보며 이야기 나눌 수 있다.

## 연관활동

- 빨간색 물이 위로 위로: 차가운 물이 담긴 컵에 빨간색 색소를 넣은 뜨거운 물을 부우면 어떻게 될지 예측해 보고 실험해 봄으로써 뜨거운 물이 차가운 물과 섞이지 않고 위에 위치한다는 것을 알도록 한다. 또한, 차가운 물이 담긴 수조 안에 빨간색 색소를 넣은 뜨거운 물이 담긴 컵을 비닐로 띄운 후 수조 안에 넣고 바늘로 구멍을 내어 빨간색 물이 어떻게 되는지 알아본다.

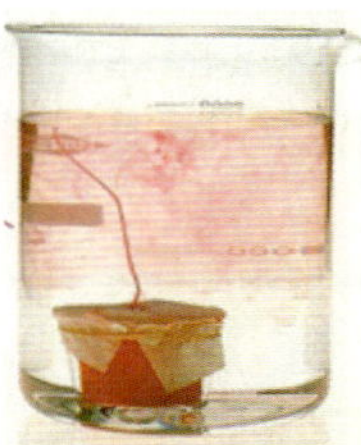

- 물의 증발: 약간 오목한 접시 2개에 같은 양의 물을 붓고 한쪽 접시 위에 투명한 랩을 덮은 후 햇빛이 잘 드는 곳에 놓아두었다가 이틀 정도 지난 후에 2개의 접시에 남아 있는 물의 양을 비교해 본다.

- 소금옷을 입어요 : 모루로 인형 모양을 만든 후 소금의 농도가 다른 물이 담긴 컵에 담가 둔 후 일주일 정도 변화과정을 관찰해 본다.

- 빨래하기: 여름 물놀이 활동을 할 때 실외놀이영역에서 빨래하기 놀이를 해 본다.

**여기서 잠깐**

### 물의 밀도

뜨거운 물은 차가운 물보다 가볍다(밀도가 낮다). 따라서 뜨거운 물이 아래에 있는 병은 물이 순식간에 섞이고, 뜨거운 물이 위에 있는 병은 물이 섞이지 않는다. 시간이 지난 후 뜨거운 물이 아래에 있는 병의 물과 완전히 섞일 동안 뜨거운 물이 위에 있는 병의 물은 섞이지 않는다. 뜨거운 물이 서서히 식기 시작하면 섞인다.

# 자석

생활주제
동식물과 자연

# 춤추는 나비

## 활동목표

- 자석에 힘이 있다는 것을 안다(자력).
- 쇠로 만든 물체는 자석에 붙는다는 것을 안다.

## 활동자료

- 자석, 클립이 끼워진 여러 모양의 그림, 나무토막, 낚싯줄

## 제작방법

① 얇은 종이로 다양한 모양을 오린다(나비, 연 모양, 꽃, 잠자리 등).

② 클립에 실을 연결한다.

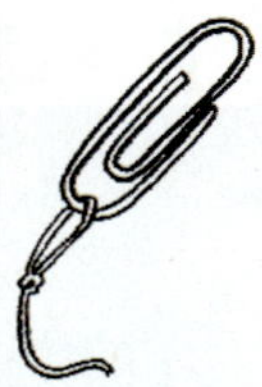

③ 오려 놓은 여러 가지 모양의 뒷부분에 클립을 붙인다.

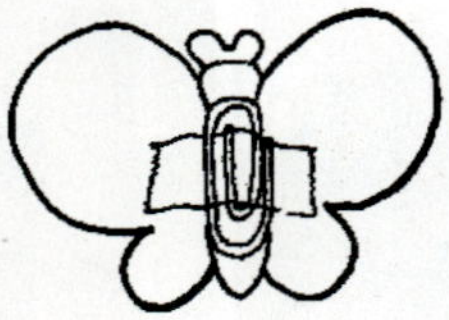

④ 두꺼운 판이나 상자의 중간에 실을 끼운다.

⑤ 자석으로 여러 가지 모양을 공중으로 띄워 본다.

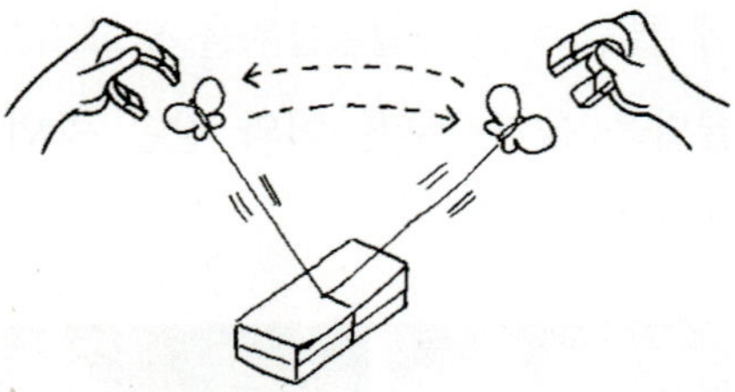

## 활동방법

① 준비된 자료를 보여 주고 이야기 나눈다.

② 자석에 클립을 붙여 공중으로 들어올린다.

③ 자석을 이리저리 움직여 본다.

④ 같은 방법으로 여러 가지 모양을 띄워 본다.

## 유의점

- 가능한 얇은 종이를 이용하면 공중으로 띄우기 쉽다.
- 자력에 따라 공중으로 띄우는 힘이 다르다는 것을 알도록 한다.

## 연관활동

- 클립 옮기기: 페트병에 클립(자석에 잘 붙는 물체)을 넣고 2개의 페트병을 마주 보게 붙인 후 자석으로 클립을 옮겨 본다. 이와 같은 방법으로 콜라병 속에 들어 있는 클립을 위로 끌어올려 본다.

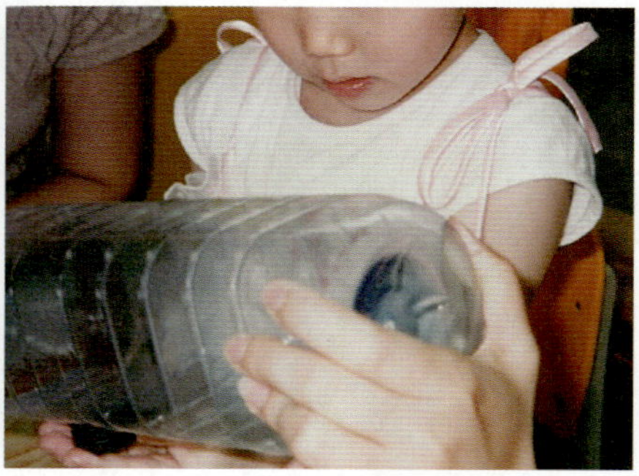

• 모래 속에서 물건 찾기: 모래 속에 자석에 붙는 물건들을 넣어 두고, 손을 넣지 않고 자석으로 물건을 찾아보도록 한다.

• 바늘자석들의 춤: 사각형 스티로폼에 바늘(자석에 문지른 것)을 꽂아 대야에 일정한 거리를 두고 띄운다. 그리고 가운데에 막대자석을 세우면 바늘이 빙글빙글 돌며 춤을 춘다.

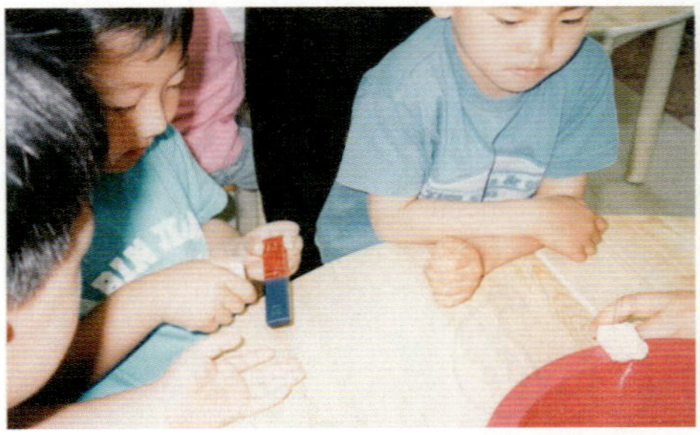

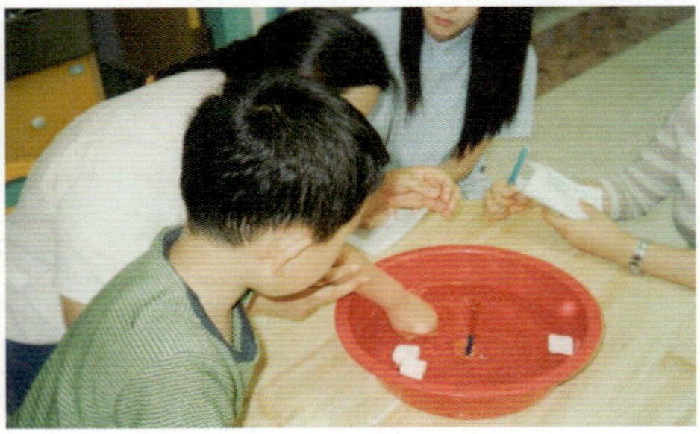

**여기서 잠깐**

**바늘자석은 왜 춤을 출까?**

자석과 바늘은 서로 끌어당기려고 하지만 바늘끼리는 서로 밀어내므로 평형을 이루는 곳에서 멈추게 된다. 바늘 수에 따라 삼각형, 사각형 오각형을 만든다.

생활주제 동식물과 자연

# 물고기 낚시

## 활동목표

- 자석에 붙는 것과 붙지 않는 것에 대해 안다.
- 자석의 힘으로 물체를 움직여 본다.

## 활동자료

- 크기가 작은 비닐봉투나 풍선, 클립, 끈, 자석, 색종이, 인형 눈, 막대

## 제작방법

① 작은 비닐봉투나 풍선을 준비한다.

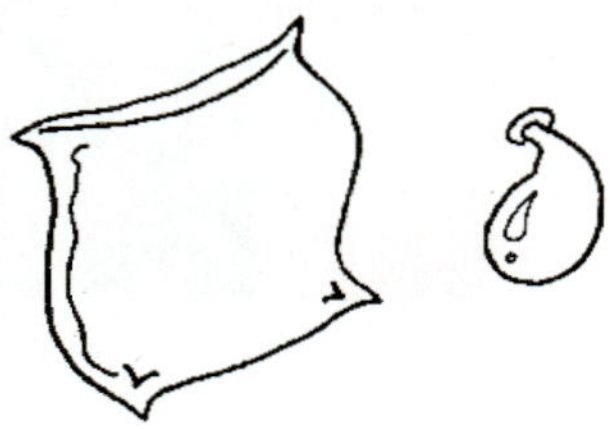

② 클립을 몇 개 넣은 후 공기를 넣는다.

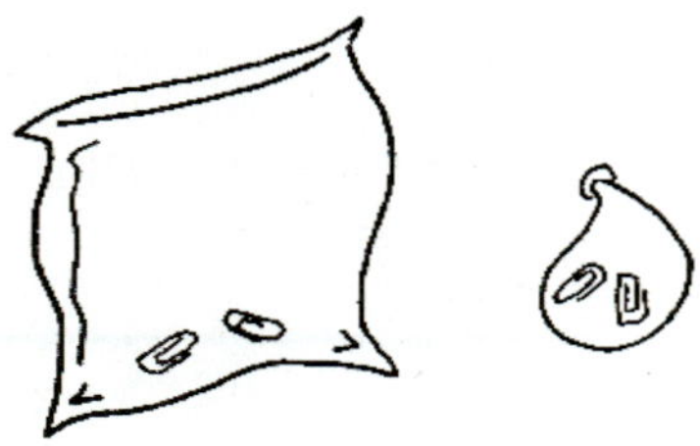

③ 끈으로 동여맨 후 눈동자를 붙인다.

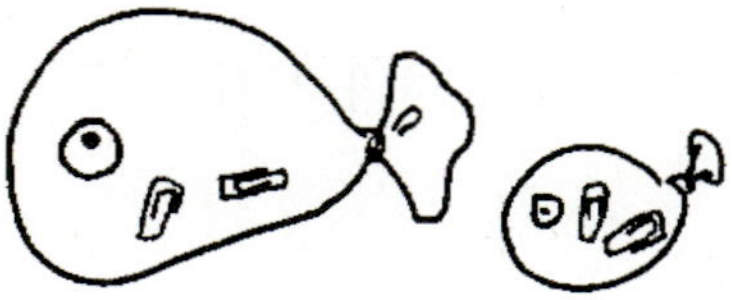

④ 낚시를 할 수 있도록 낚싯대를 준비한다.

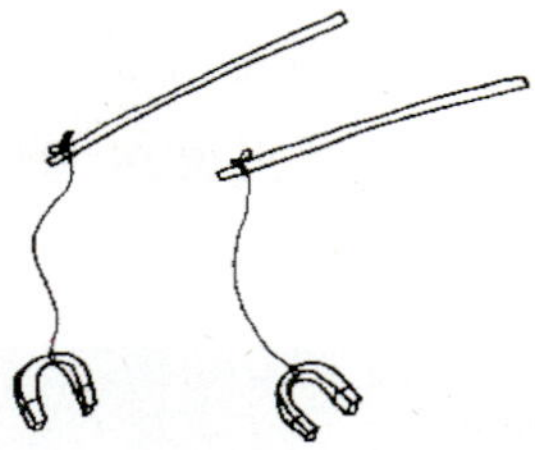

## 활동방법

① 준비된 여러 가지 물고기 모형을 어항(아기 욕조, 간이 튜브 수영장) 속에 넣는다.

② 자석을 붙인 낚싯대를 준비한다.

③ 낚싯대를 이용해 어항 속의 여러 가지 물고기를 낚아 본다.

④ 물고기를 얼마나 낚았는지, 어떤 것이 더 잘 낚아지는지에 대해 이야기 나눈다.

## 유의점

- 고무(풍선)와 비닐(위생봉투)의 소재에 따라 자력의 힘이 다르다는 것을 알 수 있도록 한다.

## 연관활동

- 물고기 낚시 그룹 게임: 2개의 바구니에 클립을 끼운 물고기 모양을 넣은 후 2팀으로 나누어 낚시 게임을 한다. 어느 팀의 물고기가 많은지 함께 세어 본다.

### 여기서 잠깐

**자석의 특징**

1. 자석은 두 극(N극, S극)이 있어 같은 극끼리는 밀어내고 다른 극끼리는 끌어당긴다.
2. 자석에 붙는 물체와 붙지 않는 물체가 있다.
3. 자석에는 여러 종류가 있다(막대, 둥근, 말굽자석 등).
4. 자석의 힘은 자석의 부분에 따라 그 힘이 다르다.
5. 자석은 다른 쇠붙이를 순간 자석으로 만든다.
6. 자석의 힘(자력)은 통과하는 물체(종이, 물, 모래, 유리, 플라스틱 등)가 있다.

생활주제
유치원과 친구

# 자석에 붙는 것, 붙지 않는 것

## 활동목표

- 자석의 특성에 대해 안다.
- 물체 중에는 자석에 붙는 것과 붙지 않는 것이 있다는 것을 안다.

## 활동자료

- 종이, 클립, 빗, 지우개, 나무토막, 돌멩이, 동전, 크레파스, 헝겊, 풀 뚜껑, 연필, 단추, 은박접시 등

## 활동방법

① 여러 가지 모양의 자석을 보며 자석 이름에 대해 이야기 나눈다.

② 자석의 성질을 탐색하기 위해 유아들과 주변의 여러 가지 물체를 모아 본다.

- 어떤 물건이니?
- 무엇으로 만들어졌니?
- 자석을 물건에 갖다 대면 어떻게 될까?

③ 여러 가지 물체 중 자석에 붙는 물체와 붙지 않는 물체를 예측해 보고 분류해 본다.

④ 유아들이 직접 자석을 이용해 붙는 물체와 붙지 않는 물체를 분류해 본다.

- 어떤 것들이 붙었니?
- 자석에 붙는(붙지 않는) 물체에는 어떤 것이 있을까?

⑤ 예측했던 것과 직접 실험해 본 결과를 비교해 본다.

- 쇠로 된 동전이나 알루미늄은 왜 자석에 붙지 않았을까?

⑥ 제시된 물건 외에 유아 자신의 몸이나 주변 물체를 탐색해 본다.

- 우리 몸에서 붙는 물건을 찾아본다.
- 우리 교실을 돌아다니며 붙는 물체를 찾아본다.

### 유의점

- 자석은 떨어뜨리면 쉽게 부러지므로 주의하도록 한다.
- 놀이가 끝난 후에는 강한 자석에 붙여 두거나 2개를 함께 붙여 두어 자석의 힘을 유지하게 한다.
- 자석은 열을 가까이 하면 자력이 약해진다는 것을 알도록 한다.

## 연관활동

〈자석에 붙는 물체와 붙지 않는 물체〉

| 자석에 붙는 물체 | 자석에 붙지 않는 물체 |
| --- | --- |
|  |  |

※ 자력에 따라 붙기도 하고 붙지 않기도 한다는 점에 유의한다.

※ 모든 금속이 다 붙는 것은 아니며 붙을 거라고 예상했던 것이 붙지 않을 수 있음에 유의한다(동전, 알루미늄, 클립(플라스틱 색깔 클립), 스테인리스강 등).

- 자석을 이용한 물건: 자석 칠판, 자석 동화, 공중전화카드, 은행카드, 자석 요, 자석 목걸이, 필통, 냉장고 문, 핸드폰, 가방, 유리창 닦기(고층 건물), 장식장 등 우리 생활에 자석을 이용한 물건을 알아본다. TV나 컴퓨터 화면에는 자석을 가까이 대지 않도록 하며, 냉장고에 광고용 자석을 너무 많이 붙여 두면 전기요금이 평소보다 많이 나온다는 점도 알도록 지도한다.

〈자석을 이용한 물건 찾아보기〉

**자석을 이용한 물건은 어떤 것들이 있나요?**

※ 자석을 이용한 물건들을 찾아봄으로써 자석이 우리 생활에 주는 편리함을 알게 한다.

- 자석 나침반: 나침판에 대해 이야기 나눈 후 실험을 통해 방향을 잃었을 때 자석 나침판을 이용해 방향을 찾을 수 있다는 것을 알도록 한다.

- 인간 자석 되어 보기: 유아가 자석이 되어(파란색과 빨간색 시트지를 유아의 가슴에 부착) 교사의 지시에 따라 창의적으로 신체표현을 해 보도록 한다.

## 여기서 잠깐

### 철은 왜 붙는가? 동전은 왜 붙지 않을까?

자석은 철, 니켈, 코발트로 된 물체나 이 물질의 합금으로 된 물체는 끌어당기지만 그 밖의 금속은 끌어당기지 않는다.

### 자석의 극

자석은 철을 끌어당기는 성질을 가지고 있는데 그 성질을 '자성'이라고 한다. 냉장고 자석을 냉장고에 붙일 수 있는 이유도 냉장고가 철로 만들어졌기 때문이다. 자석은 두 부분으로 나누어져 있다. 막대자석의 빨간색으로 표시된 부분은 N극이고, 파란색으로 표시된 부분은 S극이다. 자석은 같은 극끼리는 서로 밀어내려는 힘을 가지고 있다. 그 힘을 '척력'이라고 한다. 반대로 다른 극끼리는 서로 잡아당기는 힘을 가지고 있다. 그 힘을 '인력'이라고 한다.

### 자석의 성질을 이용한 정보기록매체

자석의 성질을 이용하여 정보를 기록한 것에는 비디오테이프, 녹음테이프, 디스켓, CD, 전철표, 공중전화카드, 은행신용카드, 교통카드, 컴퓨터 하드디스크, 통장 등 매우 많다. 전철표나 통장 등에는 검은 줄의 띠가 붙어 있는데 그곳에 정보가 기록되어 있다.
정보를 기록하는 방법은 고운 철가루를 전철표의 검은 띠에 뿌린다. 철가루를 살짝 털어낸 후 셀로판테이프를 붙였다 떼어내면 셀로판테이프에 숫자와 같은 모습이 나타난다.
전철표나 전화카드를 자석으로 문지르면 기록된 정보가 지워진다. 따라서 자석의 성질을 이용한 각종 카드나 물품에 자석을 가까이 하지 않도록 주의해야 한다.

생활주제
동식물과 자연

# 곤충들이 움직여요

## 활동목표

- 자석에 힘이 있다는 것을 안다.
- 자석의 힘으로 곤충의 움직이는 모습을 표현해 본다.

## 활동자료

- 하드보드지, 자석, 클립, 색종이, 펜, 접착테이프, 가위 등

## 제작방법

① 하드보드지에 활동판을 꾸민다.

② 여러 종류의 곤충 모양을 오린다.

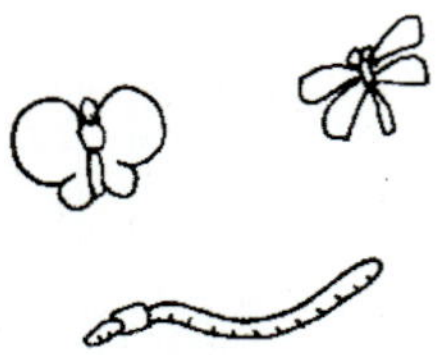

③ 곤충 모양을 코팅한 후 뒷면에 클립을 2개 정도 붙인다.

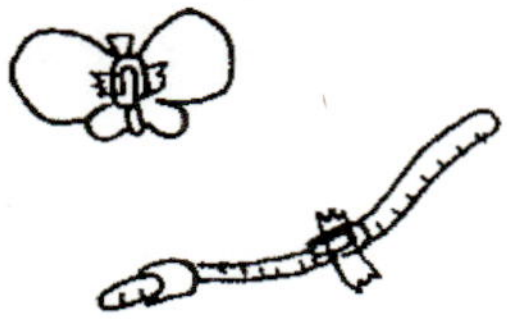

④ 자석을 이용해서 곤충들을 움직여 본다.

## 활동방법

① 여러 가지 곤충에 대해 이야기 나눈다.

② 기어 다니는 곤충과 날아다니는 곤충에 대해 이야기 나눈다.

③ 곤충들의 기어 다니는 모습과 날아다니는 모습을 표현해 본다.

④ 준비된 판을 이용해서 곤충들의 움직임을 표현해 보도록 한다.

## 유의점

- 미술활동시간에 유아들이 만든 다양한 곤충 모양을 이용할 수 있다.
- 얇은 종이를 이용하면 움직이기 쉽다.

## 연관활동

- 미로 게임: 아크릴 미로 판 아래에서 자석으로 사람 모형을 움직여 빨리 빠져 나오도록 하는 게임을 해 본다.

- 교통수단: 해상, 육상, 항공의 교통수단(비행기, 로켓, 기구, 기차, 배, 잠수함, 우주선, 버스, 트럭, 승용차 등)의 종류를 알아보고, 그림판의 길 위에서 움직여 본다.

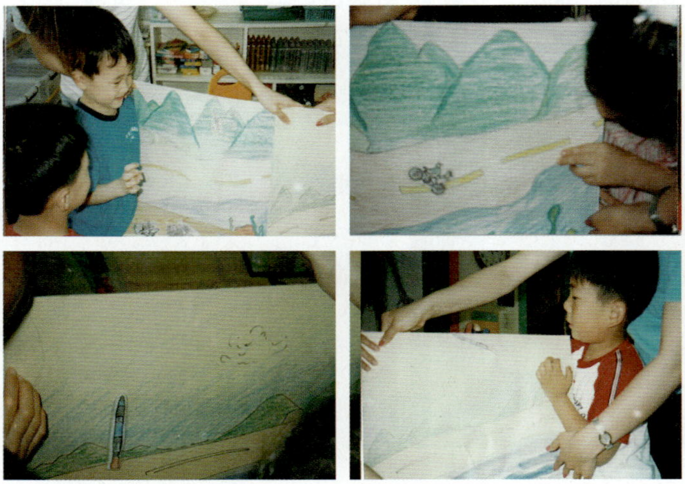

생활주제 교통기관

# 자동차 경주



## 활동목표

- 자석은 같은 극끼리 서로 밀어내는 성질이 있다는 것을 안다.
- 밀어내는 힘으로 물체를 움직일 수 있다는 것을 안다.

## 활동자료

- 막대자석 4개, 시트지, 장난감 자동차 4대, 투명 시트지, 글루 건, 접착 부직포, 우드락, 아크릴 판, 색종이, 스티로폼 공(탁구공) 등

## 제작방법

① 아크릴 판에 색 시트지를 이용해서 도로를 만든다.

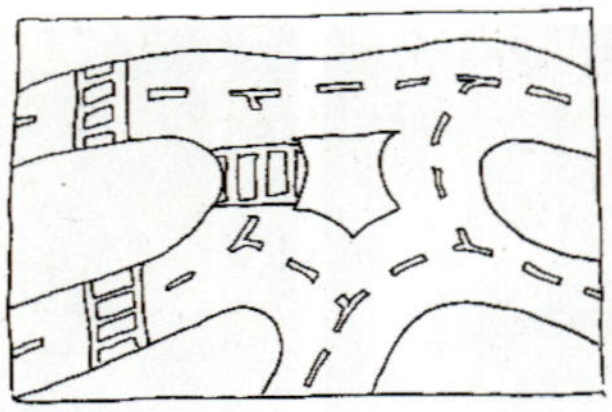

② 도로 주변을 꾸민다(건물, 신호등, 나무 등).

③ 하드보드지나 아크릴 판을 이용해 골인점을 만든다.

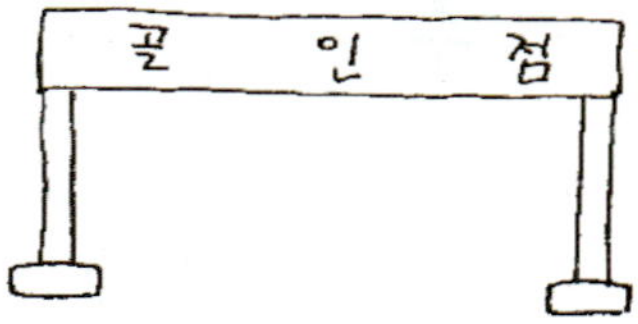


④ 장난감 자동차(작은 상자)에 자석을 부착한다. 같은 극끼리 마주 보게 붙인다.

**활동방법**

① 자동차 2대를 같은 극끼리 마주 보게 출발점에 놓고, 유아 2명이 양쪽에 앉는다.

② 뒤쪽 자동차를 서서히 밀어 앞쪽 자동차가 움직이도록 한다.

③ 여러 길 중에서 유아 나름대로 가까운 길을 선택하여 골인점까지 가도록 한다.

## 유의점

• 경주 시 자동차가 잘 움직일 수 있도록 자력이 강한 자석을 준비하도록 한다.

## 연관활동

• 자석으로 달리는 배: 배 모양의 뒷면에 자석을 붙이고 반대 극의 자석으로 배를 밀어 움직이도록 한다.

• 씽씽 달리는 자동차: 자동차 밑에 자석을 붙여 아크릴 판 밑에서 다른 극의 자석으로 자동차를 움직여 보게 한다.

• 자동차 경주: 자동차 뒷면에 자석을 붙이고 같은 극으로 밀면서 누가 빨리 목적지까지 가는지 자동차 경주를 해 본다.

생활주제
건강과 안전

# 자석 골프

## 활동목표

- 자석은 서로 같은 극끼리는 밀어내고 다른 극끼리는 잡아당긴다는 것을 안다.
- 자석의 힘으로 공을 움직여 본다.

## 활동자료

- 아크릴 판, 융(초록색, 하늘색), 자석, 나무토막, 백업, 모루, 나무 모형(탁구공), 철사, 우드락, 폐품 통 등

## 제작방법

① 아크릴 판을 가로 160cm, 세로 60cm 크기로 자른 후, 접착 부직포(녹색)를 이용하여 필드를 만든다.

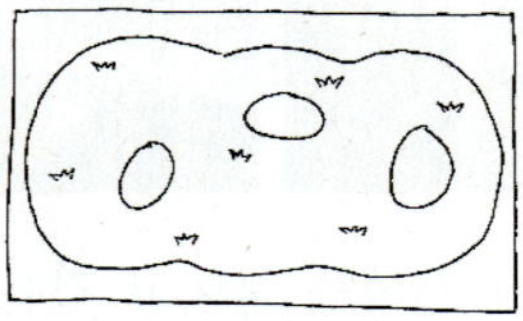

② 아크릴 판 아래 군데군데에 자석을 붙인다.(자석을 많이 붙일수록 골프공을 칠 수 있는 횟수가 늘어난다.)

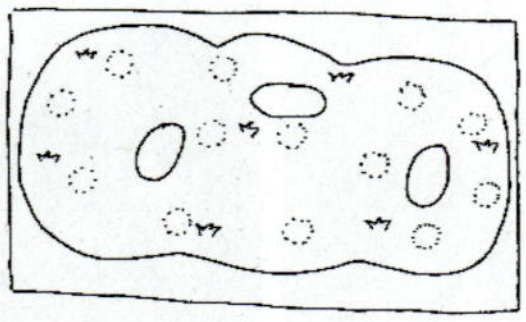

③ 골인점을 표시하고 필드를 꾸민다.

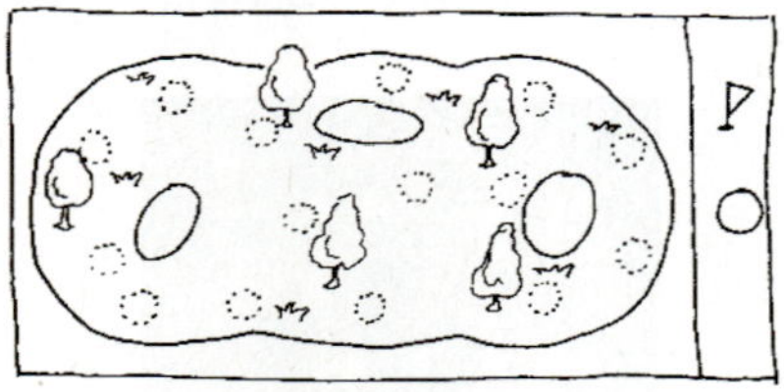

④ 골프채를 만든다.(백업 안에 철사를 넣고, 모루로 감싼다.)

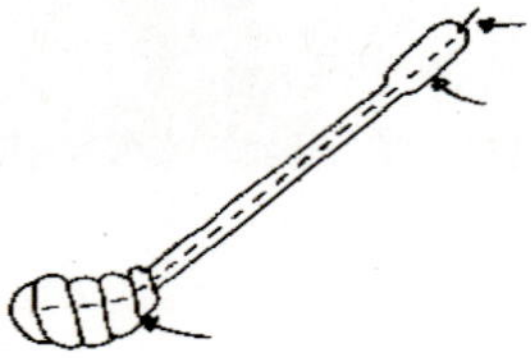

⑤ 탁구공에 구멍을 내어 둥근 자석을 넣은 후 구멍을 테이프로 막는다.

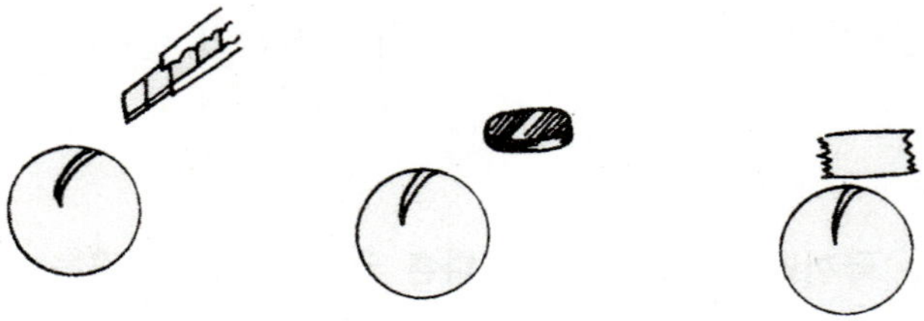

## 활동방법

① 게임규칙에 대해 이야기 나눈다.

② 두 팀으로 나눈다.

③ 출발점에서 양 팀이 번갈아 가며 골프를 한다.

④ 골인점까지 빨리 도착하면 이긴다.

⑤ 규칙을 바꿔서 게임을 해 본다.(예 점수 판을 만들어 한 번 칠 때마다 각 팀의 점수 판에 카드를 붙인다. 적게 붙일수록 이기는 규칙을 정해서 활동해 볼 수 있다.)

## 유의점

- 필드에 자석이 붙어 있어 공이 쉽게 굴러가지 않는다는 점을 알게 한다.
- 자석이 많이 붙어 있을수록 골인점까지 가는 시간이 걸린다는 점을 알게 한다.

## 연관활동

- 길을 따라 움직여요: 자석 말(사람, 동물, 자동차 모형)을 놓고 뒤에서 자석으로 말을 움직이거나 같은 극으로 밀어내어 출발점에서 도착점까지 길을 따라 움직여 보도록 한다.

생활주제
우리 동네

# 우리 함께 춤춰요

## 활동목표

- 자석의 특성을 이해한다.
- 자석의 힘이 물체를 통과할 수 있다는 것을 안다.

## 활동자료

- 하드보드지(아크릴 판이나 골판지), 모루, 둥근 자석, 막대자석 등

## 제작방법

① 하드보드지(골판지, 아크릴 판)를 적당한 크기로 자른다.

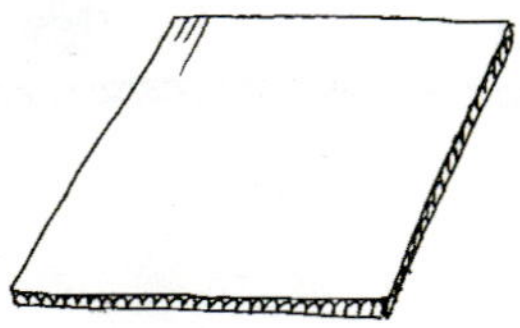

② 모루로 인형을 만든다.

③ 모루로 만든 인형 다리 부분에 둥근 자석을 붙인다.

④ 하드보드지(골판지, 아크릴 판) 위에 인형을 올리고 하드보드지 밑에 막대자석을 댄다.

⑤ 넓은 하드보드지를 이용하여 여러 명이 함께할 수 있다.

### 활동방법

① 미술시간을 이용해서 만든 인형을 보며 이야기 나눈다.

- 이 인형으로 무슨 놀이를 할 수 있을까?
- 인형을 춤출 수 있게 하려면 어떻게 해야 할까?
- 인형과 자석 사이에 골판지를 끼워도 인형이 잘 움직일까?

② 놀이해 본다.(각자 할 수 있는 작은 판이나 함께할 수 있는 큰 판을 제공한다.)

③ 놀이 후 느낌에 대해 이야기 나눈다.

- 인형들이 왜 움직였을까?

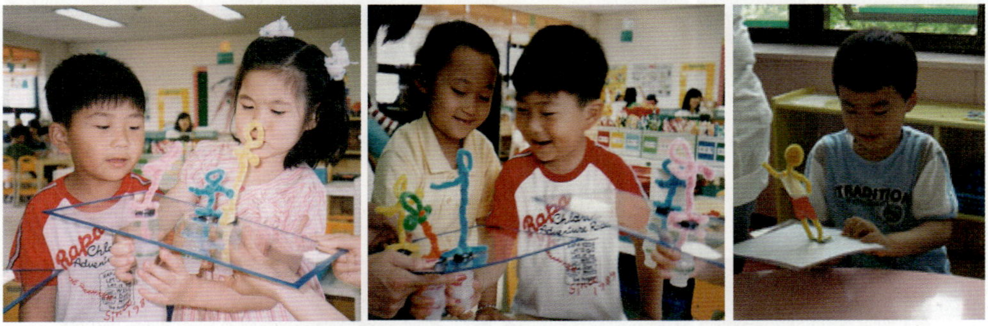

## 유의점

- 막대자석의 자력이 강할수록 놀이하기에 편리하다.
- 미술활동시간을 이용하여 인형을 만들도록 한다.

## 연관활동

- 철가루 그림: 철가루를 종이 위에 올려놓고 아래에서 자석을 움직여 그림으로 나타내게 하거나 자석으로 그림 모형을 만들어 아크릴 상자에 철가루를 넣어 그림으로 나타내게 해 보는 활동을 해 본다.

- 자석 개구리: 개구리 모양의 종이접기를 한 후 위에 둥근 자석을 붙여 같은 극의 자석으로 개구리를 움직여 본다.

- 모래 속 철가루: 모래 속에 있는 철가루를 자석으로 찾아 분리해 본다.

생활주제
동식물과 자연

# 자석 먹는 하마

## 활동목표

- 자석의 특성에 대해 안다.
- 자석의 힘으로 물체를 움직여 본다.

## 활동자료

- 색지, 막대자석, 글루 건, 색 사인펜 등

## 제작방법

① 색지에 동물을 그린다.

② 글루 건으로 입 쪽에 막대자석을 고정시킨다.

③ 입을 벌릴 수 있을 정도로 위아래를 입체감 있게 만든다.

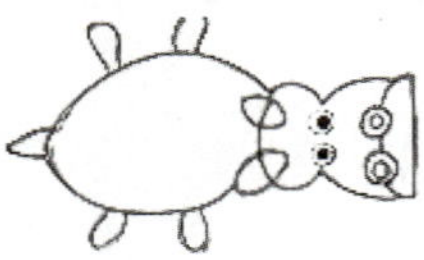

④ 여러 가지 색지로 꾸민다.

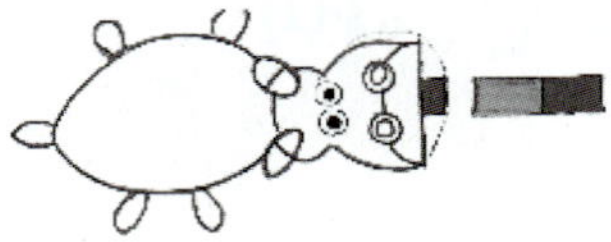

## 활동방법

① 준비한 자료를 보며 이야기 나눈다.

- 이것은 어떤 동물일까?
- 하마의 입에는 무엇이 들어 있니?
- 하마의 입에 있는 자석에 다른 자석을 붙이면 어떻게 될까?

② '자석 먹는 하마'를 탐색해 보고 놀이해 본다.

③ 놀이 후 이야기 나눈다.

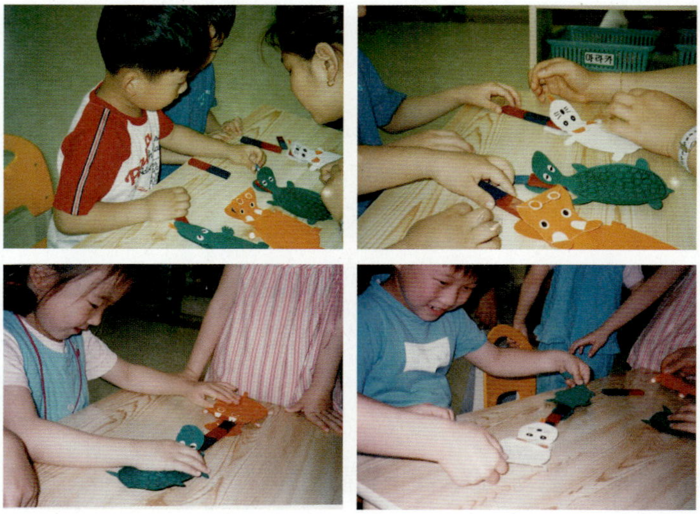

## 유의점

- 신기한 마술처럼 접근하지 않도록 한다.

## 연관활동

- 공중에 뜨는 자동차: 자동차 모형 아랫부분에 같은 극의 둥근 자석을 여러 개 붙이고, 자동차 길은 서로 다른 극이 되도록 자석을 붙여 서로 밀어내는 원리를 이용해 자동차를 띄워 보는 활동을 해 본다.

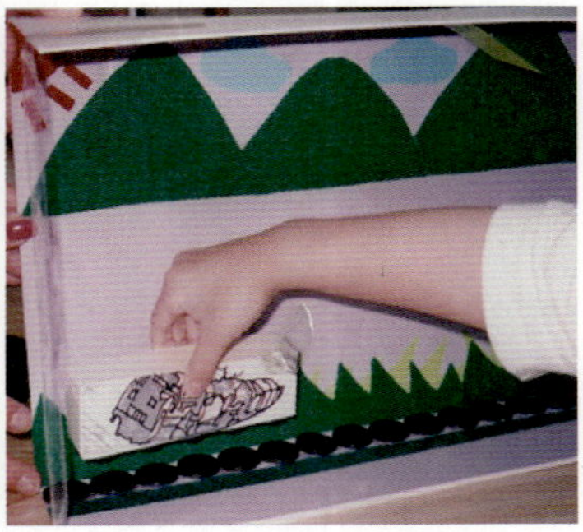

# 정전기

생활주제
동식물과 자연

# 풍선 낚시

## 활동목표

- 정전기는 마찰에 의해 발생한다는 것을 이해한다.
- 정전기는 힘을 가지고 있다는 것을 안다.

## 활동자료

- 풍선, 얇은 종이, 가위, 아크릴 판, 리본 끈, 나무젓가락 등

## 제작방법

① 얇은 종이에 작은 물고기를 그린 후 오린다.

② 풍선과 아크릴 판을 이용해서 낚싯대를 만든다.

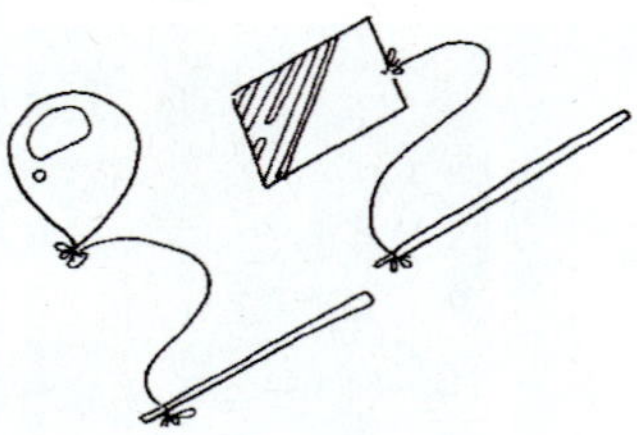

③ 낚시 연못을 만든다.(큰 대야를 이용하거나 바닥에 색테이프로 연못 모양을 만들어 이용할 수 있다.)

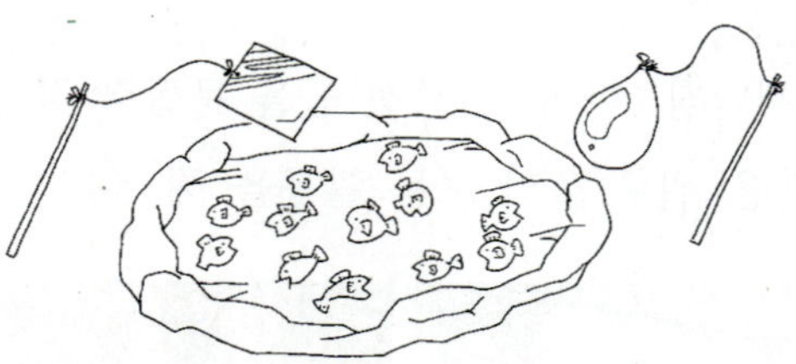

## 활동방법

① 정전기에 대해 이야기 나눈다.
- 정전기는 무엇일까?
- 정전기를 경험한 적 있니?
- 정전기는 언제 일어날까?
- 정전기는 왜 일어날까?

② 정전기 낚시에 대해 이야기 나눈다.

③ 정전기를 일으킬 수 있는 여러 가지 자료를 이용하여 정전기 낚시를 해 본다.

④ 어떻게 했을 때 낚시가 잘되었는지 이야기 나눈다.

## 유의점

- 정전기에 대한 사전 활동을 한 후에 하는 것이 좋다.
- 얇은 종이로 물고기를 만든다.

## 연관활동

- 정전기가 생겨요: 책받침, 파이프, 풍선 등을 문질러 정전기를 일으켜 보고 종이, 스티로폼 조각을 위로 올려 보는 활동을 해 본다.

- 어느 쪽이 정전기가 잘 생기나?: 색종이와 화장지, 소금과 설탕, 소금과 후추 등을 준비해 어느 쪽이 정전기가 잘 일어날지 예측해 보고 실험해 본다.

- 휘어지는 수돗물: 잘 문지른 자나 책받침을 수돗물에 대면 어떻게 되는지 관찰해 본다.

- 정전기 풍차: 빨대 중앙에 바늘(안전한 진주핀 등)을 꽂고, 캔 옆에 빨대를 붙인 후 바늘을 캔의 빨대에 꽂는다. 그 다음 정전기를 일으킬 수 있는 여러 가지 물건(책받침, 자, 페트병 등)을 이용하여 빨대를 움직여 본다.

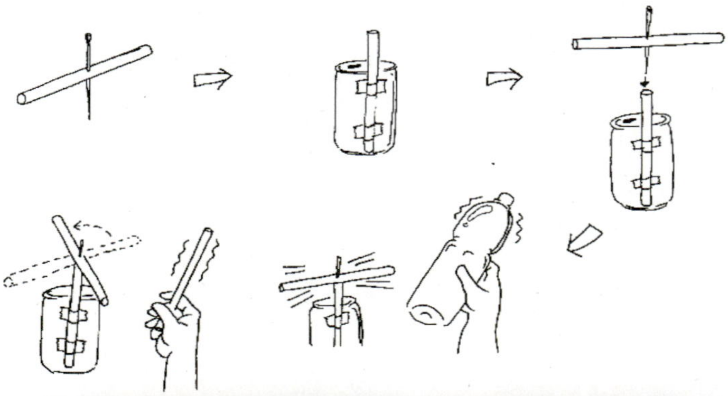

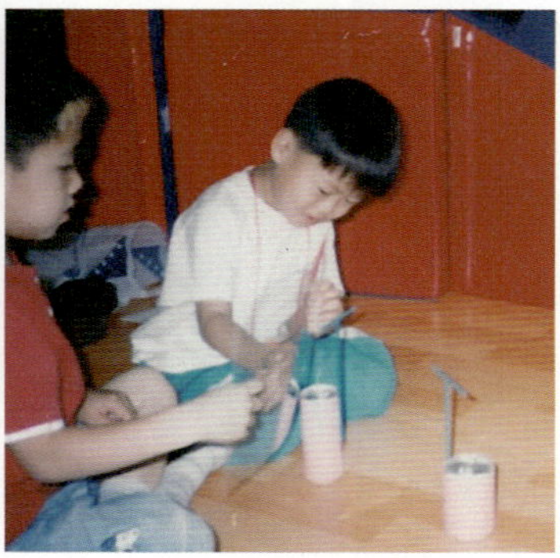

여기서 잠깐

### 정전기란?

책받침을 문질러 머리에 대면 머리카락이 선다. 이것을 마찰에 의해 전기가 생겼다고 한다. 그리고 마찰전기가 한곳에 모인 상태를 정전기라고 한다. 문을 열 때 정전기가 일어나는 것은 모인 마찰전기가 일순간 흐르기 때문이다.

정전기는 습기가 많은 여름철에는 별로 발생하지 않지만 날씨가 건조해지면 자주 발생한다. 옷을 벗을 때, 머리를 빗거나 모자를 벗을 때도 정전기가 일어난다. 정전기를 밤이나 어두운 곳에서 보면 번개가 치듯이 번쩍인다.

우리 생활 속에서 정전기는 도움을 주거나 해를 줄 수 있다. 정전기는 불이 나게 할 수 있으며, 디스켓에 입력시킨 자료를 잃어버리게 할 수도 있다. 정전기는 생활에 도움을 주기도 한다. 예를 들어, 랩은 정전기를 띠고 있어서 여러 가지 물건에 잘 달라붙어 음식이 상하지 않게 하는 역할을 한다. 또한, 우리가 흔히 사용하고 있는 복사기도 정전기의 성질을 이용한 것이다.

생활주제 동식물과 자연

# 어항 속 물고기

## 활동목표

- 정전기는 마찰에 의해 발생한다는 것을 이해한다.
- 정전기는 힘을 가지고 있다는 것을 안다.

## 활동자료

- 아크릴 판, 얇은 색지, 정전기를 잘 일으키는 천, 글루 건 등

## 제작방법

① 아크릴 판을 준비한다(5×28cm의 아크릴 판 4개와 28×25cm의 아크릴 판 1개, 하드보드지 1개).

② 밑면에 하드보드지를 대고 글루 건으로 상자를 만든다.(윗면은 붙이지 않는다.)

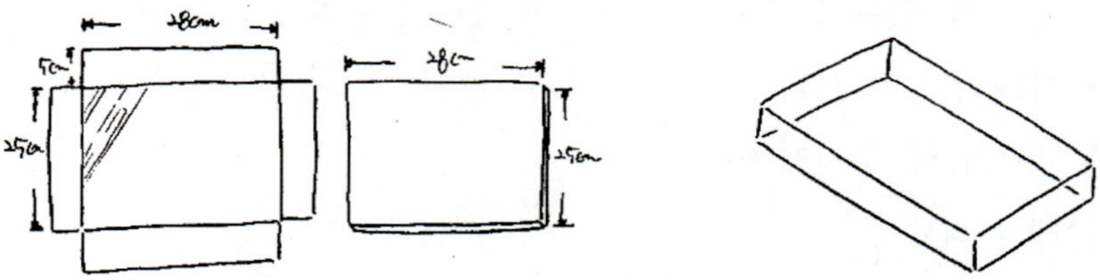

③ 얇은 색지에 물고기 모양을 그린 후 오린다.

④ 물고기 모양을 상자에 넣어 윗면에 아크릴판을 붙이고, 정전기가 잘 일어나는 모직 천을 둥글게 만다.

활동방법

① 정전기에 대해 이야기 나눈다.
- 정전기는 무엇일까?
- 정전기가 일어난 것을 경험한 적 있니?
- 정전기가 언제 생겼니?

② 준비한 상자를 보며 이야기 나눈다.
- 이것은 무엇일까?
- 상자 안에 있는 물고기를 움직이게 하려면 어떻게 하면 될까?

③ 정전기를 일으켜 본다.
- 물고기가 왜 움직일까?

④ 활동해 본다.

## 유의점

- 밑면은 하드보드지를 이용하는 것이 좋다.(밑면이 아크릴 판일 경우 윗면의 아크릴 판과 서로 끌어당기는 힘 때문에 정전기가 잘 일어나지 않는다.)
- 지나치게 두꺼운 아크릴 판은 이용하지 않는다.

## 연관활동

- 춤추는 물고기: 얇은 종이에 작은 물고기 모양을 그린 후 오린다. 플라스틱 볼펜이나 아크릴 판을 잘 문질러 종이 물고기에 대면 물고기가 따라 올라온다.

- 춤추는 인형들: 색종이를 사람 모양으로 잘라 풍선 등 정전기를 일으킬 수 있는 다양한 자료를 준비하여 정전기 놀이를 해 본다.

여기서 잠깐

### 정전기를 이용한 복사기

복사기도 정전기의 성질을 이용하고 있다. 1938년에 미국의 Chester Carlson에 의해 발명된 복사기는 원통형으로 생긴 드럼이 정전기를 띠고 있다가 원본의 종이에서 반사된 빛에 의해 정전기가 사라지게 되어 있다. 검은 글자 부분은 빛을 반사하지 않기 때문에 드럼에는 검은 부분만 정전기가 남게 된다. 이때 토너라는 가루로 된 잉크를 드럼에 뿌리면 정전기가 잉크를 잡아당겨 복사지 위에 바르는 것이다.

# 손뼉 치면 빈짝빈짝



## 활동목표

- 건전지에는 두 극이 있다는 것을 안다.
- 불이 켜지는 회로를 만들 때는 건전지, 전구, 전선이 필요하다는 것을 안다.

## 활동자료

- 건전지, 전구, 전선, 포일, 소켓, 모루, 펠트지, 실, 바늘, 글루 건, 찍찍이, 색지, 스카치테이프, 색테이프(전선용 테이프), 고무줄 등

## 제작방법

① 지름 40cm의 원을 그린 후 점선 부분을 잘라 고깔모자를 만든다.

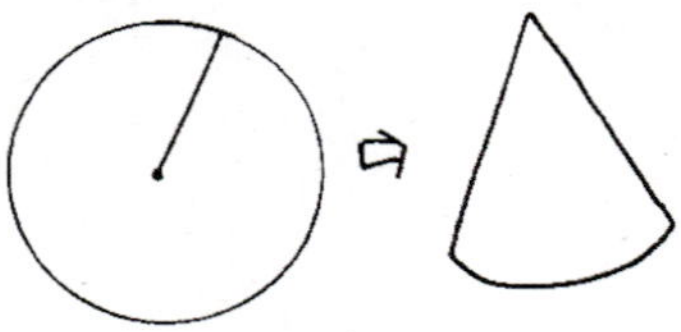

② 고깔모자의 꼭짓점에 전구가 들어갈 수 있도록 자른다.

③ 전선이 연결된 소켓을 연결시킨 후 전선이 움직이지 않도록 모자 안쪽에서 테이프로 고정시킨다.

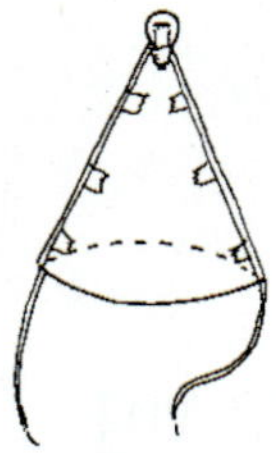

④ 전선을 건전지에 연결시킨 후 색테이프로 감싼다.

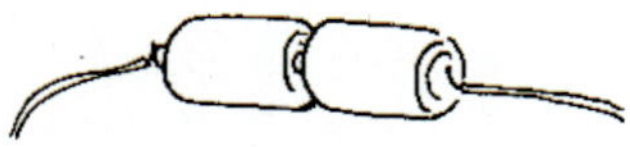

⑤ 포일로 전선의 끝부분을 감싼 후 찍찍이를 이용하여 펠트지로 만든 장갑에 부착시킨다. 모자가 벗겨지지 않도록 고무줄을 연결한다.

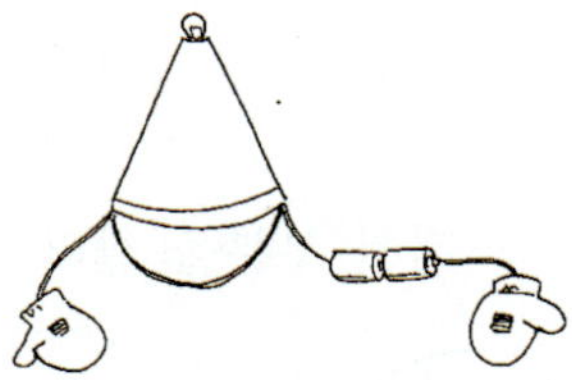

## 활동방법

① 고깔모자를 보며 이야기 나눈다.

- 이런 모자를 본 적 있니?
- 언제 보았니?

② 모자를 쓰고 손뼉을 쳐 본다.

- 왜 손뼉을 칠 때마다 불이 켜질까?

③ 모자를 관찰해 보며 이야기 나눈다.

④ 불이 전구에 어떻게 들어오는지 설명해 준다.

## 유의점

- 전선의 길이를 여유 있게 한다.
- 포일이 너무 얇으면 불이 잘 들어오지 않으므로 두꺼운 포일을 이용한다.
- 전기 안전에 대해 지도한다.

## 연관활동

- 건전지를 이용한 물건 알아보기: 일상생활에서 건전지를 이용한 물건(예 카메라, 손전등, 시계, 장난감, 면도기, 카세트 등)을 알아보고, 사용 용도, 편리한 점뿐 아니라 안전이나 절약의 문제도 함께 생각해 볼 수 있도록 한다.

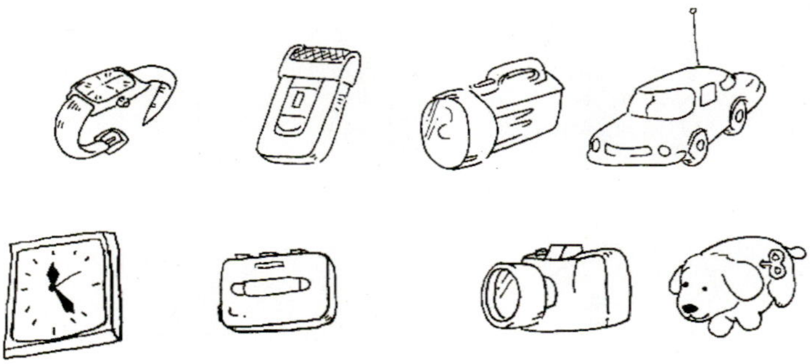

- 짝을 찾아 주세요: 상자 안쪽의 짝을 이루는 그림(버선, 양말, 짚신, 펜, 붓, 스탠드, 호롱불 등)에 건전지와 집게를 서로 연결하여 꼬마전구에 불이 들어오도록 만든다. 유아들이 서로 관련된 것을 연결해 봄으로써 옛날 물건과 오늘날의 물건을 구별할 수 있도록 전기를 이용한 자료를 통해 호기심을 갖도록 한다.

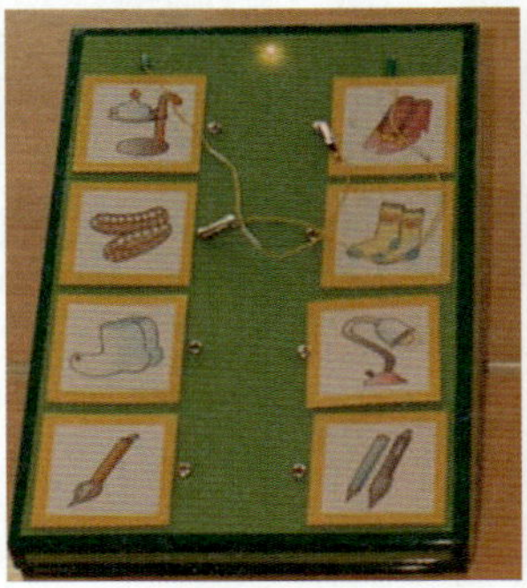

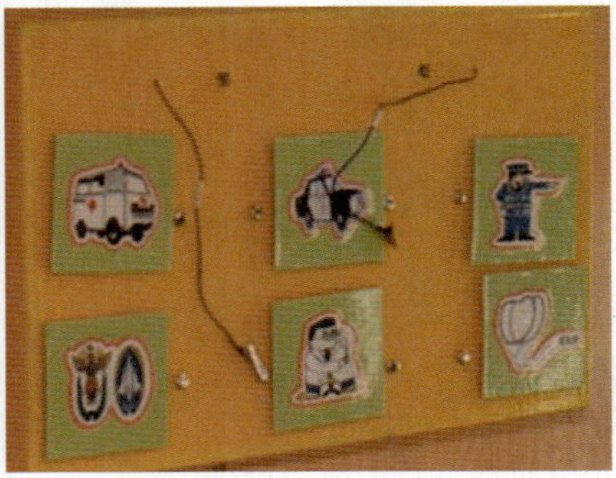

- 전기를 이용한 물건: 전기를 이용한 물건(예 냉장고, 비디오, 청소기, 컴퓨터 등)에는 어떤 것이 있는지 찾아봄으로써 전기가 우리 생활에 주는 편리함에 대해 이해하도록 한다. 또한, 미술활동시간을 이용해서 신문이나 잡지에서 전기를 이용한 물건을 찾아 붙여 보는 활동을 해 볼 수 있다.

〈전기를 이용한 물건 찾기〉

| 전기를 이용한 물건을 찾아보세요 |
|---|
|  |

※ 전기가 우리 생활에 주는 유익한 점과 안전에 대해 함께 지도한다. 특히, 감전의 위험에 대해 일상생활과 연계하여 지도한다.

## 여기서 잠깐

### 전기가 들어오기까지

전기는 인입선을 통해 적산 전력계로, 다시 배전반과 연결되어 각 방의 전기 스위치와 콘센트로 연결되어 집 안으로 들어온다.

1. 적산 전력계: 매일 사용되는 전력의 양을 합계하여 나타내는 계기이다.
2. 배전반: 건물의 전기 설비에 전기를 분배하는 위치와 전류 차단기가 나란히 있다.
3. 전류 차단기: 가정마다 정해진 전류의 양을 초과하면 전류 차단기가 자동으로 작동해 전류가 흐르지 않는다.
4. 안전기(퓨즈): 전류가 흐르는 길을 보호하는 것으로 합선 등의 사고가 일어나면 퓨즈가 끊어진다. 요즘은 안전기 대신 전류 차단기가 많이 이용된다.
5. 콘센트: 집 안에 끌어들인 전선을 나누어 여러 가지 전기기구에 연결하기 위한 접속기구이다. 벽이나 기둥에 붙여 놓는다.
6. 스위치: 전기가 흐르는 길을 끊기도 하고 잇기도 한다. 사용하기 편리하도록 여러 가지 모양으로 되어 있다.

# 빛과 그림자

생활주제
환경과 생활

# 조명기

## 활동목표

- 빛의 색에 따라 물체의 색이 다르게 보인다는 것을 이해한다.

## 활동자료

- 하드보드지, 상자, 셀로판지, 손전등, 파이프 막대(30~40cm), 시트지나 색상지, 알루미늄 포일, 본드, 셀로판테이프, 철사, 드릴, 글루 건 등

## 제작방법

① 하드보드지에 지름 8cm 정도의 원 4개를 그린 후 오린다(2매).

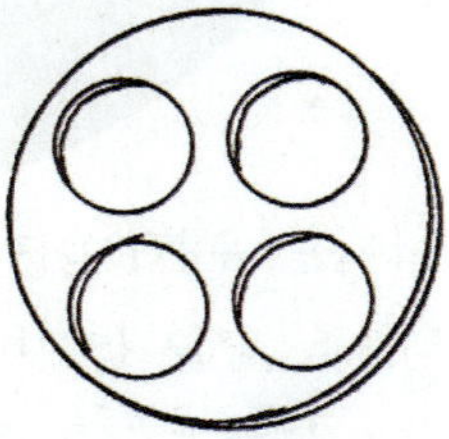

② 구멍을 뚫은 하드보드지에 셀로판지(빨간색, 파란색, 노란색, 초록색)를 붙인다.

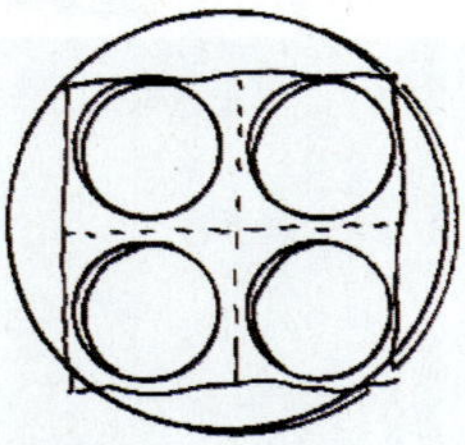

③ ②번에 다른 하드보드지를 마주 보게 붙인다.

④ 드릴로 상자에 구멍을 뚫는다.

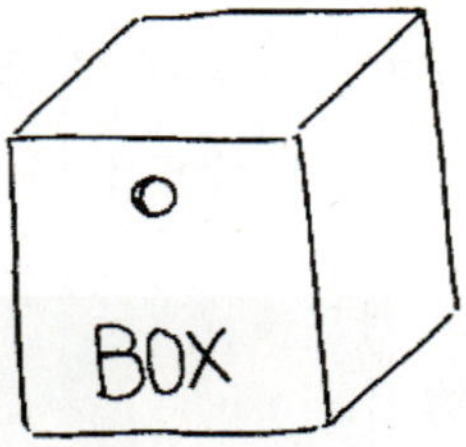


⑤ 상자에 손잡이를 끼운 후 ③을 붙인다.

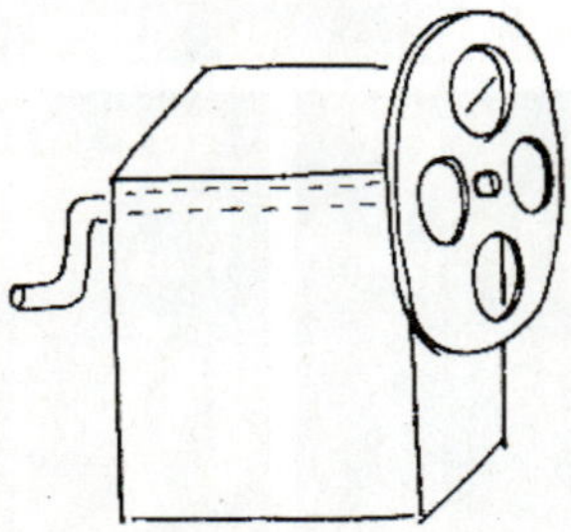

⑥ 상자 위에 손전등을 붙여서 고정시킨다.

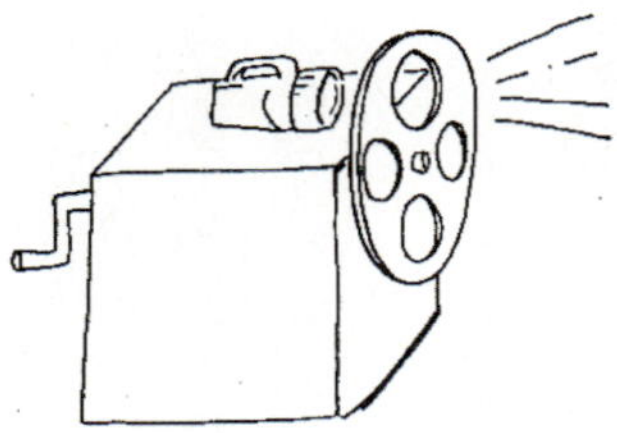

## 활동방법

① 조명기에 대해 이야기 나눈다.

- 이것은 무엇일까?
- 언제 사용할까?

② 조명기 색에 대해 이야기 나눈다.

- 이 조명기에는 어떤 색들이 있니?
- 손전등을 켜고 손잡이를 돌리면 어떻게 될까?

③ 흰 스크린이나 벽면에 조명기를 비추어 손잡이를 돌려 본다.

④ 조명기를 언제 사용할 수 있는지 이야기 나눈다.

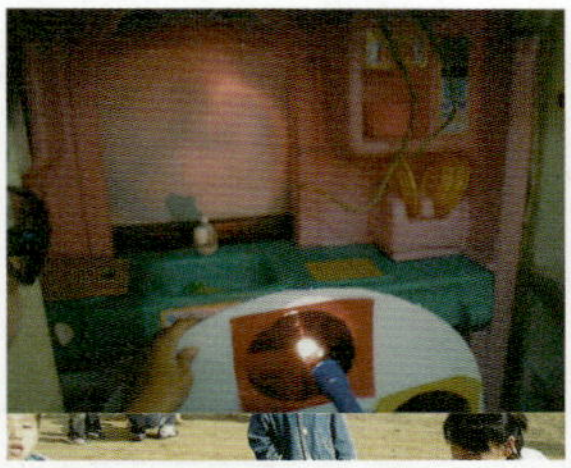

## 유의점

- 사용하지 않을 때는 손전등을 꺼 둔다.
- 손잡이를 너무 세게 돌리지 않는다.

## 연관활동

- 망원경 만들기: 종이컵에 셀로판지를 붙이고 꾸민 후 양쪽에 구멍을 뚫어 노란 고무줄로 묶어서 사용한다. 종이컵 2~3개를 겹쳐서 활용하면 색을 혼합해 볼 수 있다.

- 다양한 모양으로 보아요: 골판지나 하드보드지에 다양한 모양의 그림을 그려 오린 후 어떤 모양인지, 어떤 색으로 보이는지 놀이해 본다. 밖에서 놀이할 때는 셀로판지를 붙인 자료와 붙이지 않은 자료의 그림자를 비교해 본다.(빛이 통과하는 것과 통과하지 않는 것을 연계하여 지도한다.)

- 조명기 사용하기: 유아들이 함께하는 동극이나 역할극, 인형극에서 등장인물의 역할, 카메라 담당, 조명 담당 등을 정해 조명 담당은 조명기를 조절하는 역할을 해 보도록 한다.

**여기서 잠깐**

**빛과 그림자의 특징**

1. 빛은 어둠을 밝혀 준다.
2. 빛의 반대쪽에 그림자가 생긴다.
3. 그림자가 생기는 이유는 빛이 나아가는 것을 물체가 가리기 때문이다.
4. 물체의 모양과 위치에 따라 그림자의 모양이 달라진다.
5. 물체와 빛의 거리에 따라 그림자의 크기가 변한다.
6. 빛은 열을 가지고 있다.
7. 빛은 직진·반사·굴절의 성질을 가진다.

생활주제 생활도구

# 잠망경 I

## 활동목표

- 빛은 반사하는 성질이 있음을 안다.
- 거울에 비친 사물은 반사되어 나타난다는 것을 이해한다.

## 활동자료

- 신발 상자, 거울 6조각, 우유팩, 각도기, 가위, 종이테이프, 풀, 상자나 우유팩을 꾸밀 색 시트지나 한지 등

## 제작방법

### 잠망경 (1)

① 6×6cm의 거울 4조각을 준비한다.

② 하드보드지에 그림을 그리고 선에 칼집을 내어 오려 접는다(2매).

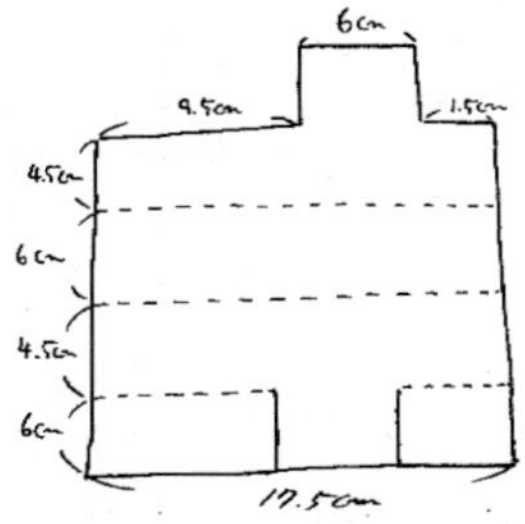


③ ②번의 완성된 모양에 정확하게 45°가 되도록 거울을 붙인다(2매).

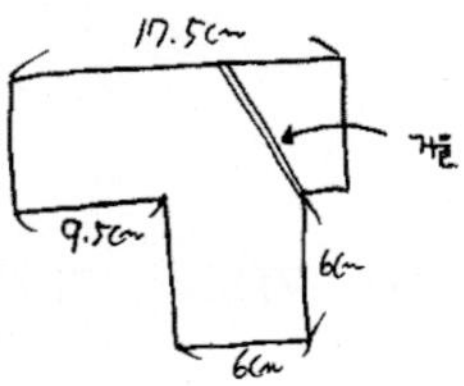


④ 신발 상자 뚜껑에 완성된 ③번을 붙인다.

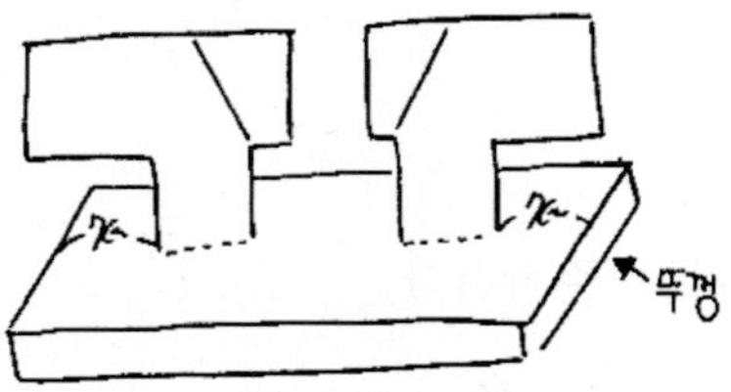


⑤ 신발 상자의 밑부분에 고정판을 세운 후 45°로 거울을 붙인다.

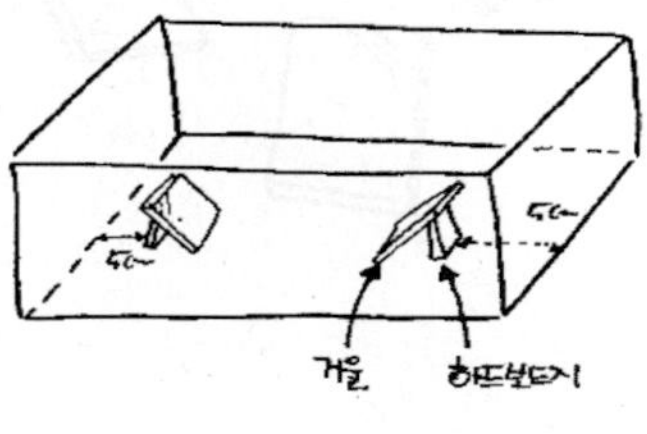

⑥ 신발 상자 중앙에 가리개를 세운다.

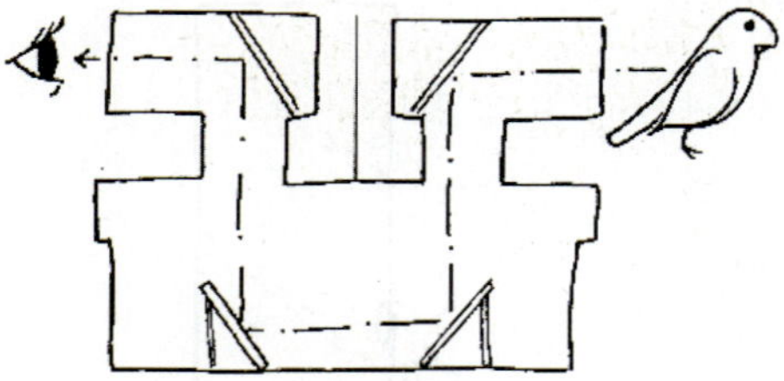

### 잠만경 (2)

① 우유팩 양쪽에 45°로 평행 대각선을 그린 후 양쪽에 칼집을 낸다.

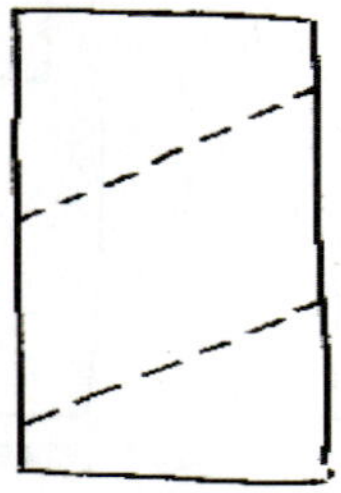

② 칼집을 낸 곳에 거울을 끼운다.

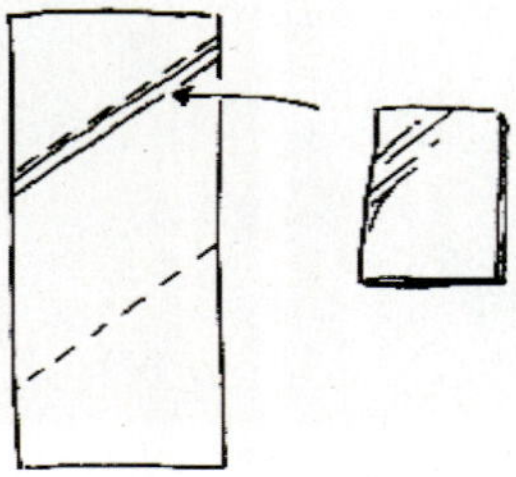

③ 우유팩 아랫부분에 작은 구멍을 뚫는다.

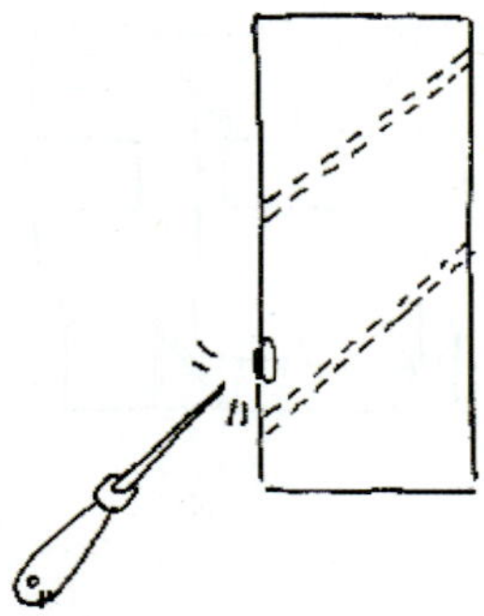

④ 우유팩의 윗부분에 네모 모양을 오려 윗부분을 접어 올린다.

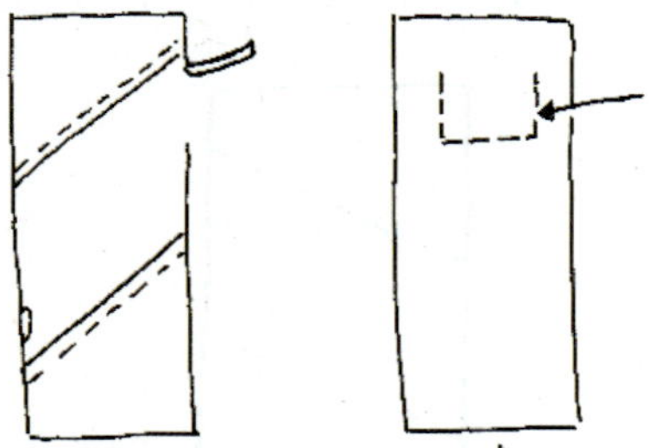

<옆> <앞>

## 활동방법

① 잠망경을 보며 이야기 나눈다.
- 이런 물건을 본 적 있니?
- 무엇일까?

② 잠망경을 가지고 놀아 보도록 한다.
- 무엇이 보이니?

③ 보고 난 후 느낌에 대해 이야기 나눈다.
- 잠망경의 중간이 막혔는데 어떻게 볼 수 있었을까?
- 이런 것은 어디에서 볼 수 있을까?

④ 잠망경의 원리에 대해 이야기 나눈다.
- 2가지의 잠망경은 어떤 차이가 있을까?
- 가운데가 막힌 상자 잠망경에는 거울이 몇 개 필요할까?

⑤ 이러한 원리를 이용한 물건들에 대해 이야기 나눈다(잠수함의 잠망경, 자동차의 백미러, 커브 길에 설치된 대형 오목거울 등).

## 유의점

- 거울은 45°로 잘 고정시킨다.
- 마술처럼 지도하지 말고, 지나치게 원리를 강조하여 싫증을 느끼지 않도록 한다.

### 연관활동

- 거울되어 보기: 2인 1조가 되어 한 사람은 거울이 되고 한 사람은 주인공이 되어 주인공이 표현하는 대로 거울이 된 유아가 그 동작을 따라 해 본다.

### 여기서 잠깐

**거울에 생기는 상**

- 거울 속에 생기는 물체의 모습을 상이라고 하는데, 평면거울은 들어간 빛과 나오는 빛의 각도가 항상 같고, 나란히 진행되며 평면거울에서 반사가 일어나면 좌우가 바뀌어 보인다.
- 볼록거울에 의한 상은 빛을 퍼지게 하고 물체보다 작고 바로 선 상이 생긴다.
- 오목거울에 의한 상은 빛을 모으며 가까이에서는 물체보다 커 보이며 멀리서는 작고 거꾸로 선 상이 생긴다.

생활주제
환경과 생활

# 거울 속 그림자

## 활동목표

- 빛은 반사하는 성질이 있음을 안다.
- 거울에 비친 사물은 반사되어 나타난다는 것을 이해한다.

## 활동자료

- 거울, 투명한 물건(유리컵, 셀로판지, 유리테이프, 유리접시 등), 불투명한 물(레고, 가위, 공, 컵 등), 흰 종이 등

## 활동방법

① 거울을 이용해 벽이나 천정에 빛을 반사해 본다.

- 거울에 빛을 비추면 어떻게 되니?

② 거울에 물건을 올려놓고 빛을 반사하면 어떻게 될지 이야기 나눈다.

- 거울 위에 물건(투명한 물건, 불투명한 물건)을 올려놓고 햇빛에 비추면 어떤 모양이 될까?

③ 거울놀이를 해 본다.

### 유의점

- 햇빛이 좋은 날을 택해 활동을 하는 것이 효과적이다.
- 교실의 다양한 물건을 거울 위에 올려놓아 빛에 생기는 그림자를 관찰해 보도록 한다.

### 연관활동

- 빛을 통과하는 것과 통과하지 않는 것: 상자 안쪽에 손전등만 한 구멍을 뚫어 스위치를 켠 후 준비한 여러 가지 물체(함석판, 종이, 셀로판지, 책, 천, 종이, 나무판, 고무, 유리 등)를 상자의 구멍에 하나씩 대어 보아 빛을 통과하는지, 통과하지 않는지 알아본다.

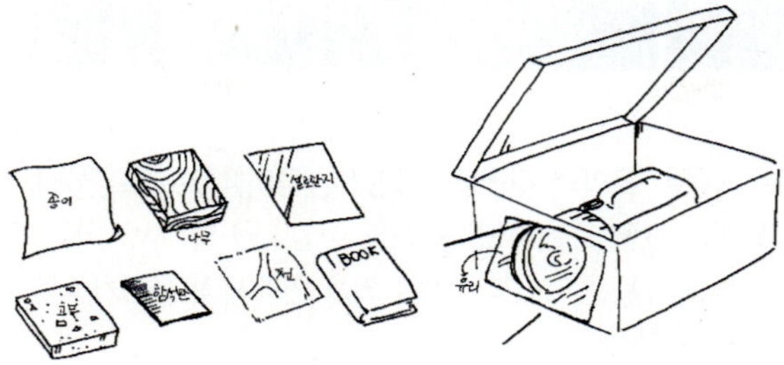


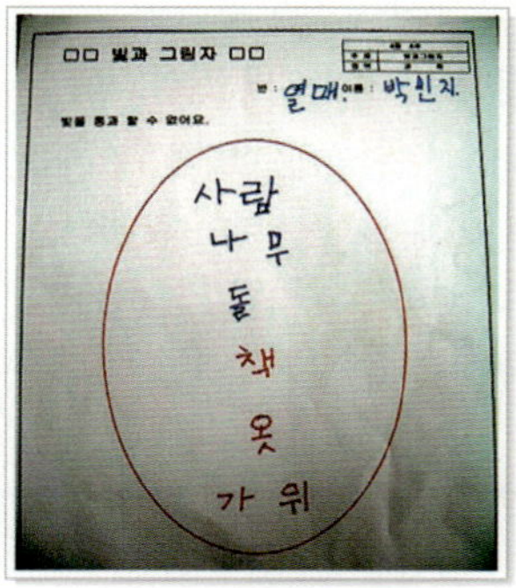


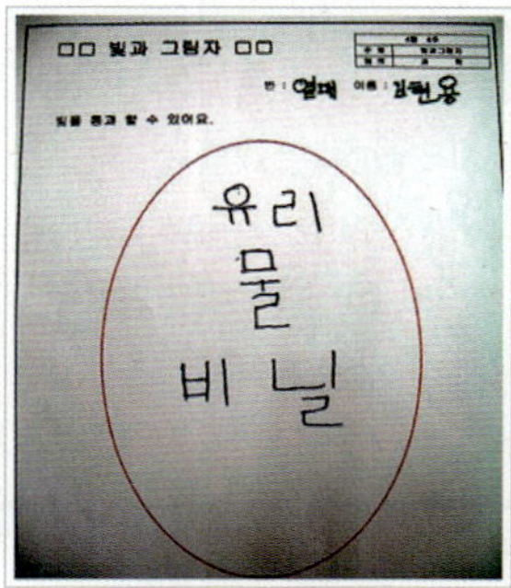


〈빛의 통과〉

| 빛이 통과하는 물체 | 빛이 반 정도 통과하는 물체 | 빛이 통과하지 않는 물체 |
|---|---|---|
| | | |

※ 같은 재질이라도 두께에 따라 빛이 통과하는 것과 통과하지 않는 것이 있다는 점에 유의한다.

여기서 잠깐

### 거울은 왜 보일까?

우리가 사용하고 있는 거울은 유리의 뒷면을 은이나 알루미늄으로 도금하여 불투명하게 만든 것이다. 현대에는 대체로 유리의 표면 또는 이면에 주석, 아말감을 발라서 거울을 만든다. 거울의 종류에는 평면거울, 오목거울, 볼록거울 등이 있다. 빛이 거울 면에서 반사하기 때문에 반사한 빛이 눈으로 들어와 물체가 눈에 보이는 것이다.

### 거울 2장을 마주 보게 하고 사이를 좁히면 왜 물체가 많아 보이는가?

거울을 2장 사용하여 물체를 비추어 보면 빛이 반사하여 만나기 때문에 상이 여러 개 만들어진다. 이때 상의 수나 상이 만들어지는 위치는 두 거울이 이루는 각도에 따라 변한다. 90°에서는 3개의 상이 생기고, 엘리베이터 안 벽면의 거울처럼 거울이 마주 보고 있으면 우리의 모습이 수없이 비춰지는 것처럼 2개의 거울을 마주 보게 하고 그 사이에 물체를 놓으면 물체의 상이 수없이 많이 생긴다. 이는 거울 사이에서 반사가 수없이 일어나기 때문이다.

생활주제 생활도구

# 거울놀이

## 활동목표

- 빛의 반사에 대해 안다.
- 빛과 물체의 굴절현상에 대해 안다.

## 활동자료

- 다양한 모양의 거울(거울 조각 전체를 시트지로 싼 후 자동차, 집, 동물, 꽃, 과일 등의 그림을 그려 오려 낸다.)

## 활동방법

① 거울을 햇빛에 비추면 어떻게 될지 이야기 나눈다.

- 거울을 햇빛에 비추면 어떻게 될까?
- 반사된 거울을 어두운 곳에 비추면 어떻게 될까?

② 거울을 반사시켜 어두운 곳을 비추며 이야기 나눈다.

- (그림이 그려진 거울들을 보여 주며) 이것은 무슨 모양이니?
- 이것을 벽에 비춰 보면 어떻게 보일까?
- 왜 이렇게 잘 보일까?

③ 실외영역에서 자유롭게 놀이해 본다.(대야에 물을 준비해 둔다.)

- 거울을 그냥 비출 때와 물에 묻혀 비출 때 어떤 차이가 있을까?

## 유의점

- 눈에 직접 비추지 않도록 주의한다.

## 연관활동

- 물에 적신 거울을 비춰 봐요: 컵에 물을 담아 흔들어 보면서 여러 가지 모양과 색을 관찰하거나 물이 담긴 대야에 거울을 45°로 세운 후 햇빛을 반사시켜 그림이 나타나도록 해 본다.

- 무지개를 만들어요: 언제 무지개가 생기는지, 무지개는 무슨 색깔인지 등에 대해 이야기 나누어 본 후 여름철 물놀이를 할 때 호스로 물을 뿌려 무지개 만들기를 해 본다.(이때 주의해야 할 것은 가능하면 호스를 손가락으로 잘 눌러서 물방울이 가늘게 뿌려지도록 해야 하며, 해를 등지고 뿌려야 한다.)

### 여기서 잠깐

**무지개는 왜 생길까?**

무지개는 빗방울이 프리즘되어 태양광선을 일곱 색깔로 분해하기 때문에 일어나는 현상이다. 광선이 빗방울에 부딪히면 반사굴절을 하지만 빛의 색깔에 따라 굴절 각도가 다르기 때문에 일곱 색으로 분해되는 것이다.

생활주제
생활도구

# 거울 속의 물체가 몇 개일까?

## 활동목표

- 거울의 각도에 따라 여러 개의 물체가 생긴다는 것을 안다.

## 활동자료

- 단면거울, 양면거울, 대칭되는 그림

## 제작방법

① 거울의 뒷면에 부직포를 붙인다.

② 가장자리를 투명테이프로 두른다.

③ 2개의 거울을 맞대어 접히고 펴지도록 한다.

④ 대칭되는 그림을 1/2만 그린다.

## 활동방법

① 거울에 대한 이야기를 나눈다.

- 거울은 언제 사용할까?

② 유아들이 단면거울과 양면거울에 여러 가지 물체를 비추어 보도록 한다.

- 물체를 단면(양면)거울에 비추어 볼까?
- 단면(양면)거울로 비추니 물체가 어떻게 보이니?
- 단면거울과 양면거울에 물체를 비추어 보았을 때 어떤 차이가 있었니?

③ 다양한 물체를 양면거울로 비춰 본다.

## 유의점

- 주변의 양면거울(예 엘리베이터 안)에서 본 경험과 연계하여 지도한다.

## 연관활동

- 거울이 사용되는 곳을 알아봐요: 우리 일생생활에서 빠질 수 없는 생활필수품인 거울이 사용되는 곳을 찾아본다(도로의 볼록거울, 자동차의 백미러, 평면거울, 휴대용 손거울, 슈퍼마켓의 볼록거울 등).

- 나의 반쪽: 대칭을 이루는 그림을 반쪽만 그린 후(사람, 사과, 집, 버섯, 나무 등) 카드의 완전한 그림을 예측해 보고 거울에 비춰 완성해 본다.

생활주제
환경과 생활

# 빛이 없다면

## 활동목표

- 빛이 없으면 사물을 볼 수 없다는 것을 안다.
- 빛이 있을 때와 없을 때를 비교해 본다.

## 활동자료

- 작업 테이블, 전지, 한쪽에 구멍이 뚫린 박스, 사진, 담요

## 활동방법

① 책상 위에 담요를 덮어 놓은 후 어둡게 만든 책상 밑의 느낌이 어떤지 이야기 나눈다.
  - 책상 밑이 어떠니?
  - 눈으로 사물을 보기 위해서 무엇이 필요할까?

② 한쪽 구멍이 뚫린 어둠 상자를 돌아가며 보게 한다.
  - 무엇이 보이니?
  - 상자 안의 사물을 보기 위해서 필요한 것은 무엇일까?

③ 상자 위에 전지를 비추고 구멍을 들여다보게 한다.
  - 무엇이 보이니?

④ 왜 어두운 곳에서는 아무 것도 볼 수 없었는지, 불을 켰을 때와 껐을 때 느낌이 어땠는지 이야기 나눈다.

## 유의점

- 담요가 너무 짧을 경우 빛이 새어 들어갈 수 있으니 넓은 것으로 준비한다.

## 연관활동

- 그림 알아맞히기: 유아들이 그림을 한 장씩 그려 상자에 넣은 후 어떤 그림이 그려져 있는지 맞춰 보도록 한다.

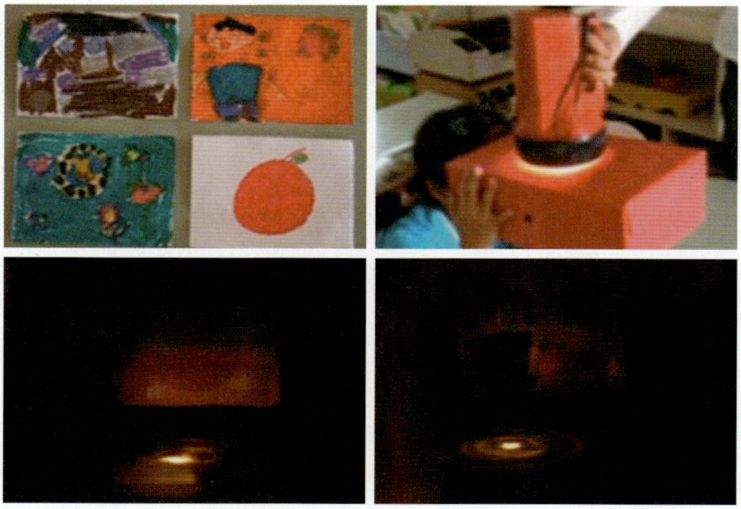

- 빛을 이용한 물건 알아보기: 일상생활에서 빛을 이용한 물건에는 어떤 것이 있는지 알아본다. 잡지나 홍보 전단지 등에서 찾아 오려 붙여 보도록 한다.

**빛을 이용한 물건 알아보기**

## 여기서 잠깐

### 빛이 없다면

우리의 눈은 빛을 탐지하고 빛의 강도 차이를 구별하는 특별한 감각세포를 가지고 있다. 이러한 감각세포는 시신경의 간상체와 원추체이다. 간상체는 원추체보다 훨씬 더 빛에 민감하다. 시각은 달빛과 같은 희미한 빛에서 전적으로 간상체를 통해서 이루어진다. 원추체는 세 가지 유형이 있는데 감각은 서로 다른 빛의 색깔에 민감하다. 우리는 빛이 없다면 볼 수 없고 빛이 희미하다면 색깔을 알아보기 어렵다.

생활주제 생활도구

# 카메라 놀이

## 활동목표

- 빛에는 직진과 굴절의 성질이 있음을 안다.

## 활동자료

- 화장지 속대(포일 속대 등), 볼록렌즈, 하드보드지, 시트지, 손전등, 돋보기, 트레이싱 페이퍼, 디지털카메라 등

## 제작방법

① 하드보드지에 정육면체의 전개도를 그려서 오린다.

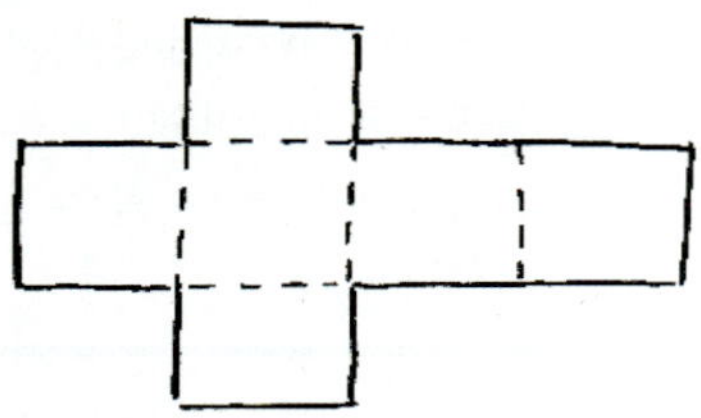

② 윗면이 될 부분에 화장지 속대 크기의 구멍을 뚫고, 밑면은 여분을 조금 남긴 후 오려 낸 후 정육면체를 만든다.

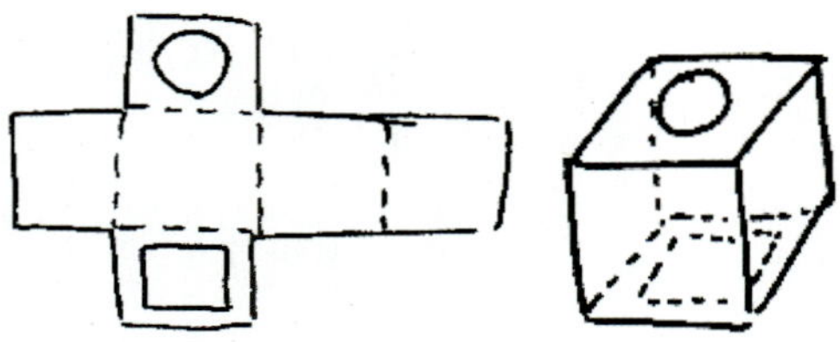

③ 화장지 속대에 볼록렌즈를 부착한 후 상자 구멍에 끼운다.

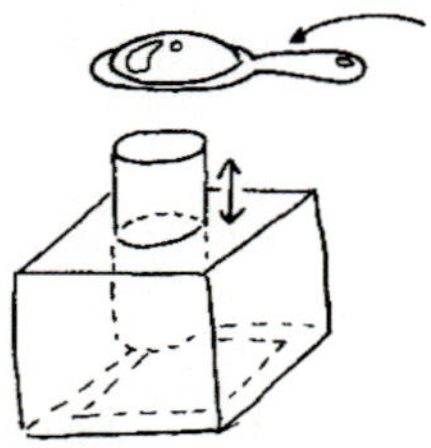

④ 밑면에 트레이싱 페이퍼를 붙인다.

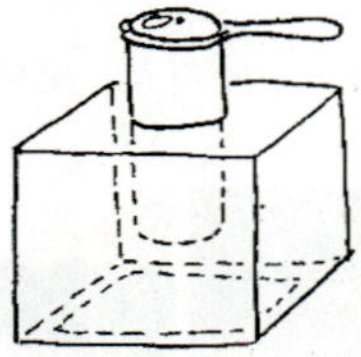

## 활동방법

① 준비한 카메라를 보며 이야기 나눈다.

- 이것은 무엇일까?
- 이것으로 사물을 보면 어떻게 보일까?
- 사진을 찍어 본 적 있니?

② 만든 카메라와 디지털카메라로 사물을 관찰해 보게 한다.

- 만든 카메라(디지털카메라)로 보니 어떻게 보니?
- 어떤 차이가 있니?
- 사물이 왜 거꾸로 보일까?

③ 빛의 직진에 대해 이야기 나눈다.

## 유 의 점

- 지나치게 과학적인 개념이나 원리에 치중하여 지도하지 않도록 한다.

## 연관활동

- 빛이 나아가는 모양 : 숲 속에 빛이 드는 장면과 두꺼운 종이에 구멍을 내어 뒤에서 빛을 비추어 보면서 빛이 어떻게 나아가는지 알아본다. 두꺼운 종이를 몇 번 접고 구멍을 내거나 네모 모양을 오려 낸 하드보드지 사이에 머리빗을 붙이고 손전등을 비추어 빛이 나아가는 모양을 관찰하게 한다.

- 구부러진 숟가락: 2개의 유리컵에 숟가락을 넣고 한쪽 컵에 물을 부어 비교해 본다. 물과 연계하여 지도할 수 있다.

여기서 잠깐

### 빛의 직진

빛이란 사물을 비추어 밝게 보이게 하는 것으로 곧게 나아가는 현상을 빛의 직진이라고 한다. 물체의 위치에 따라 그림자의 크기가 다른 이유는 빛의 직진이라는 성질 때문이다. 나무 사이로 곧게 쏟아지는 햇빛이나 문틈으로 새어 들어오는 빛이나 구름 사이로 비추는 빛을 보아도 알 수 있다.

① 빛은 공기 중에서 곧게 나아간다.
② 빛은 물속에서 곧게 나아간다.
③ 물체의 위치 변화에 따라 그림자의 크기가 변하는 까닭은 빛이 곧게 나아가기 때문이다.

### 빛의 굴절

빛이 직진하다가 다른 물질과 만나면 빛의 속력이 달라져 진행 경로가 꺾이는 현상을 빛의 굴절이라고 한다.

① 빛의 굴절은 빛이 한 물질에서 다른 물질로 들어갈 때 일어난다.
② 볼록렌즈에서는 빛이 굴절하여 모이고, 오목렌즈에서는 빛이 굴절하여 퍼져 나아간다.
③ 햇빛이 프리즘을 통과하면 햇빛은 여러 가지 색의 띠로 나타난다.

생활주제 겨울

# 어느 쪽이 더 따뜻할까?

## 활동목표

- 햇빛은 열이 있다는 것을 이해한다.
- 색에 따라 태양열을 받는 온도가 다르다는 것을 이해한다.

## 활동자료

- (같은 양의 물을 넣고 빨간색, 검은색, 흰색 부직포를 씌운) 캔, 부직포(빨간색, 검은색, 흰색), 온도계, 포일, 관찰지 등

## 활동방법

① 유아들이 입고 있는 옷의 색에 대해 이야기 나눈다.
- 여름에는 어떤 색의 옷이 더 시원할까(더울까)?
- 겨울에는 어떤 색의 옷이 가장 따뜻할까(추울까)?

② 3가지 색의 부직포를 보며 이야기 나눈다.
- (부직포를 보여 주며) 어떤 색이 가장 따뜻할까?
- 어느 쪽이 가장 따뜻할까? 순서대로 말해 볼까?

③ 준비한 캔을 보며 이야기 나눈다.
- 이 캔을 따뜻한 순서로 말해 보겠니?
- 어떤 쪽이 따뜻한지 정확하게 알 수 있는 방법은 무엇일까?
- 실내에서 3개의 캔 안에 있는 물의 온도를 온도계로 살펴본다.

④ 햇빛이 잘 드는 곳에 놓아둔다.

- 이것을 여기(실외)에 놓아두면 어떻게 될까?

⑤ 시간 간격을 두고 온도 변화가 어떻게 되는지 살펴보고, 관찰기록을 하도록 한다.(직접 물을 만져 확인해 보도록 한다.)

⑥ 관찰 후 이야기 나눈다.

- 처음 물의 온도는 어땠니?
- 지금 온도는 어떠니?
- 왜 검은색 캔의 온도가 가장 높을까?
- 왜 흰색 캔의 온도가 가장 낮을까?
- 여름(겨울)에는 어떤 옷이 가장 시원(따뜻)할까?

유의점

- 햇볕이 다소 뜨거운 날을 택하면 온도 차이를 정확히 알 수 있다.
- 유아들이 지루해할 수 있으므로 관찰 횟수를 지나치게 많이 잡지 않는다.

**연관활동**

- 돋보기로 태워요: 돋보기와 색종이(여러 가지 색)를 준비하여 햇빛에 나가 돋보기로 색종이를 태워 본다(어느 색이 가장 빨리 탈지 예측해 보고, 어느 쪽이 가장 빨리 타는지 비교해 본다). 다양한 모양을 그려 돋보기로 모양대로 오려내 보거나 버터를 녹여 본다.

**여기서 잠깐**

**왜 검은색이 더 따뜻할까?**

모든 빛은 물체에 닿았을 때 흡수하거나 반사한다. 반사된 빛은 우리 눈에 보여 지고 흡수된 빛은 물체 내에서 열로 변하게 된다. 밝은 색의 물체에서는 흡수된 빛의 양이 적어 적은 열을 발생시키지만 어두운 색일수록 흡수되는 빛의 양은 많아지고 비례적으로 열을 발생시킨다.

생활주제
환경과 생활

# 그림자놀이 I

## 활동목표

- 빛의 반대 방향에 그림자가 생긴다는 것을 안다.
- 빛의 거리에 따라 그림자의 크기가 달라진다는 것을 이해한다.

## 활동자료

- 여러 가지 물건(주전자, 냄비, 칫솔, 포크, 숟가락, 빗, 인형, 가위, 물감 등), 환등기(전등), 스크린(전지) 등

## 활동방법

① 스크린을 준비한 후 환등기(전등)를 비춘다.

② 교사가 스크린 뒤에서 여러 모습을 표현해 보고 가까이, 멀리 가 보는 활동을 해 보면서 이야기 나눈다.

③ 준비한 여러 가지 물건(주전자, 냄비, 가위, 빗 등)을 스크린에 비추어 보며 이야기 나눈다.

- 이것은 무엇일까?
- 이 물건을 가까이 또는 멀리에서 움직이면 그림자의 크기가 어떻게 될까?

④ 신체를 이용해 다양한 모양을 만들어 본다.

⑤ 유아가 스크린 뒤에서 신체를 다양하게 움직여 누구인지 맞춰 보도록 한다.

## 유의점

- 유아들이 알기 쉬운 물체를 준비하도록 한다.

## 연관활동

- 그림자 만들기: 자신의 신체를 이용해 다양한 모습을 표현해 보게 하거나 왕관, 보자기, 큰 쟁반, 박스 등의 소품을 이용해 왕자, 공주, 슈퍼맨, 나무, 로봇 등을 표현해 보도록 한다.

- 그림자밟기: 소그룹 게임으로 한 사람이 술래가 되어 그림자를 밟고, 다른 유아들은 자기 그림자가 밟히지 않도록 도망치는 게임을 해 본다.

- 색깔 그림자: 색깔 비닐을 이어 붙여 들어 올린 후 그림자에 대해 이야기 나눈다. 교사의 지시에 따라 게임을 해 본다.

여기서 잠깐

### 그림자의 실체

- 그림자는 물체가 빛이 진행하는 곳에 위치해 있을 때 빛의 방해물로 인해 생긴다. 즉, 물체에 가로막혀 빛이 닿지 못하는 부분이 그림자이다.
- 그림자의 크기는 빛과 물체 사이의 거리가 멀수록 작아지고, 가까울수록 커진다.
- 그림자의 크기가 거리에 따라 변하는 것은 빛의 직진 때문이다.

생활주제 동식물과 자연

# 그림자놀이 Ⅱ

## 활동목표

- 빛을 가리면 그림자가 생긴다는 것을 안다.
- 물체에 따라 빛이 통과할 수 있다는 것을 안다.

## 활동자료

- 하드보드지, 셀로판지, 아크릴 막대, 철사, 할핀, 스크린, 환등기 등

## 제작방법

① 하드보드지에 동물 모양(예 오리)의 그림을 그린다.

② 동물 모양을 오린 후 2cm 정도의 테두리를 남기고 안쪽 부분은 오려 낸다. 움직일 수 있는 부분(예 오리 부리)을 분리한다.

③ 오려 낸 동물 모양(예 오리)에 셀로판지를 붙인 후 그 위에 눈, 날개, 다리를 붙인다.

④ 분리된 부분(예 오리 부리)을 할핀으로 고정한 후 철사를 연결한다. 아크릴 막대로 손잡이를 만들어 붙인다.

※ 이와 같은 방법으로 병아리, 가재, 개구리, 소라, 소, 개 등을 제작한다.

## 활동방법

① 준비한 동물 모양을 보며 이야기 나눈다.
- 어떤 동물들이 있니?
- 빛을 비추면 동물들이 어떻게 보일까?

② 스크린을 통해 동물 모양을 보며 이야기 나눈다.
- 이것은 무슨 동물일까?
- 색깔이 왜 그대로 보일까?

③ 동물들을 빛에 비추어 가며 움직여 본다.

④ 동물 역할놀이를 해 보게 한다.

## 유 의 점

- 동물 모양을 비추어 보았을 때 형태를 정확히 알 수 있도록 준비한다.
- 움직이는 철사를 너무 지나치게 잡아당기지 않도록 한다.

## 연관활동

- 셀로판지 그림자: 모양을 그려 오린 하드보드지에 셀로판지를 붙인 후 밖으로 나가 그림자를 만들어 본다.

• 아세트지 그림: 아세트지 위에 유아들이 직접 그린 그림을 스크린에 비추어 보며 이야기 나눈다.

생활주제
환경과 생활

# 그림자 길이가 변해요

## 활동목표

- 태양의 위치에 따라 그림자의 모양과 크기가 바뀐다는 것을 안다.

## 활동자료

- 전지, 매직 등

## 활동방법

① 태양의 움직임에 대해 알아본다.
- 태양은 어디에서 뜰까?
- 동쪽에서 뜬 태양은 어떻게 움직일까?
- 하루 중 제일 따뜻한 시간은 언제일까?
- 왜 가장 따뜻할까?

② 낮에 밖으로 나가 놀았을 때 생긴 그림자에 대해 이야기 나눈다.
- 그림자는 언제 주로 생기니?
- 낮에 밖으로 나가 그림자를 본 적 있니?
- 그림자는 항상 같은 곳에 생길까?
- 그림자는 왜 똑같지 않을까?

③ 태양의 위치에 따라 변하는 유아의 그림자를 전지에 그려 본다.

④ 아침, 점심, 오후, 저녁에 그린 그림을 오려 붙인 후 이야기 나눈다.

- 어느 쪽이 그림자의 길이가 가장 길까(짧을까)?
- 가장 긴(짧은) 그림자는 언제였니?
- 왜 가장 길까(짧을까)?

## 유의점

- 유아들은 위쪽 길이에 더 집중하므로 오린 그림자는 벽 아래쪽에 고정시켜 크기를 비교하도록 한다.
- 수학활동과 연계하여 지도할 수 있다.

## 연관활동

- 인형 그림자가 변해요: 인형을 도화지 가운데 세우고 그 위로 손전등을 비추어 그림자를 만들어 보면서 동쪽에서 서쪽으로 원을 그리며 비추어 봄으로써 그림자의 길이가 어떻게 변화하는지 알아보고 어떻게 하면 가장 짧은(긴) 그림자가 되는지 알아본다.

- 그림자 길이 비교하기: 딱딱한 종위 한가운데에 막대를 세워 해시계 모양을 만들고, 햇빛이 잘 드는 곳에 놓아둔다. 시간을 정해 두고 그림자를 표시하여 그림자의 크기를 비교해 본다.

- 그림자가 많아졌어요: 인형을 벽 앞에 고정시키고 인형 앞쪽에서 촛불을 1개, 2개, 3개 켰을 때 그림자가 어떻게 생기는지 비교해 본다.

여기서 잠깐

**태양의 일주운동**

태양은 한자리에 머물러 있으나 지구가 자전하게 때문에 동쪽에서 떠서 서쪽으로 진다. 그 결과, 낮과 밤이 반복된다. 이러한 태양의 운동을 '태양의 일주운동'이라고 한다. 태양이 머리 위에 수직으로 떠 있고 땅바닥에 닿는 열의 양이 많아져 낮에는 온도가 더 높다. 태양이 비추는 위치에 따라 그림자가 생기는 위치가 달라지는데 태양이 가장 높게 떠 있는 낮에 그림자의 길이가 가장 짧고, 낮게 떠 있을수록 그림자의 길이가 길다.

# 힘

생활주제
교통기관

# 구슬 굴리기

## 활동목표

- 경사에 따라 구슬이 굴러가는 속도가 다르다는 것을 안다.

## 활동자료

- 파이프, 톱, 구슬, 경사로를 만드는 데 필요한 상자(탁자, 책, 의자) 등

## 제작방법

① 톱을 이용해 파이프를 반원으로 자른다.(크기별로 자른다.)

② 반원 파이프를 연결할 수 있는 ㄱ자 모양과 •모양의 파이프를 준비한다.

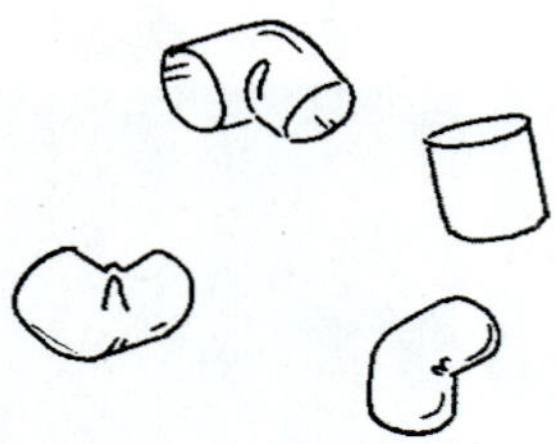

③ 파이프를 연결한다.

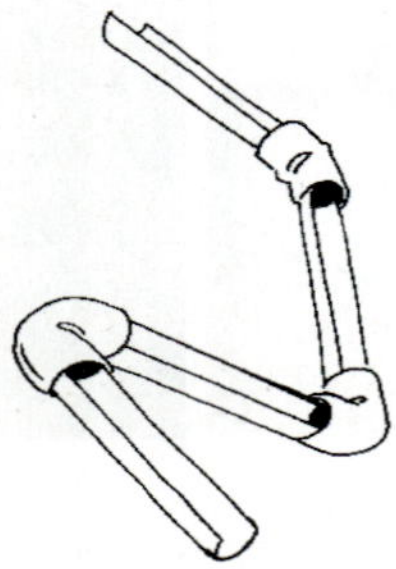

④ 경사로(탁자, 의자, 상자, 책 등)를 만든다.

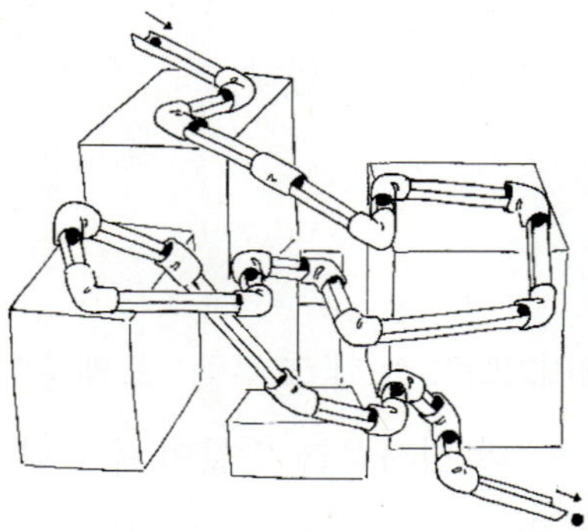

## 활동방법

① 준비된 파이프를 보며 이야기 나눈다.

- 어떤 모양들이 있니?
- 구슬을 빨리 굴러가게 하려면 경사로(파이프 길)를 어떻게 만들어야 할까?

② 경사로를 만드는 데 이용할 수 있는 도구를 알아본다(의자, 책, 탁자, 상자 등).

③ 경사로를 만들어 본다.

④ 구슬 굴리기의 놀이를 해 본다.

- 어떻게 할 때 구슬이 잘 굴러갔니?

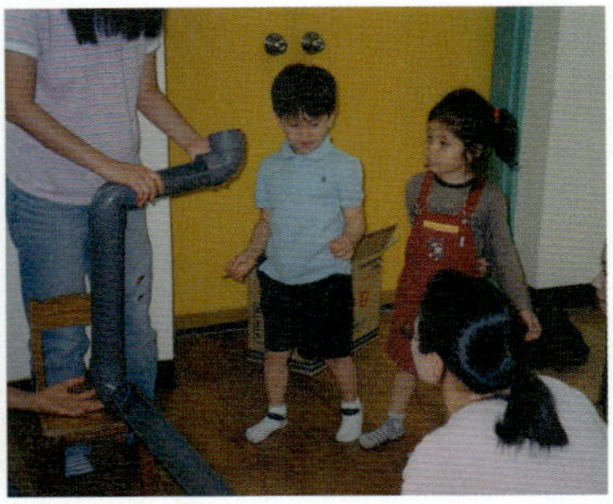

## 유의점

- 파이프 대신 두꺼운 종이를 이용할 수 있다.
- 실외놀이에서 물놀이를 활용할 수 있다.

## 연관활동

- 어떤 자동차가 더 잘 굴러가나?: 노란 고무줄, 모래종이, 점토 등을 이용해 우유팩 자동차를 만든다. 30°의 경사로를 만들어 우유팩 자동차를 굴려 보는 활동을 해 봄으로써 어느 것이 가장 빠르고, 느린지 알아본다.

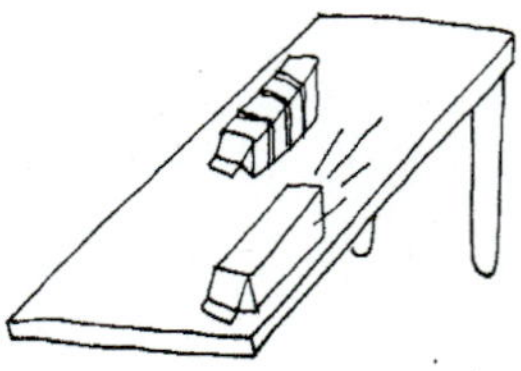
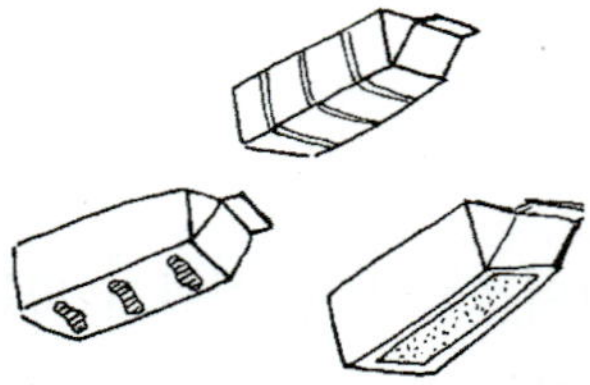

- 더 잘 굴러가는 길은?: 바닥에 블록 1개, 블록 2개, 블록 3개를 놓고 그 위에 나무판으로 경사로를 만든 후 자동차를 굴려 어느 곳이 더 잘 굴러가는지 비교해 본다.(같은 자동차로 힘의 세기를 같게 하여 비교해 본다.)

## 여기서 잠깐

**모래 위에서는 왜 자동차가 잘 굴러가지 못할까?**

마찰력 때문에 모래 위에서는 잘 구를 수 없다. 마찰력은 물체가 운동할 때 접촉하는 면과 물체 사이에 작용하는 힘으로 물체의 운동을 방해한다. 물체의 속도를 줄이거나 멈춰 버리게 하는 방해작용을 함으로써 마찰력은 항상 물체가 움직이는 방향의 반대 방향으로 작용한다. 표면이 매끄러우면 마찰력이 적고, 표면이 거칠수록 마찰력이 크다.

생활주제
교통기관

# 종이컵 자동차

## 활동목표

- 고무의 탄성을 이용해 물체가 움직일 수 있다는 것을 이해한다.

## 활동자료

- 종이컵, 노란 고무줄, 클립, 찰흙 등

## 제작방법

① 클립의 양쪽에 노란 고무줄을 끼운다.
② 찰흙으로 클립을 둥글게 감싼다.
③ 양쪽 노란 고무줄에 클립을 끼운다.
④ 다양하게 꾸민 종이컵 양쪽에 클립을 꽂는다.

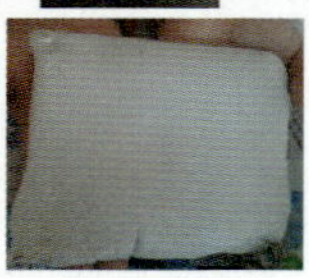

## 활동방법

① 미술활동시간에 만든 종이컵 자동차를 보며 이야기 나눈다.

- 어떻게 하면 자동차가 굴러갈까?
- 어떻게 하면 더 멀리 갈 수 있을까?

② 놀이를 해 본다.(찰흙이 마른 후 고무줄을 돌려 바닥에 놓으면 고무줄이 풀리면서 움직인다.)

- 더 멀리 굴러가는 방법을 알아보자.
- 누구의 것이 더 멀리 굴러가는지 게임을 해 보자.

## 유의점

- 미술활동시간을 이용해 종이컵을 꾸민 후 만들어서 활동해 본다.
- 고무의 탄성 때문에 고무줄을 많이 감을수록 종이컵 자동차가 많이 움직이게 된다는 점을 놀이를 통해 알 수 있도록 한다.

## 연관활동

- 요요로 놀아요 : 고무줄 2개를 연결해 클립을 끼운 후 클립이 가로가 되게 한 후 찰흙으로 둥글게 만들어 요요놀이를 해 본다.

생활주제
교통기관

# 구슬자동차

## 활동목표

- 구슬은 재질에 따라 움직이는 힘이 다르다는 것을 이해한다.
- 구슬의 크기에 따라 움직이는 힘이 다르다는 것을 이해한다.

## 활동자료

- 쇠구슬(대, 중, 소), 유리구슬, 고무구슬, 떠먹는 요구르트통 등

## 활동방법

① 떠먹는 요구르트통(교통기관이나 동물 모양 등)을 꾸민다.
- 이것으로 무엇을 할 수 있을까?
- 이것을 움직이는 방법을 생각해 볼까?

② 구슬(재질이 다른 구슬, 크기가 다른 구슬)을 보고 이야기 나눈다.
- 이것은 무엇일까?
- 어떤 구슬이 가장 무거울까(가벼울까)?
- 어떤 구슬이 가장 클까(작을까)?
- 어떤 구슬이 가장 잘 굴러갈까?

③ 놀이를 해 본다.
- 어떤 구슬이 가장 잘 굴러가니?
- 잘 굴러가는 구슬의 순서를 말해 볼까?

## 유의점

- 바퀴와 관련된 주제와 연계하여 활동해 볼 수 있다.
- 재질이 다른 구슬은 크기가 같아야 한다.

## 연관활동

- 입으로, 손가락으로 움직여요: 젤리통을 꾸민 후 작은 구슬(유리, 쇠)을 넣고 입으로 불거나 손가락으로 튕겨 젤리통이 움직이도록 해 본다.

생활주제
생활도구

# 폭죽놀이

## 활동목표

- 고무의 탄성에 의해 물체가 움직일 수 있다는 것을 이해한다.

## 활동자료

- 1000ml 우유팩, 칼, 가위, 고무밴드 등

## 제작방법

① 우유팩의 양쪽 끝을 오려 낸 후 적당한 크기로 3등분한다.

② 잘라진 우유팩의 양쪽 끝을 가위로 0.5cm 정도 자른 후 고무밴드를 끼운다.

③ 고무밴드가 끼워진 우유팩을 고무밴드가 늘어나도록 반대로 펼친다.

④ 우유팩을 모아 잡고 있던 손을 놓아 우유팩 조각들이 튕겨 나가도록 한다.

## 활동방법

① 준비한 자료를 보며 이야기 나눈다.

- 이것으로 어떤 놀이를 할 수 있을까?
- 이 종이에 왜 고무밴드를 끼워 놓았을까?

② 놀이해 본다.

- 이 종이를 움직이게 하려면 어떻게 해야 할까?
- 여러 개를 모아서 동시에 놓으면 어떻게 될까?
- 한 개씩 놓아 보기도 하고, 여러 개를 한꺼번에 모아서 놓아보자.

③ 놀이 후 이야기 나눈다.

- 고무밴드를 끼운 종이를 어떻게 했을 때 멀리 튕겨 나갔니?
- 왜 튕겨 나갈 수 있었을까?

## 유의점

- 미술활동시간에 미리 만들어 꾸며 둔다.
- 고무밴드가 친구들을 향해 튕겨 나가지 않도록 주의한다.

## 연관활동

- 우유팩에 여러 가지 종류의 색종이를 붙이거나 숫자를 기록하여 우유팩 폭죽 놀이를 해 본다. 바닥에 흩어진 우유팩에서 색깔 모으기, 수(더하기, 빼기)세기 게임과 연계하여 놀이해 볼 수 있다.

- 멀리 날려 보기: 골판지나 색상지 2장을 같은 크기로 잘라 연결하고 반대쪽 양면에 0.5cm 정도 가위집을 낸 후 고무줄을 끼운다. 고무줄을 늘려 반대로 접었다 손을 놓으면 튕겨 나간다. 고무의 탄성을 이용해 어떻게 하면 더 멀리 날아가는지 놀이해 본다.

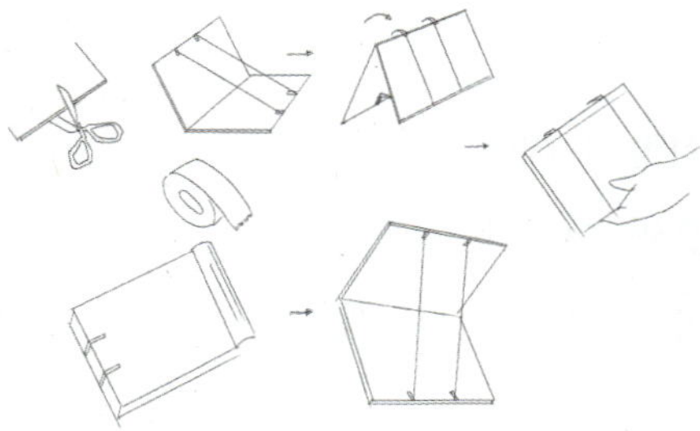

- 로켓 발사: 나무막대에 고무줄을 연결하고, 종이컵을 로켓 모양으로 만들어 서로 연결한 후 종이컵 로켓(고무줄 총)놀이를 해 본다.

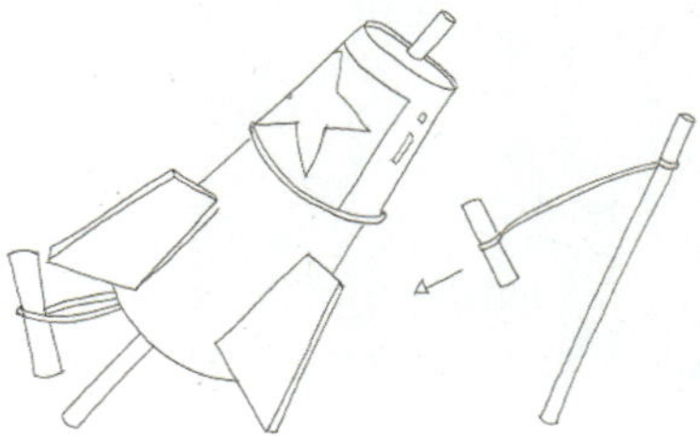

- 바구니 저울: 바구니에 고무줄을 매달아 블록 1개를 넣어 재어 보고, 블록을 하나씩 추가해 넣었을 때 어떻게 되는지 알아본다. 고무의 탄성에 의해 무게가 늘어나면 바구니가 점점 내려간다는 것을 저울과 연계하여 이해하도록 한다.

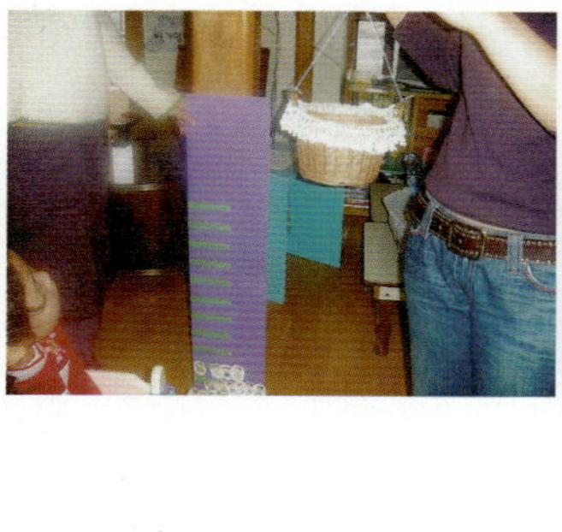

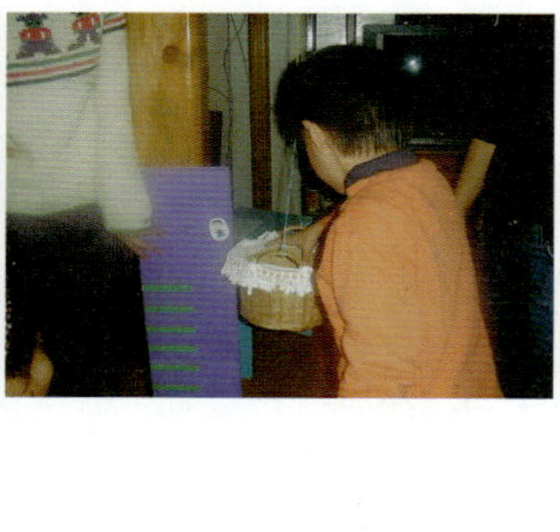

생활주제
유치원과 친구

# 누가 누가 힘이 셀까?

## 활동목표

- 사람의 힘에 대해 알아본다.
- 사람마다 힘의 세기가 다르다는 것을 이해한다.

## 활동자료

- 두꺼운 줄

## 활동방법

① 사람의 힘에 대해 이야기 나눈다.

- 어떤 사람이 힘이 셀까?
- 우리 반에서는 누가 힘이 셀까?
- 힘이 센지는 어떻게 알 수 있을까?

② 놀이를 해 본다.

- 두 사람이 손을 잡고 끌어당겨 볼까?
- 줄을 당겨 볼까?
- 벽을 밀어 볼까?
- 두 사람이 손바닥을 마주 대고 밀어 볼까?
- 팔씨름을 해 볼까?

③ 놀이 후 이야기 나눈다.

## 유의점

- 사람마다 힘이 다를 수 있다는 것을 알고 인정하도록 지도해야 하며, 힘에 따른 편견이 생기지 않도록 주의한다.
- 유아가 줄을 잡아당길 때 손을 다치지 않도록 두껍고 부드러운 줄을 준비한다.

## 연관활동

- 누가 누가 힘이 세나: 두 편으로 나누고, 두 사람씩 나와 손바닥을 마주 대고 밀어 발이 움직이면 다음 사람이 같은 방법으로 진행하는 편 게임을 해 본다.

• 줄다리기: 두 편으로 나누어 줄다리기를 해 봄으로써 사람의 힘에 대해 이해하도록 한다.

• 모이면 힘이 세요: 네모 모양으로 놓은 종이컵(달걀) 4개와 1개 위에 각각 책을 몇 권 올릴 수 있는지 비교해 본다. 같은 방법으로 컵(달걀) 위에 책 한 권을 올리고 그 위에 사람이 올라섰을 때를 비교해 본다.

생활주제
생활도구

# 진자운동

## 활동목표

- 진자의 원리와 진폭의 개념을 안다.
- 간단한 진자를 조작해 본다.

## 활동자료

- 종이컵(페트병), 색 모래, 도화지, 줄(막대기), 박스 등

## 제작방법

① 종이컵(페트병) 아래에 구멍을 낸다.
② 종이컵(페트병)에 막대나 줄을 연결한다.
③ 연결한 막대나 줄을 상자에 고정시킨다.
④ 상자 안쪽에 도화지를 깐다.
⑤ 종이컵(페트병)에 색 모래를 넣는다.

## 활동방법

① 준비한 자료를 보며 이야기 나눈다.

- 이것은 무엇일까?
- 종이컵(페트병) 안에는 무엇이 들어 있을까?
- 막대기(줄)를 흔들면 어떻게 될까?

② 진자놀이를 해 본다.

- 도화지에 색 모래가 어떻게 떨어지는지 살펴볼까?
- 다양한 방향으로 움직여 보면 색 모래는 어떻게 될까?
- 진자놀이를 통해 색 모래 그림을 그려 보자.

③ 놀이 후 이야기 나눈다.

- 무엇을 이용해 그림을 그렸니?
- 진자의 줄이 길 때와 짧을 때의 그림은 어떤 차이가 있을까?
- 우리 주변에 진자처럼 움직이는 것에는 어떤 것이 있을까?

## 유의점

- 줄이나 막대를 이용하여 다양한 진자놀이를 해 본다.

여기서 잠깐

### 진자운동

진자운동이란 중력에 의해 축을 중심으로 양쪽으로 같은 너비만큼 계속 운동하는 것이다. 진자의 주기는 실의 길이가 길어질수록 그 값이 커진다. 따라서 실이 짧아질수록 속도가 빨라진다. 진자운동의 예로는 괘종시계의 추, 그네, 널뛰기 등이 있다.

생활주제
건강과 안전

# 롤러놀이

## 활동목표

- 지렛대 원리에 대해 안다.
- 신체를 조절해 본다.

## 활동자료

- 나무판, 밧줄, 롤러(PVC) 등

## 제작방법

① 약 120×40cm 크기의 나무판과 약 70cm 길이의 롤러(PVC)를 준비한다.

② 음료수 상자와 약 50cm 정도의 약간 두꺼운 롤러(PVC)를 준비한다.

## 활동방법

① 준비된 교구를 보며 롤러놀이에 대해 이야기 나눈다.

- 이것으로 어떤 놀이를 할 수 있을까?
- 나무판이나 음료수 상자가 넘어지지 않게 하려면 어떻게 하면 될까?

② 놀이방법에 대해 설명해 준다.

③ 유아들이 직접 놀이해 본다.

④ 놀이 후 느낌에 대해 이야기 나눈다.

- 나무판(음료수 상자)에 올라갔을 때 느낌이 어땠니?
- 어떻게 했을 때 넘어지지 않고 잘 움직일 수 있었니?

⑤ 이와 같은 방법으로 균형을 잡아 보는 놀이에는 또 어떤 놀이가 있는지 이야기 나눈다.

## 유의점

- 활동 전에 안전지도를 하여 안전하게 놀이할 수 있도록 한다.
- 과학적인 개념을 교사가 설명하기보다 유아 스스로 놀이를 통해 이해할 수 있도록 한다.

## 연관활동

- 모빌 만들기: 나무젓가락(대 꼬치)의 양쪽 끝부분 고무줄에 도형을 매고 클립을 연결하여 균형을 잡은 후 유아들이 그린 동물 그림을 클립에 끼워 모빌을 만들어 본다.
- 지렛대를 이용해요: 시소를 타 보는 활동을 끝낸 후 지렛대를 이용한 물건(장도리, 가위, 병따개, 깡통따개, 양팔저울, 대저울, 핀셋 등)에 대해 알아본다. 하드보드지나 판자를 이용해 지렛대의 원리를 알도록 활동해 본다.

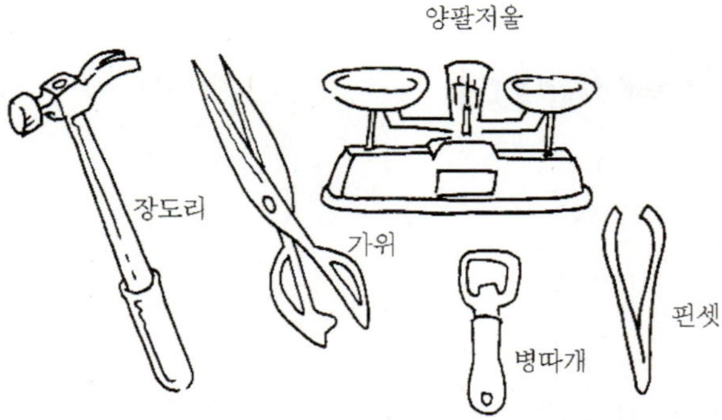

## 여기서 잠깐

### 지렛대의 원리

지렛대의 원리는 막대를 어느 지점에서 받쳐서 그 받침점을 중심으로 회전할 수 있게 한 것으로 대저울이 이 원리를 이용하여 효과적으로 힘을 작용하는 기구이다. 이 원리는 아르키메데스에 의해 발견되어 도르래나 회전축도 그 특수한 응용의 한 예라고 할 수 있다. 또한, 가위도 날이 엇갈려 있는 2개의 다리에 각각 손가락을 끼고 벌렸다 오므렸다 하여 지레의 원리로 물건을 자른다.

지레가 작용하는 힘 중 막대를 받치고 있는 점을 받침점, 힘이 가해지는 점을 힘점, 물체를 놓는 점을 작용점이라고 한다. 받침점과 작용점의 거리가 짧을수록, 받침점과 힘점 사이의 거리가 길수록 힘이 적게 든다.

생활주제 생활도구

# 엘리베이터

## 활동목표

- 무거운 물건을 운반할 때 도르래를 이용하면 힘이 덜 든다는 것을 이해한다.
- 엘리베이터의 원리를 이해한다.

## 활동자료

- 도르래(얼레, 낚싯줄), 플라스틱 파이프, 큰 상자, 작은 상자 등

## 제작방법

① 큰 상자의 윗부분과 앞면의 일부분을 뚫고(엘리베이터가 움직이는 모습을 볼 수 있도록), 양면에 파이프 봉이 들어갈 구멍을 뚫는다.

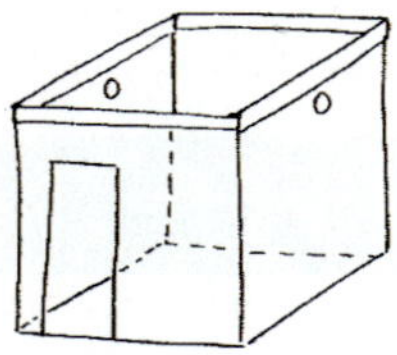

② 파이프 봉에 작은 구멍을 뚫어 낚싯줄을 통과시키고, 고정판을 만들어 도르래(얼레)가 쉽게 움직이지 않도록 한다.

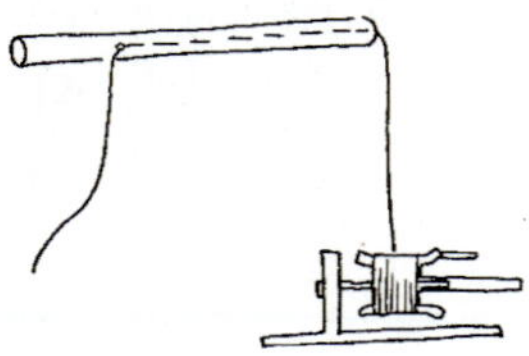

③ 파이프 봉에 낚싯줄을 끼운 후 작은 상자(엘리베이터)를 낚싯줄에 연결한다.

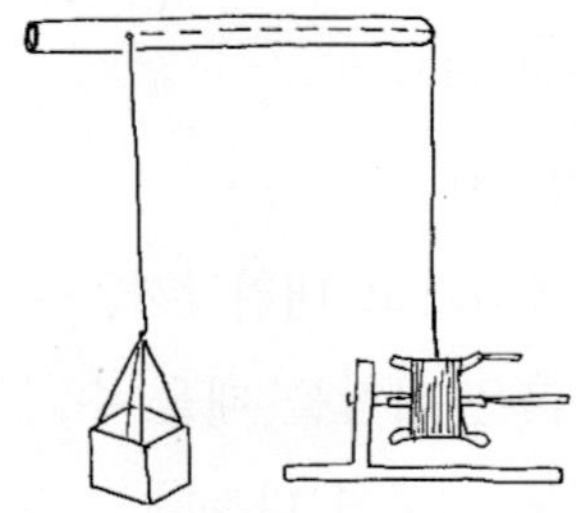

④ 상자의 양면 ③(낚싯줄을 끼운 파이프 봉)을 끼운다.

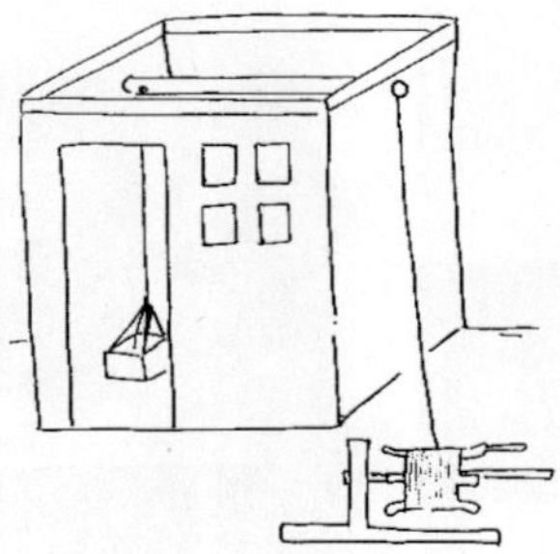

⑤ 잡지나 신문에 나온 사람을 오려 코팅한 후 엘리베이터에 태워 움직일 수 있게 한다.

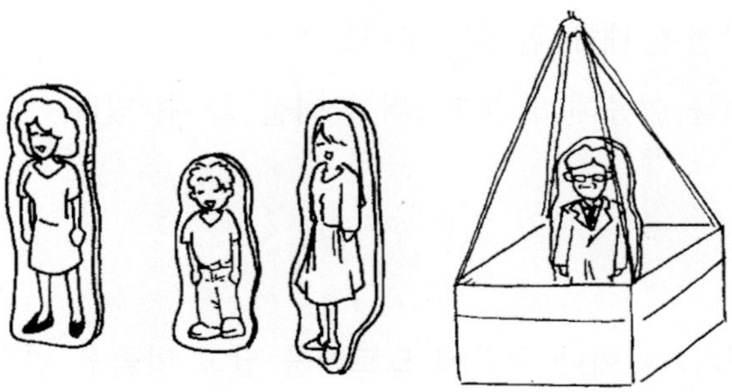

## 활동방법

① 엘리베이터에 대해 이야기 나눈다.

- 엘리베이터를 타 본 적 있니?
- 엘리베이터는 어떻게 올라가고 내려갈까?
- 엘리베이터는 어떻게 많은 사람을 태울 수 있을까?

② 엘리베이터의 원리에 대해 이야기 나눈다.

③ 엘리베이터에 사람을 태워 놀이해 본다.

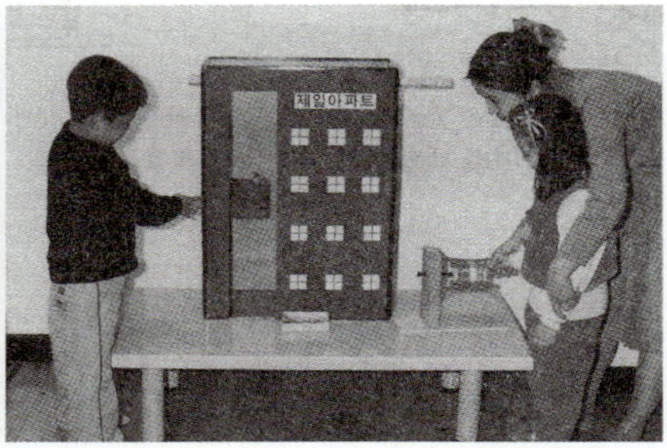


## 유의점

- 엘리베이터 안전에 대해 함께 지도하도록 한다.
- 유아들의 사진을 이용해 엘리베이터 놀이를 할 수 있다.

## 연관활동

- 물건 들어 올리기: 벽이나 천장에 도르래를 달고 밧줄을 연결한다. 밧줄의 양쪽 끝에 바구니를 달아 물건을 들어 올려 보거나 무게를 비슷하게 하여 균형을 잡아 보게 한다.

- 줄을 타고 올라가기와 내려가기: 비탈진 곳을 줄 없이 올라가고 내려갈 때와 줄을 잡고 올라가고 내려갈 때 어떤 차이가 있는지 비교해 본다.

여기서 잠깐

### 엘레베이터의 원리

엘리베이터는 고정 도르래를 이용한 승강장치이다. 고정도르래는 운동의 방향을 바꿀 필요가 있는 기계에 쓰인다. 엘리베이터에는 승강기 반대편에 평형추가 매달려 있어서 엘리베이터가 올라가면 평형추는 아래로 내려간다.

대형 건물을 지을 때 사용하는 타워 크레인이나 엘리베이터와 같은 기계들은 대부분 사람이나 화물을 나를 때 평형추를 사용한다. 여기에서 평형추는 사람이나 화물의 무게와 균형을 이루는 역할을 하고 기계가 뒤집히는 것을 막아 주기도 한다. 도르래를 여러 개 결합한 복합도르래를 사용하면 도르래의 크기는 작지만 많은 하중을 들어 올릴 수 있다.

생활주제
건강과 안전

# 공 던지기

## 활동목표

- 힘을 조절하여 놀이해 본다.
- 눈과 손의 협응능력을 키운다.

## 활동자료

- 천, 공, 우드락, 백업, 낚싯줄, 테이프, 파이프 등

## 제작방법

① 우드락이나 하드보드지를 이용해 상하가 뚫린 상자를 만든다.(두꺼운 상자를 이용할 수 있다.)

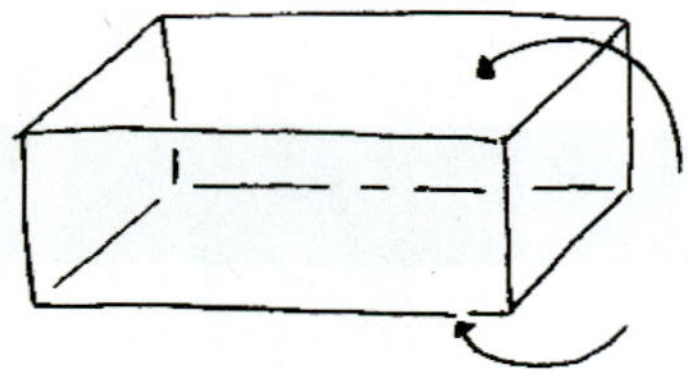

② 상자 아랫부분에 파이프를 붙여 다리 모양을 만든다.

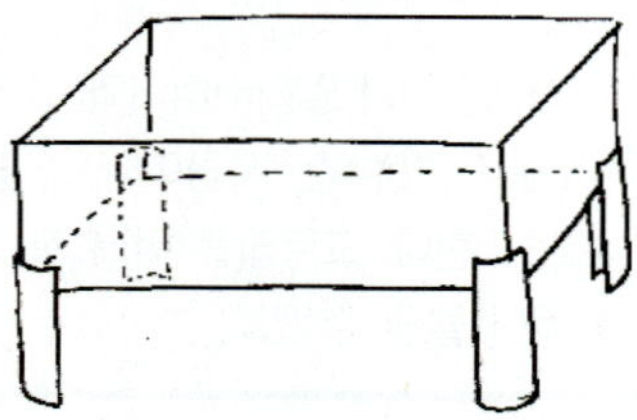

③ 하드보드지를 이용해 삼각대를 만든다.

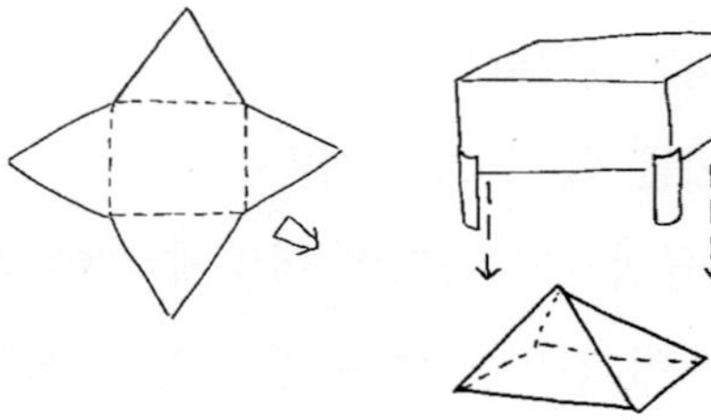

④ 삼각대와 상자를 씌울 천에 입 모양으로 구멍을 뚫는다.

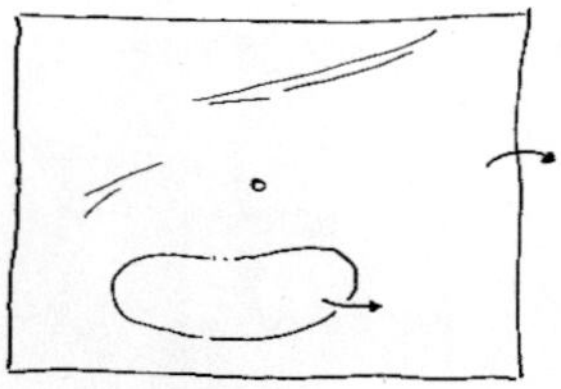

⑤ 천의 중심에 낚싯줄을 달고 입 모양은 백업으로 고정시킨다.

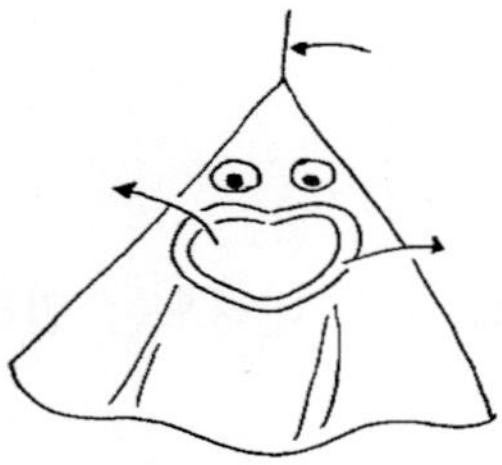

⑥ 상자를 씌운 천을 매단다.

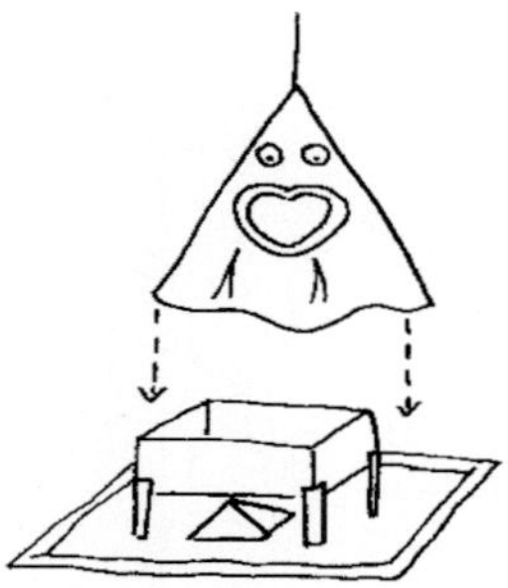

## 활동방법

① 활동방법에 대해 이야기 나눈다.

- 이것으로 무슨 놀이를 할 수 있을까?
- 입안으로 공이 잘 들어가게 하려면 어떻게 해야 할까?

② 유아들이 순서에 맞추어 천의 구멍에 공을 넣어 보게 한다.

③ 공을 던지면 왜 바로 굴러 나오는지 이야기 나눈다.

④ 유아들 스스로 게임규칙을 만들어 활동해 보도록 한다.

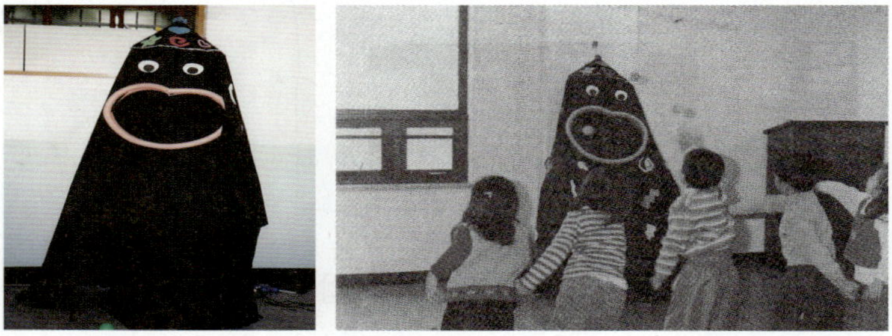

## 유의점

- 공이 삼각대의 경사에 의해 굴러 내려오는 원리가 숨겨져 있음을 알게 한다.

## 연관활동

- 과녁 맞추기: 동물 배 부분에 찍찍이를 붙여 테니스공(또는 찍찍이를 붙인 탁구공)으로 과녁 맞추기를 해 본다. 같은 방법으로 부직포 숫자판을 만들고 두 편으로 나누어 게임을 한 후 공이 붙은 자리의 점수만큼 점수판에 스티커를 붙이는 게임을 해 본다.

생활주제 건강과 안전

# 발 볼링

## 활동목표

- 사람의 힘으로 물체를 움직여 본다.

## 활동자료

- 페트병(20개), 모래, 유성펜, 색테이프, 공(2개)

## 제작방법

① 깨끗이 씻은 페트병에 유성펜이나 색테이프 등을 이용하여 꾸민다.

② 무게중심을 위해 페트병 안에 적당량의 모래를 넣는다.

③ 볼링 핀에서 2~3m 정도 떨어진 곳에 색테이프로 출발선을 표시한다.

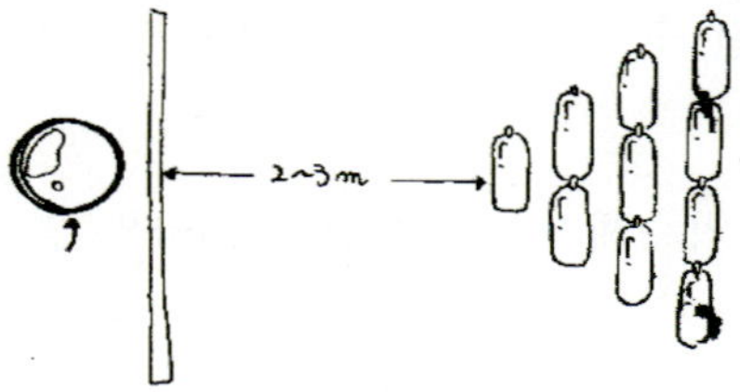


④ 양 팀이 볼링을 할 수 있는 공간을 표시한다.

## 활동방법

① 2~3m 정도 떨어진 출발선에 두 사람이 나란히 선다.

② 발로 공을 차서 페트병을 넘어뜨린다.

③ 넘어진 페트병의 수를 세어 본다.

④ 2팀으로 나누어 게임을 한다.

## 유 의 점

- 출발선과 공이 지나갈 수 있는 공간을 표시하면 유아들이 위치와 순서를 지키기 편리하다.
- 2~3m 정도 길이에 익숙해지면 출발선을 조금씩 멀어지게 한다.

## 연관활동

- 골프놀이: 골프채와 공을 준비하여 넓은 공간에서 골프놀이를 해 봄으로써 힘에 대해 이해하도록 한다.

# 색

생활주제 유치원과 친구

# 나의 색은 어떤 색?

## 활동목표

- 주변 사물에는 색이 있다는 것을 안다.
- 색의 이름에 대해 안다.

## 활동자료

- 교실에 있는 다양한 물체

## 활동방법

① 교실이나 주변 사물들을 보면서 색의 이름을 말해 보게 한다.

- 피아노는 무슨 색이니?

② 유아들 각자 이름이 있듯이 색에도 이름이 있다는 것을  준다.

③ 교사가 지적한 색의 물건을 주변에서 찾아보게 한다.

- 빨간색 옷을 입은 친구가 있니?
- 빨간색의 물건을 찾아볼까?

④ 교실의 물건을 이용해 무지개를 만들어 본다.

## 유의점

- 교사는 미리 교실 안에 무지개 색 물건들이 많이 있도록 준비해 둔다.
- 유아가 색에 대해 틀린 답을 제시해도 교사의 고정관념으로만 생각하지 말고 유아가 왜 그 색이라고 했는지 이유를 들어주어야 한다. 예를 들어, 유아가 바나나가 검은색이라고 말해 그 이유를 들어 보면 바나나가 오래되어 검은 색으로 변했다고 생각할 수 있기 때문이다.

## 연관활동

- 무지개 콜라주: 무지개 색이 표시된 활동지에 잡지나 전단지 등을 이용해 무지개 색에 해당하는 물건을 찾아 오려 붙여 본다.

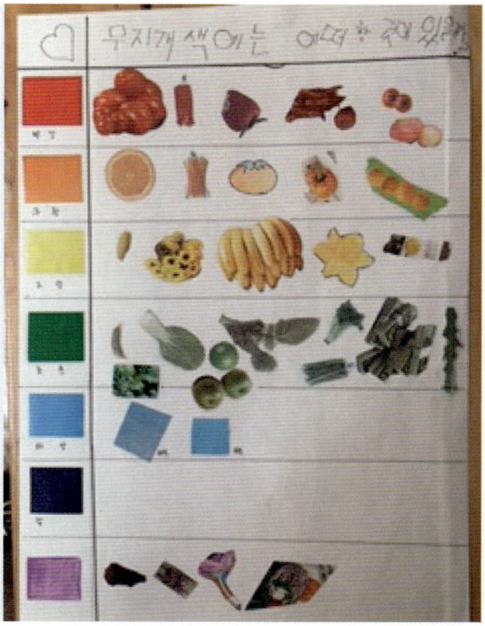

생활주제 유치원과 친구

# 색 혼합하기

## 활동목표

- 색을 혼합하면 다른 색이 된다는 것을 안다.
- 색의 변화과정을 살펴본다.

## 활동자료

- 고무찰흙이나 클레이 점토 3가지색(빨강, 노랑, 파랑), 플라스틱 접시, 물감 등

## 활동방법

① 3가지 색의 고무찰흙(클레이 점토)을 준비한다.

② 고무찰흙(클레이 점토)을 유아들에게 만져 보도록 한다.

- 만져 보니 어떤 느낌이 드니?
- 이것으로 무엇을 할 수 있을까?

③ 고무찰흙(클레이 점토)을 섞으면 어떤 색이 나오는지에 대해 이야기 나눈다.

- 빨강과 파랑 고무찰흙(클레이 점토)을 섞으면 무슨 색이 될까?
- 2가지(파랑과 노랑, 노랑과 빨강) 고무찰흙(클레이 점토)을 섞어 보니 어떻게 되었니?
- 3가지(빨강, 파랑, 노랑) 고무찰흙(클레이 점토)을 섞어 보니 어떻게 되었니?

④ 2가지 반죽의 색깔과 같은 것을 골라 흰 도화지에 크레파스로 칠해 본다.

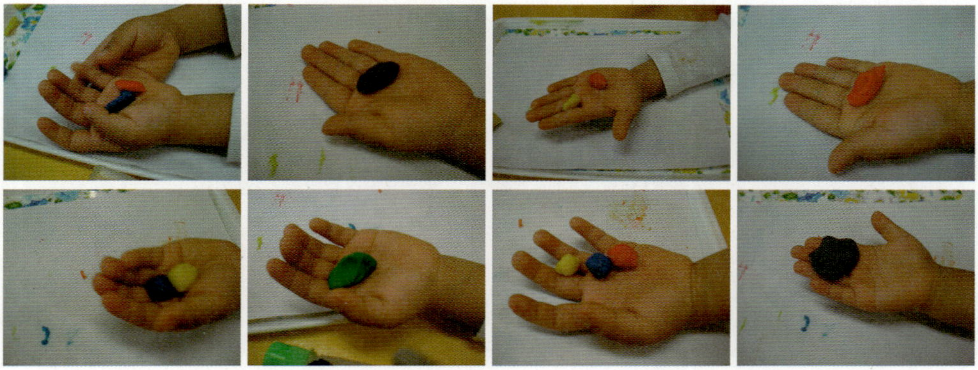

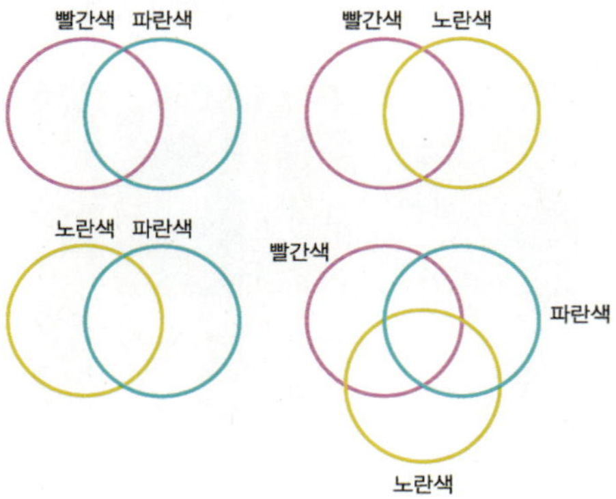


## 유의점

- 지나치게 정확한 양을 혼합하여 정확한 색이 나오도록 유도하지 않는다.

## 연관활동

- 색깔 있는 밀가루 반죽: 밀가루 3컵, 물 1컵, 소금 1컵, 식용색소, 식용유 3큰술을 준비해 물에 소금과 식용색소를 넣고 잘 녹인 후에 밀가루를 넣고 반죽한다. 어느 정도 반죽이 되면 식용유를 넣고 더 반죽한다. 밀가루 반죽을 하는 과정과 밀가루 반죽으로 놀이하는 가운데 섞어 보기를 하면서 물체의 변화 과정을 이해할 수 있도록 한다.

- 물감 섞기 : 지퍼팩이나 OHP용 비닐 등을 이용해 물감을 섞어 봄으로써 물체의 변화과정을 관찰해 보도록 한다.

- 구슬로 그리기: 구슬에 물감을 적셔 굴리면서 그림을 그려 본다.

생활주제 가을

# 스펀지로 칠하기

## 활동목표

- 다양한 색으로 자유롭게 표현해 본다.
- 색의 혼합을 통해 다양한 색을 만들어 본다.

## 활동자료

- 스펀지(솜방망이), 되직하게 물감을 풀어 둔 물감 접시, 전지 크기의 켄트지나 소포지

## 활동방법

① 실외 놀이장 한곳에 흰 종이를 깔고 미술재료를 준비해 둔다.

② 스펀지(솜방망이)를 탐색해 본 후 유아에게 비닐 가운을 입히고 놀이를 시작한다.

- 스펀지(솜방망이)를 만져 보니 느낌이 어떠니?
- 스펀지(솜방망이)를 물감에 찍어 볼까?

③ 스펀지(솜방망이)에 물감을 묻혀 종이에 문지르거나 찍을 때 다양한 방법으로 탐색하고 표현해 보도록 도와준다.

- 물감이 묻은 스펀지(솜방망이)를 종이에 꾹꾹 눌러 보면 어떻게 될까?
- 손으로 스펀지(솜방망이)를 꽉 짜 보면 어떻게 될까?

④ 유아의 손에 물감을 묻혀 손바닥으로 찍거나 문지르며 자유롭게 탐색하도록 한다.

- 손바닥으로 찍어 볼까?
- 손바닥으로 문질러 보니 느낌이 어떠니?

⑤ 여러 가지 색깔의 물감을 제공하여 물감이 서로 섞이고 색이 변하는 것을 볼 수 있도록 하여 유아의 흥미와 관심을 확장시켜 준다.

## 연관활동

- 도장 찍기: 다양한 모양(별, 동그라미, 꽃, 하트, 네모 등)으로 만든 도장으로 도장 찍기 활동을 해 본다.

## 유 의 점

- 유아들이 자유롭게 색을 탐색해 보고, 표현해 보도록 실외 놀이 공간에서 놀이하도록 한다.

생활주제 우리 동네

# 숨어 있는 색

## 활동목표

- 검은색에는 많은 색이 혼합되어 있다는 것을 안다.
- 색의 변화과정을 살펴본다.

## 활동자료

- 거름종이 2장, 컵, 나무막대, 수성 사인펜(검은색과 다른 색깔의 펜), 물, 투명테이프, 연필

## 활동방법

① 거름종이의 한쪽 끝부분에서 조금 올라오는 위치에 연필로 선을 긋는다.

② 연필로 그은 선 가운데 한 종이에는 검은색, 다른 종이에는 다른 색의 수성 사인펜으로 점을 찍는다.

③ 점이 찍힌 쪽을 아래로 향하게 하여 투명테이프로 나무막대에 나란히 붙인다.

④ 컵에 물을 조금 넣는다.

⑤ 나무막대에 붙인 거름종이를 컵에 걸쳐 둔다.

- 검정 사인펜의 색깔이 어떻게 변할까?
- 다른 색 사인펜의 색깔은 어떻게 변할까?

⑥ 종이를 꺼내 사인펜으로 찍은 점의 변화를 관찰한다.

- 사인펜의 색을 분리해 보니 그 안에 어떤 색이 들어 있었니?

## 유의점

- 짙은 색깔의 수성 사인펜 잉크를 분리하는 것이 실험결과를 얻기에 더 유리하다.
- 거름종이를 붙인 펜을 컵에 걸쳐 두기 전에 점이 찍혀 있는 거름종이의 위치와 컵의 물 높이를 잘 조절하여 물이 거름종이에 찍힌 수성 사인펜에 직접 닿지 않도록 한다.

## 연관활동

- 분필 색 입히기: 분필에 검은색 사인펜으로 선을 그은 후 물을 담은 용기 위에 세우고 색의 변화를 관찰한다.

• 물들이기: 컵에 여러 가지 색깔의 물감을 풀어 준비한 후 거름종이를 넣어 색물이 드는 과정을 관찰해 본다.(물의 흡수와 연계하여 활동할 수 있다.)

- 사인펜으로 그려요: 여러 가지 색 사인펜으로 그림을 그린 후 그림 위에 물을 떨어뜨려 그림의 변화를 관찰해 본다.

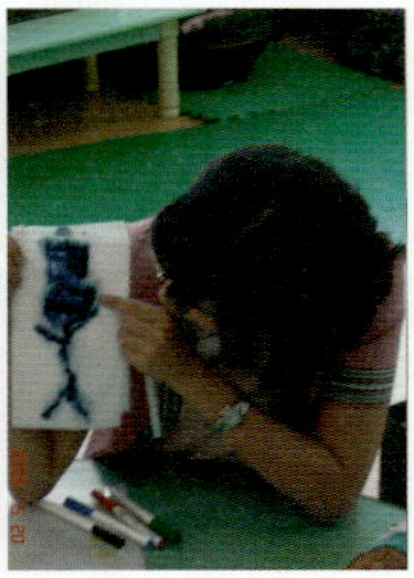

### 여기서 잠깐

**빨강, 파랑, 노랑을 섞으면?**

색의 3원색은 빨강, 파랑, 노랑으로 3원색을 여러 가지 비율로 혼합하면 모든 색상을 만들 수 있다. 반대로 다른 색상을 혼합해서 3원색을 만들 수는 없다. 이 3원색을 1차색이라고 하며 빨강과 노랑을 혼합해서 만든 주황색, 노랑과 파랑을 혼합해서 만든 초록색, 파랑과 빨강을 혼합해서 만든 보라색을 2차색이라고 한다. 따라서 빨강, 파랑, 노랑 3원색을 섞으면 검정이 나온다. 검정 안에서 나올 수 있는 색은 아주 다양하다.

생활주제 우리나라

# 팽이놀이

## 활동목표

- 색이 혼합되면 다른 색이 된다는 것을 안다.
- 눈의 착시현상에 대해 안다.
- 팽이를 돌려 보며 즐거움을 갖는다.

## 활동자료

- 팽이, 두꺼운 종이, 가위, 성냥개비 또는 끝이 뾰족한 나무젓가락, 크레파스

## 활동방법

① 유아에게 팽이를 보여 주면서 팽이에 대한 경험을 이야기 나눈다.
- 팽이를 본 적 있니?
- 언제 보았니?
- 어떻게 가지고 놀았니?

② 팽이에 대해 이야기 나눈 후 팽이를 만들어 본다.
- 동그라미 안을 여러 가지 색으로 칠한다.

③ 팽이를 돌리면 어떤 색이 될지 예상해 본다.
- 어떤 색이 될까?

④ 팽이 돌리기 놀이 후 예상했던 결과에 대해 이야기 나눈다.

- 팽이가 돌아갈 때 색깔이 어떻게 보였니?
- 팽이가 멈추었을 때 어떤 색이 보였니?
- 색이 왜 변했을까?

⑤ 팽이를 돌리기 전과 돌린 후 색의 변화를 주의 깊게 관찰한다.

⑥ 서로 다르게 색칠한 친구들의 팽이를 돌려 본 후 비교해 본다.

⑦ 둥근 모양 이외에 다른 모양의 팽이를 만들어 돌려 본다.

### 유의점

- 활동하기 전에 크레파스로 색깔 섞기 활동을 하면 도움이 된다.
- 팽이가 잘 돌아가려면 정확히 가운데에 구멍을 뚫어야 한다.

연관활동

- 팽이되어 보기: 팽이를 돌려 본 후 팽이가 돌아가는 모습(빠르게 돌아가는 모습, 느리게 돌아가는 모습, 흔들거리며 멈추는 모습 등)을 신체로 표현해 본다.

## 여기서 잠깐

### 팽이 색이 왜 변할까?

2개 이상의 색을 혼합한 것을 회전시켰을 경우 그 색들이 혼합해 보이는 현상을 중간 혼합이라고 한다. 혼합 전 색의 수가 2가지 이상의 경우에 혼합되어 보이는 색의 명도는 그들 색의 평균 명도가 되므로 평균 혼합이라고도 한다. 몇 가지 색이 칠해진 색 팽이를 돌리면 칠해진 색들이 평균 명도의 색으로 혼합되어 보이므로 색 팽이를 돌리면 회전 혼합에 의해 색이 변하는 것이다.

### 잔상효과

잔상효과란 보이던 대상물이 사라진 뒤에도 잠시 동안 시각에 그대로 남아 있는 것이다. 잔상효과의 가장 보편적인 예는 만화영화이다. 많은 수의 그림을 빠른 시간 내에 넘기면 각 그림마다 잔상효과가 남아서 그림끼리 연결되는 듯한 인상을 받는다. 색 팽이에서도 마찬가지로 팽이가 빨리 돌아가기 때문에 한 색이 지나간 자리에 그 색이 잠시 동안 남아 있게 되어 다음에 따라 오는 색과 섞여 보이게 된다.

생활주제 동식물과 자연

# 치자로 물들이기

## 활동목표

- 자연에서 구할 수 있는 안료로 염색할 수 있다는 것을 안다.
- 치자를 이용해 천을 물들여 본다.

## 활동자료

- 치자, 흰색 천, 그릇, 가위, 따뜻한 물

## 활동방법

① 옛날 사람들은 자연에서 구할 수 있는 안료를 사용해 옷에 물을 들였다는 것을 이야기해 준다.
- 황토 염색 옷을 본 적 있니?
- 치자로 염색한 것을 본 적 있니?
- 황토와 치차 이외에 다른 재료로 염색한 것을 본 적 있니?

② 치자를 반으로 자르고 모양과 색을 관찰한다.
- 냄새를 맡아 볼까? 무슨 냄새가 나니?
- 무슨 색이니?
- 이것으로 물을 들이면 어떤 색이 나올까?

③ 따뜻한 물이 든 그릇에 치자를 넣는다.

④ 치자 물이 잘 우러나오도록 조금 기다린다.

- 어떤 색의 물이 우러나왔니?

⑤ 우러난 치자 물에 천 조각을 담근다.

⑥ 천 조각을 건조시킨 후 색을 관찰한다.

## 유의점

- 실외영역에서 활동하며 안전에 유의한다.

## 연관활동

- 꽃으로 물들이기: 여러 가지 꽃을 준비해 색, 모양, 감촉, 냄새 등을 탐색한 후 물들일 천에 꽃을 놓고 다른 천으로 꽃을 꾹꾹 눌러 준다. 어떤 색이 나타났는지 관찰한다.

### 여기서 잠깐

**왜 천에 염색이 가능할까?**

물에 염료를 녹이고 여기에 섬유를 침지하여 가열하면 염료는 섬유 표면뿐만 아니라 섬유 내부까지 침투하여 섬유의 분자와 염료의 분자는 서로 가까이 섞이게 된다. 이것을 염색되었다고 하며 가능한 한 빨리 그러한 상태로 접근시키는 일이 염색기술이다. 섬유는 종류에 따라서 분자 배열이 다르고 분자 간격이 다르며 분자의 화학구조나 성질도 다르다. 염료도 가지각색이어서 수용성인 것과 불수용성인 것이 있으며, 색소이온에도 음이온과 양이온이 있다. 이처럼 섬유와 염료가 모두 고체이고 물을 매개로 서로 결합하는 것이 염색이므로 그 과정에서 복잡한 화학적·물리적인 작용이 따르기 때문에 염색현상을 간단한 이론으로 설명하기는 힘들다.

**천연염료의 색**

- 청색 계열: 쪽풀, 붓꽃, 갈매나무, 감귤, 참쑥, 오디, 양배추 등
- 적색 계열: 홍화, 생강나무, 산행목, 자작나무, 동백, 포도, 감, 붓나무 등
- 황색 계열: 치자, 양파, 정향나무, 울금, 개오동나무, 밤나무, 소나무 등
- 흑색 계열: 석류, 계수나무, 연자각, 진피, 오징어 먹물, 설류나무, 방목 등

# 요리

생활주제
건강과 안전

# 피자 토스트

## 활동목표

- 채소의 색 · 모양 · 냄새 · 맛 등을 관찰한다.
- 열에 따른 물질의 변화과정을 관찰 · 비교한다.

## 활동자료

- 식빵, 옥수수 통조림, 햄, 버터, 양파, 피망, 피자치즈, 토마토케첩

## 활동방법

① 양파 · 피망 · 햄을 썬다.
- 양파(피망 · 햄 등)의 색과 냄새는 어떠니?

② 양파를 볶은 후 케첩을 섞는다.

③ 식빵에 볶은 양파를 바른다.

④ 피망, 옥수수, 햄, 피자치즈를 얹는다.

⑤ 오븐이나 전자레인지에 넣고 굽는다.

## 연관활동

- 핫케이크: 달걀과 우유를 섞고, 핫케이크 가루를 넣고 섞는다. 전기프라이팬에 식용유를 두르고 반죽을 굽는다. 요리과정에서 섞어 보고 불에 의해 변화되는 과정을 관찰하도록 한다.

- 달걀요리: 달걀을 이용해 요리할 수 있는 것이 무엇인지 알아보고 달걀 프라이와 지단을 만들어 보면서 변화과정을 살펴본다.

생활주제
건강과 안전

# 전분의 성질

## 활동목표

- 전분에 대해 안다.
- 전분의 여러 가지 성질을 안다.

## 활동자료

- 전분가루, 따뜻한 물, 컵

## 활동방법

① 전분이 무엇인지 알아본다.
- 전분이라는 말을 들어 본 적 있니?
- 전분가루는 무엇으로 만들었을까?

② 전분의 성질을 알아본다.
- 이것은 무엇일까?
- 전분가루는 어떤 색이니?
- 어떤 냄새가 나니?
- 맛은 어떠니?

③ 전분가루를 손으로 만져 보도록 한다.
- 만지면 어떤 느낌이 나니?

④ 전분가루에 물을 넣고 나무막대로 저어 본다.

- 전분가루에 물을 넣고 섞어 보니 전분가루가 어떻게 되었니?
- 왜 물과 섞이지 않을까?
- 전분가루를 물과 섞이게 하려면 어떻게 해야 할까?

⑤ 전분가루를 따뜻한 물에 넣고 물에 녹도록 잘 저어 준다.

- 전분가루가 어떻게 되었니?

⑥ 손으로 전분가루를 만져 보고 가루일 때와 반죽일 때 느낌을 이야기 나눈다.

- 만져 본 느낌이 어떠니?

유의점

- 유아들이 전분가루와 반죽을 바닥에 쏟을 수 있으므로 바닥에 신문지를 깔고 활동하는 것이 좋다.

연관활동

- 밀가루 풀 먹이기: 밀가루 풀을 만들어 옷이나 천에 풀을 먹인 후 말려 본다. 이 과정에서 밀가루의 성질과 풀을 먹인 후 말렸을 때의 변화과정 등을 관찰한다.

여기서 잠깐

**전분**

전분은 식물의 씨, 뿌리, 줄기, 알뿌리, 열매 등에 함유된 중요한 지방물질의 하나이며 고등동물에서도 탄수화물의 영양원으로서 중요한 물질이다. 쌀도 대부분 전분으로 이루어져 있다. 전분은 뜨거운 물을 붓거나 물을 부어 가열하면 입자가 팽창하여 점성이 강한 액체, 즉 풀이 된다. 전분은 그 원료에 따라 고구마, 감자, 밀, 옥수수 전분 등으로 나뉜다. 특히 고구마 전분은 산 또는 효소로 가루 분해하여 물엿, 포도당을 만들어 과자, 잼, 술 등의 원료로 사용된다.

생활주제
건강과 안전

# 채소 주스 만들기

## 활동목표

- 여러 가지 채소를 준거에 의해 분류한다.
- 채소의 변화과정에 관심을 갖는다.
- 요리활동에 즐겁게 참여한다.

## 활동자료

- 여러 종류의 채소, 믹서, 칼, 도마, 여러 채소의 그림자료

## 활동방법

① 여러 가지 채소를 보면서 이야기 나눈다.
- 이 채소들을 먹어 본 적 있니?
- 모양(색, 냄새)은 어떠니?
- 여기 있는 채소를 분류해 보겠니?
- 왜 이렇게 분류했니? 다른 방법으로도 분류해 볼 수 있을까?
- 딸기와 토마토는 어떤 종류일까?
- 채소와 과일은 어떻게 구분할까?
- 과채류란 어떤 것들일까?

② 채소 속을 관찰해 본다.
- 채소의 속은 어떤 모양일까?
- 채소를 반으로 잘라 볼 수 있니?
- 채소를 잘라 본 모양은 어떠니?
- 씨가 있는 것은 어떤 것이었니?
- 겉과 속의 색깔이 다른 것은 무엇일까?

③ 채소 주스 만드는 법에 대해 이야기 나눈다.
- 주스는 어떻게 만들까?
- 채소를 갈면 어떤 색이 될까?
- 주스를 만들 때 주의해야 할 점은 무엇이니?
- 채소를 갈면 모양이 어떻게 변할까?
- 여러 가지 채소를 섞으면 어떤 맛일까?

④ 채소 주스를 만들고 난 후 이야기 나눈다.
- 갈기 전의 채소와 갈고 난 후의 채소가 어떻게 달라졌니?
- 색은 어떻게 달라졌니?
- 맛은 어떠니?
- 예상했던 것과 달랐던 것은 무엇이니?

⑤ 활동을 정리하고 느낀 점을 이야기 나눈다.

## 연관활동

- 딸기잼 만들기: 딸기를 썰어 설탕과 레몬을 넣고 끓인 후 식빵에 잼을 발라 간식으로 먹어 본다. 이 과정에서 과일과 설탕, 레몬 섞기, 불에 의해 변화되는 과정 등을 관찰한다.

생활주제 봄

# 쑥 버무리

## 활동목표

- 먹을 수 있는 식물에 관심을 갖는다.
- 쑥을 이용해서 즐겁게 요리활동을 한다.

## 활동자료

- 요리순서표, 쑥, 멥쌀가루, 소금, 설탕, 소쿠리, 채, 찜통, 배보자기

## 활동방법

① 뜯어 둔 쑥을 탐색한다.(쑥을 뜯기 어려운 환경이면 상점에서 사온다.)

- 쑥은 왜 이름이 쑥일까?(쑥은 어디든지 돋아나지 않는 곳이 없을 정도로 생명력이 강해 어디서나 쑥쑥 잘 자란다고해서 쑥이라 불리게 되었다.)
- 쑥 냄새가 어떠니?
- 쑥을 씹어 보자. 무슨 맛이니?
- 쑥을 이용한 요리를 알고 있니?
- 먹어 본 적 있니?

② 요리순서표를 보면서 요리과정을 경험한다.

- 떡을 만들 때는 어떤 재료가 들어갈까?
- 쑥을 물에 씻어서 바구니에 건져 보자. 물에서 어떤 냄새가 나니?
- 이것은 채라고 하는데 쌀가루와 소금, 설탕을 올려놓고 흔들어 보자.
- 쑥에 쌀가루를 뿌리고 버무려 보자. 쑥과 쌀가루가 어떻게 되었니?

- 찜통에 베보자기를 깔고 그 위에 쑥을 넣고 불을 켤 거야. 어떻게 될까?

③ 쑥 버무리를 식혀서 맛을 본 후 이야기한다.

- 맛이 어떠니?

## 연관활동

- 진달래 화전: 진달래를 탐색하고 진달래 화전에 대해 이야기해 준 후(우리 조상님들은 삼월 삼짇날 진달래로 화전을 만들어 먹었다.) 요리해 본다.

- 김치 담그기: 김치 담글 때 필요한 재료들을 살펴보고 재료를 섞은 후 절인 배추에 양념을 넣어 김치를 담가 본다.

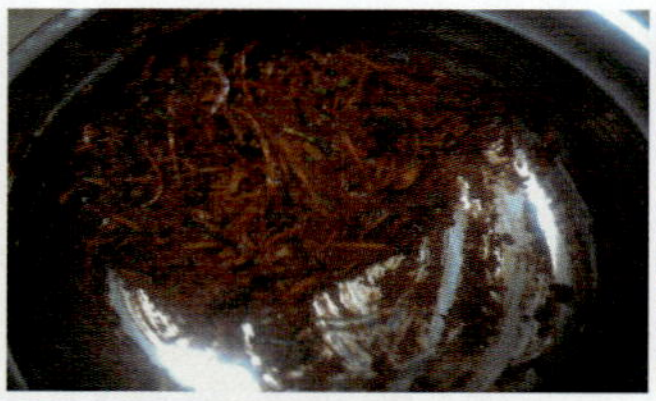
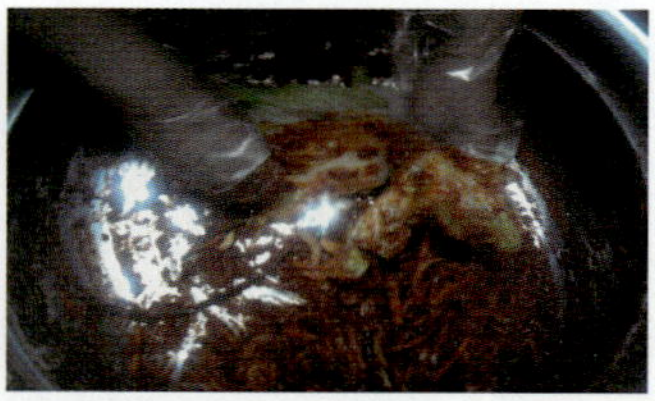

생활주제
건강과 안전

# 옥수수 알이 커졌어요

## 활동목표

- 재료의 양을 측정해 본다.
- 열에 의해 옥수수가 팝콘이 되는 과정을 관찰한다.
- 신체활동에 즐겁게 참여한다.

## 활동자료

- 옥수수 알, 휴대용 가스레인지, 유리 뚜껑의 프라이팬, 버터, 소금

## 활동방법

① 준비물을 제시하고 무엇을 만들지 예측해 본다.
- 이것을 본 적 있니?
- 이것들로 어떤 음식을 만들 수 있을까?

② 전에 팝콘을 먹어 보았는지, 어떤 맛이었는지 이야기 나눈다.

③ 음식이 조리되기 위해 필요한 것들에 대해 이야기 나눈다.

④ 만드는 방법을 이야기해 주며 어떤 변화가 생길지 이야기 나눈다.
- 불을 켠 프라이팬에서는 무슨 일이 일어날까?
- 옥수수 알이 어떻게 변했니?
- 버터는 어떻게 변했니?
- 냄새는 어떠니?

⑤ 소그룹으로 나누어 요리를 하고 유아들과 나누어 먹는다.

- 무슨 맛이니?
- 모양은 어떻게 바뀌었니?

⑥ 요리 전과 후를 비교해 본다.

## 유의점

- 가스 사용 시 안전에 유의하여 유아들이 화상을 입지 않도록 주의한다.

## 연관활동

- 고구마 경단: 고구마를 삶고, 껍질을 벗기고, 으깬다. 고구마에 꿀을 넣어 섞은 후 동그랗게 만들어 카스텔라 가루 위에 굴린다. 이 과정에서 삶기 전후의 고구마의 성질, 으깨기, 가루 만들기, 둥글게 만들고 굴려 씌우기 등 다양한 과학적 과정을 경험하도록 한다.

## 여기서 잠깐

**열은 왜 음식을 변화시킬까?**

식품을 섭취할 때 음식의 맛은 자극 물질의 온도에 따라서 달라진다. 신맛은 거의 변화가 없으나 고온일 때 많이 느껴지고, 짠맛과 쓴맛은 저온일 때 감도가 좋고 온도 상승에 따라 맛을 느끼기 어려워진다. 특히, 쓴맛은 37° 이상이 되면 느낌이 급격히 좋지 않다. 단맛은 34~37°에서 가장 감도가 좋으며 20° 이하에서 급격히 둔화된다.

# 부록

〈부록 1: 자연탐구영역 관련 도서목록〉

| 순서 | 도서명 | 내용 |
|---|---|---|
| 1 | 여우의 신기한 우산 | 여우와 너구리는 각자 선물가게를 운영해요. 그러던 어느 날 여우가 우산을 피면 비가 내리는 우산을 만들었어요. |
| 2 | 몽이의 봄 | 몽이와 나비가 봄을 찾아다니면서 다양한 동물·곤충·식물을 만나게 돼요. |
| 3 | 악어 이야기 | 샤스틴을 길 잃은 어린 악어를 집으로 데려와 보살펴 줘요. 악어는 점점 커졌고 악어를 넣어 둘 공간이 없었어요. 그래서 샤스틴은 악어를 넓은 강으로 보내 줘요. |
| 4 | 하늘을 나는 아기 돼지 안톤 | 아기 돼지 안톤은 하늘을 날고 싶었어요. 닭 카스카는 안톤을 날게 해 줬어요. 하늘에서 달님을 만났어요. 달님은 할머니가 계신 자신의 집으로 안톤과 카스카를 초대했어요. 할머니는 안톤이 날 수 있도록 음식을 만들어 주셨어요. 안톤은 노력 끝에 날 수 있게 되었어요. |
| 5 | 하늘은 나는 집 | 고양이는 집 앞에 쓰러져 있는 풍돌이를 도와줘요. 풍돌이는 고양이가 고마워 고양이의 집을 태우고 마을을 구경시켜 줘요. |
| 6 | 밤샘하는 해님 | 상일이와 영이는 불꽃놀이를 해요. 그런데 해님이 너무 밝아서 불꽃이 보이지 않아요. 상일이와 영이는 해님을 찾아가요. 해님은 빛을 줄여 줘요. 해님과 친구들은 함께 불꽃놀이를 해요. |
| 7 | 잠자는 나무호텔 | 하마는 잠자는 호텔을 찾아가요. 호텔에는 겨울잠을 자는 동물 친구들이 많았어요. 하마는 춥고 밥도 주지 않는 호텔에서 더 이상 지낼 수 없었어요. 하마는 호텔 지배인인 여우에게 마술을 보여 주고 자신의 집으로 돌아가요. |
| 8 | 얘들아, 어디로 가니 | 파란 눈을 가진 개미를 따라 개미들이 줄기 위를 열심히 올라가고 있어요. 나비와 벌, 사마귀는 모두 왜 힘들게 위로 올라가냐고 했지만 개미들은 열심히 위로 올라갔어요. 마침내 개미들은 아름다운 해바라기 밭을 볼 수 있었어요. |
| 9 | 달나라로 출발 | 펠릭스와 이다는 새집으로 이사 왔어요. 잠이 안 와 새집을 구경하는데, 새집은 로켓이었어요. 로켓을 타고 달나라로 가서 꼬마 외계인을 만나요. 실수로 꼬마 외계인의 집이 망가져요. 펠릭스와 이다는 집으로가 꼬마 외계인의 집을 만들어 주어요. |
| 10 | 길을 가다가 | 숲길을 가면서 식물·동물은 무엇을 먹고 사는지 물어보아요.(벌레는 풀을 먹고 오리는 벌레를 먹고 여우는 오리를 먹고 호랑이는 여우를 먹고 사람은 다 먹어요.) |
| 11 | 사랑해, 조선 | 조선은 과학이 뒤떨어진 나라라고 생각한 스완은 조선을 도와주기 위해 조선으로 가요. 그러나 스완은 한복을 입고, 멋스러운 한지로 된 한옥에서 지내보고, 김치도 먹어 보면서 조선 곳곳에 숨어 있는 과학을 알게 되요. |
| 12 | 도치의 마술쇼 | 마술쇼를 보고 온 도치는 마술사처럼 해 보고 싶었어요. 방을 지저분하게 한다고 엄마께 혼이 났어요. 도치는 방을 정리하다가 자석 2개를 발견해요. 클립들이 자석에 달라붙었어요. 자물쇠, 옷핀도 달라붙었어요. 도치는 가족들 앞에서 자석으로 마술쇼를 보여 줘요. |
| 13 | 물은 요술쟁이야 | 버니와 샐리는 냇가에서 물놀이를 해요. 세모 모양 컵에 물을 담으면 세모 모양이 되고 별 모양 컵에 물을 담으면 별 모양이 되었어요. 버니와 샐리는 물이 얼음도 되고 수증기가 되는 모습도 보았어요. |
| 14 | 퐁이의 낮과 몽이의 밤 | 퐁이는 해가 뜨면 세수를 하고 옷을 갈아입고 아침밥을 먹고 해님 어린이 집에 가요. 몽이는 해가 뜨면 이를 닦고 잠옷을 입고 침대로 들어가요. 퐁이가 집에 돌아오면 몽이는 일어나서 함께 밥을 먹어요. 몽이는 세수를 하고 옷을 갈아입고 달님 어린이 집에 가요. |

| | | |
|---|---|---|
| 15 | 생일 파티 대작전 | 엄마의 생신을 맞아 오빠와 나는 깜짝 파티를 준비해요. 집 안 청소도 하고 세수도 하고 옷도 입고 머리도 빗고 케이크도 만들어요. 마트에 가서 선물도 사요. 집도 멋지게 꾸며요. |
| 16 | 왕자님이 열이 난대요 | 호랑이 왕자님이 열이 나요. 열을 정확하게 잴 방법이 없어요. 그때 여우가 온도계를 선물해요. 그러나 온도계로는 체온을 잴 수 없어요. 그때 토끼가 체온계를 선물해요. 호랑이 왕자님은 체온계롤 온도를 정확하게 잴 수 있게 되었어요. 호랑이 왕자님과 토끼는 결혼해서 행복하게 살았어요. |
| 17 | 한밤중에 마녀 집에서 | 어두운 밤 한나는 길을 잃었어요. 한나는 집 하나를 발견했어요. 그곳은 마녀가 살고 있었어요. 영리한 한나는 마녀들이 자신을 잡아먹을 것을 알았어요. 그래서 꾀를 내었어요. 스파게티! 마녀들에게 스파게티를 해 주었어요. 후식으로 아이스크림을 만들었어요. 아이스크림을 얼리기 위해 마녀들이 주문을 외우는 동안 한나는 무사히 마녀의 집을 빠져나올 수 있었어요. |
| 18 | 되찾은 토마토와 수박 | 양은 채소가게를 해요. 돼지는 과일가게를 해요. 어느 날부터 토마토와 수박이 팔리지 않았어요. 돼지가 토마토와 수박을 과일이라고 생각한 거예요. 양은 열심히 공부했어요. 마침내 나무에서 열리는 것은 과일이고, 밭에서 열리는 것은 채소라는 것을 알아냈어요. 둘은 신나게 장사를 했어요. |
| 19 | 달려라 달려! 빗자루 | 보름달이 뜨는 날 뾰족탑에서 파티가 열려요. 빗자루 마녀와 미밍이 뾰족탑으로 가던 중 빗자루가  부러져버렸어요. 둘은 다양한 탈 것을 타고 뾰족탑에 도착했어요. 그러나 이미 파티는 끝이 난 후였어요. |
| 20 | 나도 나무박사야 | 혜지는 나무박사 할머니와 산책을 해요. 과일나무, 잣나무도 보고 나무로 만들어진 집, 책상, 종이도 보았어요. 그런데 도시의 나무는 시들시들해요. 혜지는 이제 나무를 열심히 보살피기로 했어요. |
| 21 | 힘에는 비밀이 있어 | 올림픽 경기가 시작되었어요. 장대가 휘어졌다가 원래 대로 돌아오고, 축구 경기장은 까끌까끌한 바닥이고, 달리기 선수들은 결승전에 도착해서도 계속 달리려고 하고, 무거운 사람, 가벼운 사람 모두 물에 떠요. |
| 22 | 여행은 정말 싫어 | 아기 고니 마르쉘은 먼 곳으로 여행은 떠나는 것이 싫었어요. 그래서 몰래 혼자 남았어요. 그러나 추운 겨울은 마르쉘 혼자 지내기에 너무 힘든 환경이었어요. 그때 부모님의 목소리가 들렸어요. 마르쉘은 부모님을 따라 우포늪까지 날개를 펴고 훨훨 날아갔어요. 이제 먼 곳을 여행하는 것이 두렵지 않아요. |
| 23 | 그리운 마크 아저씨께 | 루시는 메이린 아줌마의 동생인 마크 아저씨께 편지를 썼어요. 언제부터인가 루시는 심장이 아프게 되었어요. 이 사실을 알게 된 마크 아저씨는 루시를 치료해 주셨어요. 결국 루시는 건강해졌어요. |
| 24 | 찰칼 찰칵!<br>갯벌 사진을 찍어요 | 갯벌 사진을 찍으러가요. 갯벌에는 많은 생물이 살고 있어요. 갯지렁이, 조개, 게, 철새들… |
| 25 | 그림자 친구가 생겼어요 | 비가 오면 해나는 밖에 나가 놀 수 없어요. 다시 해가 나왔어요. 놀이터에는 친구들이 한 명도 없어요. 어? 그때 해나의 그림자가 인사를 해요. 해나는 그림자와 신나게 놀아요. 집에 가서도 그림자를 볼 수 있어요. 해나는 그림자와 함께 잠이 들어요. |
| 26 | 동물들은 꿈나라 | 동물들은 모두 잠을 자요. 누워서 자고, 서서 자고, 따뜻한 바위 위에서도 자고, 나무 위에서도 자요. |

| | | |
|---|---|---|
| 27 | 호리의 씨앗봉투 | 호리는 고모 집에 씨앗을 주러 가다가 실수로 씨앗을 잃어버려요. 호리는 고모 집에 가면서 다양한 씨앗을 구해서 고모에게 전해 줘요. 한 해가 지나 고모 집을 다시 찾아갔어요. 고모 집에는 호리가 준 씨앗들이 꽃이 되고, 나무가 되고, 열매가 되어 있었어요. |
| 28 | 우주 정거장을 소개합니다 | 우주인 브라운 씨를 만났어요. 브라운 씨는 우주 정거장과 우주인들의 모습, 우주 정거장 밖에서의 우주인의 모습 등을 소개해 줘요. |
| 29 | 종이 물고기를 잡아요 | 성용이는 자석 병따개를 똑같이 붙이고 싶었어요. 그런데 좀처럼 붙지 않았어요. 이를 본 아빠는 극이 서로 달라서 붙지 않는 것이라고 말씀해 주셨어요. 아빠와 성용이는 냉장고, TV, 문, 창문에 병따개를 붙여 보았어요. 아빠와 성용이는 색종이를 오려 물고기를 만들어서 클립에 끼워 낚시질을 했어요. |
| 30 | 단풍의 비밀 | 은행잎과 단풍잎은 초록색이었던 자산이 노란색과 빨간색으로 변해서 슬펐어요. 그때 토끼가 색이 변한 이유를 말해 주었어요. 나뭇잎이 떨어지는 이유도 알려 주었어요. 은행잎과 단풍잎은 거름이 될 것을 꿈꾸며 깊은 잠이 들었어요. |
| 31 | 땀은 좋은 거래요 | 송이와 현이는 운동을 했어요. 현이는 이마에 땀방울이 맺혔어요. 송이는 현이를 땀투성이라고 놀렸어요. 그때 엄마가 땀은 좋은 것이라고 말씀해 주셨어요. |
| 32 | 바닷물은 왜 짤까요? | 할머니 집에 놀러갔어요. 삼촌은 푸른 바다를 보여 주셨어요. 삼촌은 바다는 왜 파란색인지, 왜 수영장보다 몸이 쉽게 물에 뜨는지, 왜 바닷물은 짠지 말씀해 주셨어요. |
| 33 | 나는 무서운 비래요 | 산성비가 내려요. 사람들도 꽃과 풀들도 물고기들도 산성비 때문에 아파해요. 산성비는 공장에서 나오는 시커먼 연기 때문에 생긴 거래요. 옛날 사람들은 비를 좋아했어요. 빗물을 마시기까지 했는데… 비는 너무 슬펐어요. |
| 34 | 이만큼과 팅팅이 | '이만큼'은 키 재기 자이고 '팅팅이'는 체중계예요. 수현이와 준호는 매일 키와 체중을 재요. |
| 35 | 감기에 걸린 걸리버 | 걸리버는 폭풍을 만나 배를 잃고 소인국으로 가게 되었어요. 걸리버는 감기에 걸렸어요. 왕은 걸리버를 정성껏 치료하게 했어요. 걸리버는 소인국 사람들을 도와주며 행복하게 살았어요. |
| 36 | 용감한 코코넛의 여행 | 코코넛이 코코야자에서 떨어져 파도를 타고 외딴 섬에 떨어졌어요. 코코넛은 잎이 나고 하얀 뿌리가 생겼어요. 하루, 한 달, 일 년, 오 년… 코코넛은 멋진 코코야자 나무가 되었어요. |
| 37 | 두두와 밧지의 땅 속 여행 | 두두와 밧지가 지구 반대편에 있는 더더에게 생일 선물을 주기 위해 땅속을 파요. 지렁이도 있고 토끼도 있고 암모나이트, 원석, 마그마, 외핵 등 다양한 것이 있어요. |
| 38 | 꼬르륵 배가 고파요 | 배에서 왜 꼬르륵 소리가 날까요? 음식을 먹으면 우리 몸에 어떤 변화가 일어날까요? |
| 39 | 어디가 아프니 | 동생이 아픈가 봐요. 지우는 동생을 데리고 병원에 가요. 안과도 아니고 정형외과도 아니고 이비인후과도 아니고 산부인과도 아니고 소아청소년과도 아니에요. 동생은 충치가 생겼어요. 그래요, 치과에요. 동생은 치과에 가서 치료를 받았어요. |
| 40 | 때를 잡아먹는 비누 | 건우는 더러워진 몸을 비누로 깨끗이 씻어요. 건우의 더러워진 옷은 가루비누로 깨끗하게 씻어요. |
| 41 | 나는 모양이 없어요 | 나는 물이에요. 나는 흐르기도 하고 얼음이 되기도 하고 수증기가 되기도 하고 밀가루와 섞여 반죽이 되기도 하고 비가 되기도 해요. |

### 〈부록 2: 우리나라 사계절 24절기〉

| 기간 | 절기 | 의미 | 관찰거리 | 연계활동 | 절기별 먹거리 |
|---|---|---|---|---|---|
| 2.4~2.18 | 입춘 | 立春 설 **입**·봄 **춘**<br>봄기운이 일어서는 | 매화, 동백꽃, 겨울눈 관찰 | 봄맞이 대청소, 입춘첩 붙이기 | 바지락냉이국, 콩 볶아 먹기(머슴날) |
| 2.19~3.4 | 우수 | 雨水 비 **우**·물 **수**<br>봄비가 눈을 녹이는 | 처마 끝 눈 녹는 물, 건나물 불리기 | 장 담기, 볏짚 태우기 | 오곡밥, 보름나물, 대보름부럼 |
| 3.5~3.19 | 경칩 | 驚蟄 놀랄 **경**·숨을 **칩**<br>겨울잠에서 깨어나는 | 꽃샘추위, 산수유꽃, 개구리 | 개구리 깨우기 (노래 부르기) | 냉이국, 쑥국, 쌀튀밥 콩강정 |
| 3.20~4.3 | 춘분 | 春分 봄 **춘**·나눌 **분**<br>낮이 점점 길어지는 | 개나리, 목련, 제비꽃 관찰 | 개나리목걸이, 목련 편지, 제비꽃 반지, 봄나물 캐기 | 쑥, 달래, 냉이, 쑥갓, 미나리 |
| 4.4~4.19 | 청명 | 淸明 맑을 **청**·밝을 **명**<br>봄기운이 맑고 밝은 | 진달래, 영산홍, 벚꽃 관찰 | 청명나들이 봄사진 찍기, 하지 감자 심기 | 진달래화전, 쑥개떡, 한식찰밥 |
| 4.20~5.4 | 곡우 | 穀雨 곡식 **곡**·비 **우**<br>봄비가 씨앗을 틔우는 | 라일락꽃, 조팝나무꽃 관찰<br>개구리·도룡뇽 알 찾아보기 | 콩나물 기르기, 상추·치커리 모종 심기<br>모래로 두꺼비집 만들기 | 콩나물밥, 미숫가루, 옥수수 강냉이 |
| 5.5~5.19 | 입하 | 立夏 설 **입**·여름 **하**<br>여름 기운이 일어서는 | 이팝나무, 토끼풀, 민들레꽃과 씀바귀꽃 | 토마토·오이·고추 열매 모종 심기<br>민들레 홀씨, 토끼풀 화관과 반지 | 새싹비빔밥, 샐러드 |
| 5.20~6.4 | 소만 | 小滿 작을 **소**·찰 **만**<br>작은 풀꽃으로 가득 찬 | 냉이꽃·꽃다지·꽃마리 비교하기<br>감꽃, 감자꽃, 아카시아꽃 | 냉이 딸랑이, 감꽃 목걸이 | 딸기잼·딸기주스, 부추전 |
| 6.5~6.20 | 망종 | 芒種 까끄라기 **망**·씨 **종**<br>보리는 걷고 벼는 심는 | 유채꽃밭 산책, 모내기 풍경<br>밀보리 이삭, 애벌레, 개미집 관찰 | 단오부채, 쑥주머니 선물하기<br>그네·씨름 단오놀이 | 매실청, 앵두화채, 수리취떡 |
| 6.21~7.6 | 하지 | 夏至 여름 **하**·이를 **지**<br>늘어진 여름 한낮 | 호박·감자·고추·가지 여름 채소 관찰 | 하지 감자 캐기, 묵찌빠놀이 | 감자전, 호박전, 가지피자 |
| 7.7~7.21 | 소서 | 小暑 작을 **소**·더울 **서**<br>작고 습한 더위 | 비 오는 날 산책, 도라지꽃, 호박꽃, 여름곤충, 달팽이, 거미줄 관찰 | 소서 나들이 여름 사진,<br>우산과 장화놀이 | 산딸기, 자두, 토마토, 천도, 참외 |
| 7.22~8.6 | 대서 | 大暑 큰 **대**·더울 **서**<br>큰 더위 | 시냇가 산책, 여름 과일 관찰<br>강아지풀, 바랭이, 애기똥풀 찾아보기 | 여름 과일 시냇물에 담가 먹기<br>애기똥풀 모기약, 바랭이 우산 | 강아지풀 토끼인형<br>오이소박이, 국수, 수박, 복숭아 |
| 8.7~8.22 | 입추 | 立秋 설 **입**·가을 **추**<br>가을 기운이 일어서는 | 새소리, 벼꽃, 개망초꽃 관찰 | 곤충채집, 개망초 소꿉놀이 | 수박화채, 삼계탕, 여름 과일 |

| | | | | | |
|---|---|---|---|---|---|
| 8.23~9.6 | 처서 | 處暑 쉴 **처**·더위 **서**<br>더위가 물러가는 | 아침과 점심 일교차 비교하기<br>콩꼬투리, 봉선화 꼬투리 관찰 | 배추·무·갓·쪽파 등 김장작물 심기<br>콩깍지 까기, 봉선화 물들이기 | 봉숭아, 옥수수, 풋콩밥 |
| 9.7~9.21 | 백로 | 白露 흰 **백**·이슬 **로**<br>하얀 이슬이 맺히는 | 나팔꽃, 배추벌레, 이슬, 솔잎, 메밀꽃밭 | 애벌레 레이스, 포도물로 그리기, 이슬 사진 | 포도, 국화차, 국화전, 송편, 메밀전 |
| 9.22~10.7 | 추분 | 秋分 가을 **추**·나눌 **분**<br>밤이 점점 길어지는 | 코스모스, 분꽃 가을꽃 관찰<br>빨간 고추 말리는 광경, 고추잠자리 | 가을꽃 꽃꽂이, 잠자리 잡기<br>코스모스 손톱, 분꽃 귀걸이 | 빈대떡, 경단, 오미자차 |
| 10.8~10.22 | 한로 | 寒露 찰 **한**·이슬 **로**<br>찬 이슬이 맺히는 | 가을 낙엽, 도토리 여섯 형제 비교하기<br>황금 들판 가을걷이 풍경 | 가을낙엽 왕관, 천일홍 목걸이<br>알밤 밤톨 까기, 밤숟가락 만들기 | 밤밥, 도토리묵 |
| 10.23~11.6 | 상강 | 霜降 서리 **상**·내릴 **강**<br>꽃 서리가 내리는 | 가을 단풍, 갈대밭과 억새밭 산책<br>이른 아침 꽃 서리 관찰하기 | 상강 나들이<br>가을사진, 가을단풍 놀이 | 곶감, 감말랭이, 사과칩, 무말랭이 만들기 |
| 11.7~11.21 | 입동 | 立冬 설 **입**·겨울 **동**<br>겨울 기운이 일어서는 | 겨울 옷차림, 겨울나무 볏짚 옷 관찰하기, 고구마 밭 산책 | 고구마 캐기,<br>고구마줄기 줄넘기 | 고구마밥, 말랭이, 맛탕, 가래떡 구이 |
| 11.22~12.6 | 소설 | 小雪 작을 **소**·눈 **설**<br>첫눈을 기다리는 | 첫눈 감상, 소나무, 솔방울 관찰 | 김장, 솔방울 가습기, 겨울새 모이 주기 | 김장김치, 무시래기밥, 배추전 |
| 12.7~12.20 | 대설 | 大雪 큰 **대**·눈 **설**<br>함박눈이 내리는 | 함박눈, 사철나무와 찔레꽃 붉은 열매 | 눈탑 쌓기, 눈발자국 만들기, 얼음 얼리기 | 조랭이 떡국, 대추생강차, 귤차, 유자차 |
| 12.21~1.4 | 동지 | 冬至 겨울 **동**·이를 **지**<br>길고 긴 겨울밤 | 성탄 장식, 호랑가시나무, 포인세티아 | 달력 만들어 선물하기, 팥죽 경단 만들기 | 동지팥죽, 팥칼국수, 새알심 경단, 계피차 |
| 1.5~1.19 | 소한 | 小寒 작을 **소**·찰 **한**<br>작지만 매서운 추위 | 고드름, 강물 얼음 관찰하기 | 눈사람과 사진 찍기, 눈썰매, 고드름 다리 세기, 실뜨기, 유리창 입김 그림 | 견과류, 수정과, 호두곶감, 백김치, 동치미, 인절미 |
| 1.20~2.3 | 대한 | 大寒 큰 **대**·찰 **한**<br>큰 추위 | 눈꽃나무, 겨울눈 관찰 | 윷놀이, 팽이치기, 연날리기, 세배<br>설빔, 연하장, 새해 소망 적기 | 떡국, 만둣국, 강정, 군밤<br>군고구마, 호박죽 |

참고문헌


- 강숙현(2001). **유아평가**. 교육과학사.
- 강숙현(2016). **포트폴리오 구성을 위한 유아관찰**. 유아관찰 및 실습 강의교재.(미간행)
- 교육과학기술부, 보건복지부(2012). **3-5세 연령별 누리과정 해설서.**
- 교육과학기술부, 보건복지부(2012). **3-5세 연령별 누리과정 지원을 위한 시·도(교육)청 강사요원 중앙연수자료집**. 육아정책연구소.
- 김숙자(2001). 수·과학 통합활동이 유아의 수학과 과학 탐구 능력에 미치는 영향. **미래유아교육학회지, 8**(1), 173-203.
- 김숙자, 곽상신, 홍희주(2002). 수학과 과학 관련 수업분석에 대한 실천적 접근으로서의 수학과 과학 통합교육 활동. **미래유아교육학회지, 9**(1), 221-249.
- 김희영(2014). 유아 생명과학개념 검사도구 개발연구. 전남대학교 박사학위청구논문. (미간행)
- 김희정, 김희선, 윤은경(2009). **과학활동을 통한 수학적 탐색**. 한국유아교육학회광주전남지회 2009년 하계 워크숍. 129-164.
- 문연심, 이화영(2009). **통합적 접근에 기초한 영유아 수·과학교육**. 양서원.
- 박은혜, 김소혜(2003). **유아교육기관에서 교과내용의 성격과 전문성**. 제6차 정기총회 및 연구발표회 발표. 대한어린이교육협회.
- 임선하(1993). **창의성에의 초대**. 교보문고.
- 전영길, 이영만(1995). **수평적 사고와 창의성**. 서원.
- 정효은(2009). 탐구-표상 중심 유아과학교육 프로그램 개발 및 효과. 전남대학교 일반대학원 박사학위논문.
- 홍혜경(2004). 유아-초등 저학년의 연계적 수학교육과정을 위한 기초연구. **유아교육연구, 24**(2), 289-310.
- 홍혜경(2005). 유아 과학교육과 수학교육의 통합적 접근을 위한 기초 연구. **유아교육학논집, 9**(4), 153-169.

- Basile, C. G.(1999). The Outdoor as a Context for Mathematics in the Early Years. In J. Copley(Ed.). *Mathematics in Early Years*. Reston, VA: NCTM.
- Berlin, D. F., & White, A. L. (1995). Connecting school science and mathematics. In P. A. House & A. F. Coxford(Eds.). *Connecting mathematics across the Curriculum*. Reston, VA: NCTM.
- Bowman, B. T.(1998). *Math, Sciencem and Technology in Early Childhodd Education*. ED 418774.
- Bredekamp, S., & Rosegrant, T.(1995). *Reaching Potentials: Transforming Early Childhood Curriculum and Assessment*. Vol2. NAEYC.
- Brenneman, K. Ines F. L.(2008). *Science Journals in the Preschool Classroom Early Childhood Education Journal*. Vol. 36, Issue 2, pp. 113-119.
- Copley, J. V., & Padron, Y.(1999). Preparing Teachers of Young Learners; Professional Development of Early Childhood Teachers in Mathematics and Science. In AAAS(Ed.). *Dialogue on Early Childhood Science, Mathematics, and Technology Education*. Washington, DC: AAAS.
- Copple, C., & Bredekamp, S.(2009). *Developmentally Appropritate Practice in Early Childhood Programs Serving Children from Birth through Age 8*.(3rd ed.). Washington, DC: NAEYC.
- Foster, G. W.(1999). *Elementary Mathematics and Science Methods: Inquiry Teaching and Learning*. Belmont, CA: Wadsworth pub.
- Gallenstein, N. L.(2003). *Creative Construction of Mathematics and Science Concepts on Early Childhood*. Washington, DC: ACEI.
- Gelman, R., Brenneman, K., Macdonald, F., & Roman, M.(2010). *Preschool Pathways to Science*(PrePS). Baltimore: Brookes Publishing Co.

- Getzels, J. W. & Jason, J.(1962). *Creativity and Intelligence: Explorations with gifted students.* New York: Willey.
- Green, M. D.(1996). *474 Sciene Activities for Young Children.* Delmar Publisher.
- Guilford, J. P.(1967). *The nature of human intelligence.* New york: Mc Graw-Hill.
- Hart, C., Burts, D.C.7 Charlesworth, R.(1997). *Integrated Curriculum and Developmentally Appropriate Practice Birth to Age 8.* State University of New York Press, Albany.
- Hirschfeld, R. & White, N.(1995). *The Kid's Science Book. Charlotte.* VM: Williamson Publishing Co.
- Isenberg. J. P., & Jalongo, M. R.(1997). *Creative Expression and Play in Early Childhood.*(2nd ed.). Prentice-Hall. Inc.
- Koch, J.(1996). *Science Stories: Teacher and Children as Science Learners.* Boston, MA: Houghton Mifflin co.
- Kohl, M. & Porter, J.(1993). *Science Arts: Discovering Science Through Art Experiences.* Bellinghan, WA: Bright Ring Publishing Co.
- Lind, K. K.(1999). Science in early childhood: Developing acquiring fundamental concepts and skills. In AAAS(Ed.). *Dialogue on Early Childhood Science, Mathematics, and Technology Education*. Washington, DC: AAAS.
- National Council of Teacher of Mathematics(2000). *Principles and Standards for School Mathematics*. Reston, VA: NCTM.
- National Research Council(1996). *The National Science Education Standards*. Washington, DC: National Academy Press.
- Newman, D.(1972). Sciencing for young children. *Young Children, 27*(4), 215-226.
- Roberts, P. L., & Kellough, R. D.(2000). *A Guide for Developing Interdisciplinary Thematic Units*. Upper Saddle River, NJ: Prentice-Hall, Inc.
- Sarama, J. & Dibiase, A.(2004). The professional development challenge in preschool mathematics. In D. H. Clement, J. Sarama, & A. Dibiase(Eds.). *Engaging Young Children in Mathematics*. Mahwah, NJ: Lawrence Erlbaum Asso.
- Seegeldt, C., Galper, A., & Jones, I.(2012). *Active Experiences for Active Children.* (3rd ed.). Pearson Education Inc.
- Sterverg, R. J.(1996). *Successful intelligence: How practical and creative intelligence determine success in life.* New York: Simon & Schuter.
- Usiskin, Z.(1996). Mathematics as a Language. In P. C. Elliott(Ed.). *Communicating in Mathematics K-12 and beyond*. Reston, VA: NCTM.

- 谷田貝公昭, 内田正之助, 中野由美子, 西方 毅, 降籏節夫, 村越 晃(1992). どうして なるほど おもしろ **發見(第1-4卷)**. コーレル社.
- 稻垣成首, 籐野建何(1996). **科學遊びを しよう**. 明治圖書.
- 江川多善雄(1999). かんたん **科學あそび**. 草土文化.
- 津田奸子(1999). **科學あそび 大圖鑑**. 大月書店.
- 阿部惠(2001). **3歲兒の 保育資料**. ひかりのくに.
- 阿部惠(2001). **4歲兒の 保育資料**. ひかりのくに.
- 阿部惠(2001). **5歲兒の 保育資料**. ひかりのくに.
- 玉井美知子(2001). **子どもから學ぶ 保育活動 環境**. 學事出版.
- 幼兒の 科學教育(1980). **中澤和子**. 國土社.

찾아보기

## 저자약력


- **김희정**

전남대학교 사범대학 유아교육학과 졸업
일본 가쿠게이대학교 대학원 석사
전남대학교 대학원 유아교육학과 박사

전) 순천제일대학교 유아교육과 교수
현) 한국유아교육학회 광주전남지회장
광신대학교 유아교육과 교수

- **강숙현**

이화여자대학교 사범대학 교육학과 유아교육전공 졸업
이화여자대학교 대학원 유아교육학과 석사, 박사

전) 광주보건대학교 유아교육과 교수
미국 브리검영대학교 결혼가족인간발달학부 겸임교수
현) 순천제일대학교 유아교육과 교수

# 유아과학교육

1판 1쇄 인쇄 2016년 2월 20일
1판 1쇄 발행 2016년 2월 27일

저 자 김희정 · 강숙현
발 행 인 회장 박철용 · 대표 박세원
발 행 처 정민사
출 판 등 록 1979년 1월 22일 No. 406-2004-000130호
주 소 경기도 파주시 직지길 522 파주출판도시
전 화 031-955-8030
팩 스 031-955-8025
홈 페 이 지 http://www.jmpub.co.kr
이 메 일 jmpub@chol.com

I S B N 978-89-5809-436-4
정 가 20,000원